全国革命老区县发展史丛书·广东卷

云浮市云安区革命老区发展史

云浮市云安区革命老区发展史编委会 编

SPM 南方出版传媒 广东人民出版社
·广州·

图书在版编目（CIP）数据

云浮市云安区革命老区发展史 / 云浮市云安区革命老区发展史编委会编. —广州：广东人民出版社，2021.4
（全国革命老区县发展史丛书·广东卷）
ISBN 978-7-218-14778-9

Ⅰ. ①云… Ⅱ. ①云… Ⅲ. ①区（城市）—地方史—云浮 Ⅳ. ①K296.54

中国版本图书馆 CIP 数据核字（2020）第 250317 号

YUNFU SHI YUN'AN QU GEMINGLAOQU FAZHANSHI
云浮市云安区革命老区发展史

云浮市云安区革命老区发展史编委会　编　　　　版权所有　翻印必究

出 版 人：肖风华

责任编辑：廖智聪　李　钦
装帧设计：张力平等
责任技编：吴彦斌　周星奎

出版发行：广东人民出版社
地　　址：广州市海珠区新港西路 204 号 2 号楼（邮政编码：510300）
电　　话：(020) 85716809（总编室）
传　　真：(020) 85716872
网　　址：http://www.gdpph.com
印　　刷：广州市浩诚印刷有限公司
开　　本：715mm×995mm　1/16
印　　张：22.25　插　页：6　字　数：270 千
版　　次：2021 年 4 月第 1 版
印　　次：2021 年 4 月第 1 次印刷
定　　价：73.00 元

如发现印装质量问题，影响阅读，请与出版社（020-85716849）联系调换。
售书热线：(020) 85716826

微信扫描二维码
您立即获得本书主要内容/
丛书介绍

广东省编纂《革命老区县发展史》丛书
指导小组

组　　长：陈开枝（广东省老区建设促进会会长）

副组长：林华景（广东省老区建设促进会常务副会长）

宋宗约（广东省农业农村厅二级巡视员、广东省老区建设促进会副会长）

刘文炎（广东省老区建设促进会副会长）

郑木胜（广东省老区建设促进会副会长）

姚泽源（广东省老区建设促进会副会长兼秘书长）

谭世勋（广东省老区建设促进会副会长）

廖纪坤（广东省农业农村厅总经济师）

办公室

主　　任：姚泽源（兼）

副主任：韦　浩（广东省农业农村厅扶贫协作与老区建设处处长）

柯绍华（广东省老区建设促进会副秘书长）

伍依丽（广东省老区建设促进会副秘书长）

云浮市编纂《革命老区县发展史》
丛书指导小组名单

　　云浮市老区建设促会（简称"市老促会"）成立监督指导小组，成员分别负责对各县（市、区）编纂工作进行监督指导。其组成人员及分工如下：

组　　长：黄伙有（市老促会会长）

副组长：王　华（市老促会常务副会长）

成　　员：谭政勋（市老促会副会长）负责指导罗定市

　　　　　林锡游（市老促会副会长）负责指导郁南县

　　　　　蔡建聪（市老促会副会长）负责指导新兴县

　　　　　曾启潜（市老促会副会长）负责指导云安区

　　　　　冯耀华（市老促会秘书长）负责指导云城区

　　　　　陈志发（市委党史研究室科长）负责编纂业务指导
　　　　　　　　工作

　　　　　冯世炳（市老促会办公室副主任）负责编纂协调
　　　　　　　　工作

《云浮市云安区革命老区发展史》编纂委员会

主编：刘裕旺　易官保

编辑：罗仲光　叶生智　冯志开

　　　董超扬　黄松飞　陈镜波

　　　陈志龙

在举国欢庆新中国成立 70 周年前夕，中国老区建设促进会王健会长请我为《全国革命老区县发展史》丛书作序，作为一名在老区战斗过并得到老区人民生死相助的老兵，回首往事，心潮澎湃，感慨万千，深感义不容辞，欣然应允。

中国革命老区，是以毛泽东为代表的中国共产党人在领导人民推翻帝国主义、封建主义和官僚资本主义三座大山，争取民族独立和人民解放伟大斗争中建立的革命根据地，在这片红色的土地上，诞生了无数可歌可泣的革命英雄儿女，为后人树起了一座不朽的丰碑，她是新中国的摇篮，是党和军队的根。

在艰苦卓绝的战争年代，老区人民把自己的命运与中华民族的命运紧紧地联系在一起，与中国共产党和人民军队的命运紧紧地联系在一起，他们生死相依，患难与共。我曾亲历过战争年代，并得到过老区红哥红嫂的救助，切身感受到发生在身边的一幕幕撼天动地的革命故事，在那极其艰难的条件下，老区人民倾其所有、破家支前，不怕艰难困苦，不怕流血牺牲。"最后一碗米送去做军粮，最后一尺布送去做军装，最后一件老棉袄盖在担架上，最后一个亲骨肉送去上战场"，这是当时伟大的老区人民为建立新中国作出巨大牺牲的真实写照，它将永远镌刻在中国共产党、中国人民解放军、中华人民共和国的历史丰碑上。他们的光辉业绩永载史册，他们的革命精神必将影响一代又一代的革命新人，造就一代又一代的民族脊梁。

在社会主义革命和建设时期，革命老区和老区人民响应党的号召，面对落后的面貌、脆弱的经济、恶劣的生态环境，他们本色不变，精神不丢，自力更生，艰苦奋斗，干一行爱一行。始终坚持"革命理想高于天"，自觉做共产主义远大理想的坚定信仰者和忠实实践者，勇于向恶劣的自然环境和贫穷落后宣战，他们在各条战线上为国建功立业，用平凡的双手创造了一个又一个不平凡的奇迹，彰显了老区人的崇高精神和人格力量。

在改革开放的伟大进程中，老区人民解放思想，勇于创新，发奋图强，攻坚克难，老区的经济社会建设取得了辉煌成就。特别是在改变中国的面貌、中华民族的面貌、中国人民的面貌、中国共产党的面貌的伟大实践中发挥了至关重要的作用。老区人民既是改革开放的参与者，也是改革开放的推动者。

艰苦练意志，危难见精神。老区人民在近百年的革命战争、社会主义建设和改革开放的伟大实践中，孕育形成了伟大的老区精神：爱党信党、坚定不移的理想信念；舍生忘死、无私奉献的博大胸怀；不屈不挠、敢于胜利的英雄气概；自强不息、艰苦奋斗的顽强斗志；求真务实、开拓创新的科学态度；鱼水情深、生死相依的光荣传统。这是党和人民宝贵的精神财富、丰厚的政治资源，是凝心聚力、振奋民族精神的重要法宝，也是社会主义核心价值观的重要内容。

中国老区建设促进会怀着强烈的政治责任感和历史使命感，组织全国各地老促会人员克服困难，尽心竭力编纂《全国革命老区县发展史》丛书，记录老区的光辉历史和辉煌成就，传承红色基因，弘扬老区精神，是功在当代、利及千秋的一件大事。手捧这部丛书的部分书稿，读着书中的故事，倍感亲切，深感这部丛书具有资政、育人、存史的社会功能，有着重要的时代和历史价值。它是不忘初心、牢记使命的源头活水，是赞颂共产党、讴歌老区人民的一部精品力作，是弘扬老区精神、传承红色记忆的丰厚载体，是一项继承优秀传统文化、弘扬革命文化、发展社会主义先进文化，坚定"四个自信"的宏大文化工程。它必将成为一种文化品牌，为各界人士了解老区宣传老区支持老区提供一部有价值的研究史料。希望读者朋友们能从中了解并牢记这些为党和民族的利益不断奉献的老区人民，从中得到教益，汲取人生奋斗的精神动力。

新时代赋予新使命，新起点开启新征程。让我们更加紧密地团结在以习近平同志为核心的党中央周围，坚持以习近平新时代中国特色社会主义思想为指导，增强"四个意识"，坚定"四个自信"，做到"两个维护"，弘扬老区精神，铭记苦难辉煌。为实现"两个一百年"奋斗目标，实现中华民族伟大复兴的中国梦作出新的更大的贡献！

遆清田

2019 年 4 月 11 日

　　2017 年 6 月，中国老区建设促进会组织全国各地老促会启动编纂《全国革命老区县发展史》丛书，按照"建立中国共产党、成立中华人民共和国、推进改革开放和中国特色社会主义事业"三大里程碑的历史脉络，系统书写革命老区百年历史，深入挖掘革命老区红色文化资源，这对于充实丰富中国革命史籍宝库、在新时代传承红色基因、弘扬革命精神、强固根本，对于激励人们在新的历史条件下夺取中国特色社会主义伟大胜利，实现中华民族伟大复兴的中国梦具有重要意义。

　　丛书编纂以习近平新时代中国特色社会主义思想为指导，以《中国共产党历史》《中国共产党的九十年》等重要文献为基本依据，以党的领导为核心，以老区人民为主体，以老区发展为主线，体现历史进程特征，突出时代发展特色，坚持辩证唯物主义和历史唯物主义相统一、历史真实性与内容可读性相统一的原则，书写革命老区从站起来、富起来到强起来的光辉革命史、不懈奋斗史、辉煌成就史，把老区人民的伟大贡献、伟大创造、伟大成就、伟大精神充分展示出来，形成一部具有厚重历史特征和鲜明时代特色的精品力作。这是一部培根铸魂、守正创新，既为历史立言，又为时代服务，字里行间流淌着红色血脉、催生着革命激情的传世之作。丛书的编纂出版将成为讴歌党讴歌人民讴歌时代、传播红色文化、为革命老区和老区人民树碑立传的重要载体。

丛书按照编年体与纪事本末体相结合、以编年体为主的编写体例确定框架结构；运用时经事纬、点面结合的方式记述史实；坚持人事结合、以事带人的原则处理人与事的关系；采取夹叙夹议、叙论结合以叙为主的方法展开内容。做到了史料与史论、历史与现实、政治与学术统一，文献性、学术性、知识性相兼容。

为编纂好《全国革命老区县发展史》丛书，打造红色文化品牌，中国老区建设促进会认真组织积极协调，提出政治立场鲜明、史料真实准确、思想论述深刻、历史维度厚重、时代特色突出、编写体例规范、篇目布局合理、审读把关严格、出版制作精良的编纂出版总要求，力求达到革命史籍精品的精神高度、思想深度、知识广度、语言力度，增强丛书的权威性和社会影响力。各省（区、市）、市（州、盟）、县（市、区、旗）老促会的同志，以强烈的使命感、责任感和紧迫感，勇于担当，积极作为，认真实施，组织由老促会成员、专家学者等参加的十余万人编纂队伍。编纂工作主体责任在县，省、市组织协调、有力指导、审读把关。各方面人员以高度负责的精神和科学严谨的态度，满腔热情地投入工作，为丛书编纂出版作出了重要贡献。丛书编纂工作还得到了党和国家有关部委、地方各级党委政府及有关部门的大力支持和积极参与，社会各界也给予了热情帮助。中共中央政治局原委员、中央军委原副主席、原国务委员兼国防部长迟浩田上将，对老区人民怀有深厚感情，对革命老区建设发展十分关注，欣然为《全国革命老区县发展史》丛书作总序。

丛书由总册和1599部分册（每个革命老区县编纂1部分册）组成，共1600册。鉴于丛书所记述的史实内容多、时间跨度长和编纂时间紧，不妥之处，敬请批评指正。

中国老区建设促进会

● 纪念场馆 ●

荣昌堂(中共三罗党组织革命活动旧址)

富林战斗纪念亭

云安革命纪念公园中的题词壁（刘田夫题）

富林战斗纪念亭横额（欧初题）

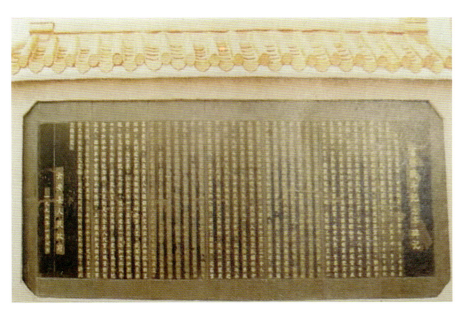

富林战斗纪念亭碑记

云浮老战士联谊会原会长黎兴中向老司令
员吴桐汇报起草富林战斗纪念亭碑记要点

韦敬文为富林战斗纪念亭起草碑记

● 老区新貌 ●

富林云利村新貌

石城镇上洞村新貌

富林革命老区新貌

高铁站——云浮东站

南广高铁快速动车

广东药科大学云浮校区

云浮新港码头

新城快线云安段

立伟达工业园

富林中学清华亭

云浮市云安福利服务中心

富林镇下营村

六都镇富强大道

中材天山水泥厂

富林油菜花基地

都杨镇降面村新貌

东风水库

微信扫描二维码
您立即开展本书的
延伸阅读

　　光阴似箭，日月如梭。云浮市云安区从革命斗争的历史走来，在社会主义建设和改革开放中成长。1996 年设立云安县，2014 年 9 月撤县设区。在历届县（区）委、政府的正确领导下，各项事业欣欣向荣，革命老区面貌日新月异。忆往昔，在第一次国内革命战争、土地革命战争、抗日战争、解放战争时期，云安区革命老区人民在中国共产党的领导下，不畏艰险，前仆后继，与国内外反动派展开了殊死的斗争，取得了辉煌的胜利。在长期的革命斗争中，涌现了余渭泉、麦长龙、麦冬生、区德民、陈凤堃、范桂霞等一大批革命志士，还有一大批同志为革命事业献出了宝贵的生命。他们以党和人民的利益为重，不惧牺牲，勇于担当，出色地完成了党交给的各项任务。他们不愧为中华民族的优秀儿女。他们的光辉事迹将永载史册。

　　在革命遇到挫折时，革命前辈迎难而上，倾尽全力为党工作。1943 年年初，云浮县党组织暂停活动，所有党员都分散隐蔽。麦长龙等同志撤退到三水县（今三水区，下同）隐蔽，经济上遇到很多困难。麦长龙知道母亲平时省吃俭用，略有积蓄，于是冒险返回家乡动员母亲将仅有的 300 元钱捐献出来用于抗日救国。麦长龙回到三水县与中共党员高柱天一起在小榄村开设福昌茶楼，将所有收益都用在三水县抗日救亡上，令三水县委十分感动。他们的举动，体现了共产党员的无私奉献精神以及党和人民群众的鱼水之情。

1948 年 1 月 7 日，云安区革命老区富林打响了"三罗"武装斗争第一枪，并取得了胜利，震撼了云浮、罗定、郁南三县，加速了国民党反动派的灭亡。桃坪战斗、风门坳战斗、攻打六都警察所等重要战斗，令国民党云浮县当局闻风丧胆。无数革命先烈英勇奋斗，终于迎来了新中国的诞生。

中华人民共和国成立后，云安区革命老区人民在党的领导下，自力更生、艰苦奋斗、奋发图强，在农业、水利、林业、企业创办以及交通、工业、电力、文化、教育、卫生等多方面取得了显著成绩。党的十一届三中全会后，尤其是党的十八大以来，在以习近平同志为核心的党中央领导下，开创美好新时代，开始新的征程，精准扶贫、社会主义新农村建设和实施乡村振兴战略及生态文明镇村建设取得了长足的发展，经济建设实现了新的飞跃，为实现中华民族伟大复兴的中国梦而努力奋斗，使革命老区建设呈现一派欣欣向荣的景象。

让我们在以习近平同志为核心的党中央领导下，团结奋斗，勇往直前，迎难而上，为革命老区的发展添砖加瓦，创造革命老区建设更加辉煌的未来。

《云浮市云安区革命老区发展史》编纂委员会
2019 年 3 月

一、本书的编纂原则是，以习近平总书记关于革命老区的系列讲话精神为指导，以党史、军史、老区革命斗争史为依据，以革命老区人民的奋斗、发展史为重点，以党的十一届三中全会以来革命老区取得的重大成就和发展变化为亮点。

二、本书所记事及收集的资料、数据，时间上限为1922年，即云浮县（含云城区、云安区）的大革命时期开始，下限至2017年年底。

三、本书所记事云浮县，时至1992年9月3日，撤销云浮县建制，设立云浮市（县级）。1994年4月5日，国务院批准设立地级云浮市，原县级云浮市辖区改设云城区，区境属原云浮县各镇。

四、记事上，1996年1月，分设云安县，之前以云城区称谓记事含云安县，设立云安县之后的记事不含云城区。云安县设立时管辖原云城区的六都、高村、白石、镇安、富林、托洞、茶洞、南盛、磜石（后叫前锋）9个镇。2003年8月13日，经广东省民政厅批准，将原茶洞镇与托洞镇合并，设立石城镇。2014年9月9日，经国务院同意撤销云安县。设立云浮市云安区，将云浮市云城区的都杨镇划归云安区管辖，原云安县前锋镇，南盛镇划归云城区管辖，云安区辖都杨、六都、高村、白石、镇安、富林、石城共 7 个镇。

五、本书所记的"三罗"地区，是指原来的云浮县、罗定县、郁南县。云浮县包括现在的云城区、云安区，罗定县现称罗定市（县级），郁南县无变。

六、本书所讲的"云东"，是指原云浮县的东部，主要包括现云城区的腰古镇、思劳镇、前锋镇、南盛镇、安塘街道和河口街道一部分；"云南"是指原云浮县的南部，主要包括现云安区的富林镇和石城镇一部分；"云西"是指原云浮县的西部，主要包括现云安区的镇安镇、白石镇和高村镇；"云北"是指云浮县的北部，主要包括现云安区的六都镇、都杨镇和河口街道一部分，"春北"是指阳春北部，与原云浮县的南部接壤。

七、1996 年县、区分设后，县、区分别记各县、区的事。包括评划革命老区镇、老区自然村。第五章，社会主义建设发展时期，老区的建设发展分开两部分，上部分是两区共有（1996 年前），后部分 1996 年后是只写云安县、云安区的。由于设立云安县时，云安县管辖的 9 个镇是原云浮县偏远的山区镇，各行各业还比较落后，本书在叙事方面，把每件事以十一届三中全会前后作线索叙述，每件事叙述完整后再叙述另一件。

八、本书所讲的"四乡联防委员会"的"四乡"是指都杨镇的"都骑、杨柳、泽源、方平"四乡。现部分属云城区、部分属云安区。

1

第一章

区域和老区概况

第一节 基本情况和资源优势

　　云安区处于西江中游南岸，位于东经 111°43′26″至 112°10′17″，北纬 22°34′26″至 23°08′01″。区境东与云城区接壤；南与新兴县、阳春市毗邻；西与郁南县、罗定市相邻；北与德庆县隔江相望。辖六都、高村、白石、富林、镇安、石城、都杨 7 个镇 105 个村委会，9 个社区居委，全区总面积 1202.9 平方千米，2017 年年底总人口 28.35 万人，区政府所在地六都镇。

　　区境内地形东、南、西高，北低，以丘陵、低山为主，间有谷地、岩溶，丘陵、低山面积占全区面积的 93%。区境属亚热带湿润气候区，雨量充沛，高温期与多雨期一致，气候温暖，作物生长期长。流经本区北缘的西江，面宽水深，丰水期长，1000 吨级船只上航可达广西梧州市，下航可到达珠江口。西江流经云安区河段 6 千米，建有泊位 40 多座，货物年吞吐量达 500 多万吨，排省内河港货物吞吐量第二名，是云安区、云城区的硫铁矿、铁矿、石灰石等矿产出境及石材生产原料、产品出入境的重要通道。

　　区境产稻谷、木薯、桑蚕、松、杉、柑橘、荔枝、龙眼等农林产品。有野生植物 122 科 600 多种，森林覆盖率 62.6%，林木总蓄积量达 264 万立方米。有瓷土、石灰石、大理石、花岗岩、银、铜、砷、铁、铝、锌、铅等矿物 30 多种，其中石灰石矿已探明的储量 3.5 亿立方米，预测储量达 20 亿立方米。云安区是省内水泥生产重要基地。坐落在六都镇的云浮市磷肥厂，用硫铁矿生产硫酸，年产量达 18 万吨，成为省内最大的硫酸生产企业。锡矿、钨矿、铅锌矿、砷矿、萤石矿等矿的开发利用，为当地的经济带来了繁荣。发源于境内的主要河流有 6 条，水资源蕴藏量丰富。石灰岩地区岩洞奇丽壮观，石峰千姿百态、景色迷人。

云安区人杰地灵、英才辈出。明朝抗倭名将陈璘于明朝万历五年（1577 年）平定"三罗"瑶民起事，落籍南乡。曾率兵援朝抗倭，三战三捷，万历三十四年（1606 年）被朝廷擢升为左都督，特进光禄大夫，64 岁卒于任上，赠太子太保。茶洞人罗文举，在康熙十四年（1675 年）任梧肇中军守备，于广西藤县平乱阵亡，康熙皇帝亲致祭文。陈济坤，广州陈家祠倡建人之一，民国云浮县第一位民选县长。在抗日战争、解放战争、抗美援朝、对越自卫反击战中，全区有近百位优秀儿女英勇牺牲，写下不朽爱国篇章。广州市政协原主席、党组书记，全国扶贫状元陈开枝，某兵工厂总工程师、教授级高工陈喜棠等云安籍人士，为建设繁荣富强的祖国作出了贡献。

第
二
节 **历史沿革**

　　云安区境古为百越之地，秦统一岭南后，逐渐开发。明初为瑶、壮等民族的聚居地。明万历初年，聚居于罗旁山的瑶族、壮族民众举行大规模的反朝廷斗争。万历四年（1576年）两广总督凌云翼奉命调集20万大军，"围剿"罗旁。平定之后，于明朝万历五年（1577年）在罗旁山之东，划德庆州的晋康南乡和高要的杨柳、都骑、思劳、思办四都及新兴县的芙蓉一、二图连和泷水县南乡，在富林二所地设立东安县，汉族人陆续迁入，承田立籍、兴修水利、耕山种田、采石开矿，经济逐渐发展。

　　民国初期，两广军阀混战，镇安、高村、白石、茶洞等地常有土匪出没，掳人财物，社会不宁。1927—1936年，政局比较稳定，在此期间，白石设立永通公司，集资造船，开办白石至连滩的航运业务；云城至六都，云城至白石等公路相继建成通车；大兴公司开采南乡大石山石灰石，年产量达2万吨；各乡通电话。抗日战争期间，广州等地的资本及人才流入，工业、商业和文教卫生事业有了发展。

　　民国时，实行地主土地所有制，占人口少数的地主拥有大量的土地，大部分少地或无地的农民向地主租田耕种，受地主剥削，水利设施落后，抗灾能力差，农民处于听天由命状态。1915年7月，西江发生洪灾，沿江受灾面积达4万平方千米，南乡街及各村的泥砖屋全部倒塌，村民露宿风餐，惨不忍睹。1946年春，大旱造成大饥荒，百姓以树皮和野菜来充饥，不少人流浪或饿死在街头路边。

1949年11月8日，云浮县全境解放，建立人民政权。1950年年初，开展清匪反霸，减租退押。1951年1月开展土地改革运动，斗地主、分田地。1953年6月土地改革结束后，开展农业生产互助合作运动。先建立互助组，后建立初级社，以耕地农具折价入社。按比例分红的形式发展农业初级合作社。1955年年底开展升社、并社、整社运动，把初级社升为高级农业社。高级农业社取消土地分红，实施以劳动工分分配，农业生产迅速发展。

1951年组建供销合作社；1952年按行政区域建立基层供销社及其零售网点。同时以公私合营的形式开展对个体私营企业进行社会主义改造。1954年兴办国营企业。1956年私营工商业和个体手工业社会主义改造完成后，有百货、水产、食品、糖业、纺织品、专卖、贸易、药材等8家国营商业公司。

1957年8月，开展整风运动。在"左"的思想指导下，整风变为反地方主义和反右派斗争，不少人被错划为"地方主义"分子或"右派分子"。1958年年底开展"大跃进"和人民公社化运动。"大跃进"要求高指标、高速度建设社会主义。工业大炼钢铁，大批劳动力扎寨山野，毁掉山林，炼出"海绵铁""烧结铁"。农业要求水稻亩产超千斤、超万斤，号召"深翻半尺土、增产十倍粮"，盲目深翻改土，破坏耕作层，粮食大幅度减产。1958年实行人民公社化，一切财产为公社所有，取消社员自留地，不准搞家庭副业，实行公社统一核算、统一分配、统一调配劳力；实行粮食供给制和工资制。"一平二调"的"共产风"挫伤了群众积极性，加上自然灾害袭击，出现了连续三年的经济困难。

1961年贯彻"调整、巩固、充实、提高"的方针，在农村纠正"一平二调"的"共产风",把土地、耕牛、农具、劳力固定到生产队,实行定勤、定肥、定额管理制度和实行包工、包产、包成本、超产奖励的办法。在工业方面,采用"一保、二关、三停转"等调整措施,关闭、合并一批企业;保留的企业,在生产规模和产品结构方面作适当调整,精简人员,压缩规模。经过调整,国民经济得到恢复和发展。

1963年8月,在部分公社开展以清理账目、清理仓库、清理财物、清理工分为主要内容的"小四清"运动。机关、企事业单位同时开展反对贪污盗窃、反对投机倒把、反对铺张浪费、反对分散主义、反对官僚主义运动。1965年8月,铺开"四清"(清政治、清经济、清组织、清思想)运动,"四清"工作队进驻公社、生产大队和机关、企事业单位,发动群众开展揭发批判"四不清"干部和开展对敌斗争。运动中,不少大队、生产队干部受到处理或落选。"四清"运动执行"以阶级斗争为纲"的路线,阶级斗争扩大化,不少基层干部受到打击。

1966年5月,开展"文化大革命"运动。由批判所谓反动学术权威、抓所谓大小"邓拓"开始,进而揭发批判所谓"牛鬼蛇神"、"三反"(反党、反社会主义、反毛泽东思想)分子。在中央文革小组的煽动下,红卫兵等造反组织轰然而起,他们冲向社会,开展破"四旧"(即所谓旧思想、旧文化、旧风俗、旧习惯)运动,后来发展到揪斗他们认定的"走资本主义道路当权派",批判"资产阶级反动路线"。领导干部普遍"靠边站"。其中不少被强加"叛徒""特务""走资派""反革命修正主义分子"帽子,受到无辜批判斗争,各级党政机关处于瘫痪状态。其间,对立的"东风""红旗"两大群众组织,先后发生多次有数百人参加的武斗。1968年春,两派群众组织实现了大联合,各级革命委员会相继成立,党、政、财、文一切权力归革命委员会,造反派

"全面夺权"。随后开展"斗、批、改"（斗垮走资本主义道路的当权派，批判资产阶级的反动学术权威，批判资产阶级和一切剥削阶级的意识形态，改革教育，改革文艺，改革一切不适应社会主义经济基础的上层建筑，以利于巩固和发展社会主义制度）运动。中小学全部由工人、贫下中农管理，缩短学制，强调学农、学工、学军，忽视文化课。一些出身于地主富农家庭或曾在民国时期任职的干部、教师被当作"阶级敌人"清理回乡。大批干部被下放到"五七"干校或农、林场劳动。1970年10月，全面开展农业学大寨运动，推进大寨式政治评分制，批判"资本主义"，割"资本主义尾巴"，限制社员发展家庭副业，社员生产积极性下降，农业生产发展缓慢。在学大寨运动中，兴修水利、开山造田，先后建成朝阳、东风等中、小型水库和大小防洪堤围一批，农田灌浇条件有较大改善，不少水利至2000年仍在发挥作用。

　　1976年10月，中共中央一举粉碎了"四人帮"反革命集团，清理"文化大革命"的危害，肃清"左"的流毒，从"两个凡是"的束缚中解放出来。1978年12月，中共十一届三中全会决定把全党工作的重点转移到社会主义现代化建设上来，1987年召开的十三大把党在社会主义初级阶段的基本路线概括为：以经济建设为中心，坚持四项基本原则，坚持改革开放。1979年冬，朝阳（南盛）、托洞（今石城镇一部分）等公社的一些生产队，自发搞包产到户。1980年全县农村推行"五定一奖罚"（定劳力、定地段、定产量、定成本、定工分、超产奖励、欠产处罚）责任制。1982年春，实行联产承包任务制。同时开展林业"三定"（稳定林权山权、划定自留山、确定林业生产责任制）工作。1983年5月，撤销人民公社，建立乡镇、村体制，农业由集体经营，转变为农民承包为主的统分结合的经营体制。1984年下半年，贯彻《中共中央关于经济体制改革的决定》，实行"三放开"

（放开资源、放开经营、放开流通渠道），政府鼓励乡、镇、村、联户、家庭办企业，并给予大力支持。改革国营、集体企业领导体制、工资体制，实行承包责任制，简政放权。1985年贯彻中央《关于进一步活跃农村经济的十项政策》，取消农副产品统购派购。1987年实行企业所有权与经营权分离，推行企业工资总额与企业经济效益挂钩的分配方式，推行"承包、租赁、股份制"等经营方式，对国营、集体企业实行改革。

1996年1月9日，国务院批准设立云安县，辖六都、高村、白石、镇安、富林、托洞、茶洞、南盛、碌石9个镇。县委、县政府确定"两年打基础、三年见成效、五年具规模，十年腾飞"的战略目标，制定了"农业稳县、工业立县、第三产业旺县、科教兴县、依法治县"的方针和"建设一个龙头、发展两条经济带、促进三个协调发展、实施四个齐动（以六都新县城建设为龙头、发展"三高"（高产、高质、高经济效益）农业、乡镇企业经济带，促进一、二、三产业协调发展，实施基础推动、科技驱动、外资滚动、产业带动）的经济发展战略，区域经济和社会各项事业蓬勃发展。2000年2月，碌石镇更名为前锋镇；2003年8月，茶洞镇和托洞镇合并为石城镇；2014年9月，国务院同意撤销云安县，设立云浮市云安区，将云浮市云城区的都杨镇划归云安区管辖，以原云安县（不含前锋镇、南盛镇）和云城区都杨镇的行政区域为云安区的行政区域。截至2014年12月31日，全区辖都杨、六都、高村、白石、镇安、富林、石城共7个镇。105个村委会9个社区居委会。

革命老区情况 第三节

一、评划革命老区的标准与过程

评划革命老区有严格的标准，在广东省人民委员会《关于评划革命根据地标准的通知》和广东省民政厅印发的《关于开展评划解放战争游击根据地和确定老区乡镇、老区县工作方案的通知》中都明确规定，"必需具备有党的组织，有革命武装，发动群众，进行了打土豪、分田地、分粮食牲口等运动，建立工农政权，进行武装斗争，并坚持了半年以上时间"。

中华人民共和国成立后，广东省根据党中央，国务院有关的政策，并结合广东省的实际，基本以自然村为单位，进行了三次全省性的评划革命老区工作。

第一次是1957年，评划第二次国内革命战争和抗日战争时期的老区村庄。第二次是1989年评划、补划评划抗日战争时期的老区村。第三次是1993年补划。

二、云安区不同时期被评划为革命老区镇、村庄名单

（一）被评划为抗日战争时期的老区村庄

1. 都骑镇

洞坑村委：金岗村、古洲村、洞坑村。

六合村委：麦州村、新围村、替治村、教村村、岗咀村、木

化山村。

联合村委：罗坝村。

2. 肇庆市政府1993年8月在全省老区破旧小学改造时行文认定增补的抗日战争时期的革命老区村庄

都骑镇：都骑圩。

杨柳镇：石巷村、大播村、珠川村、都友村。

（二）被评划为解放战争时期革命老区镇、老区村庄

1. 老区镇

都骑镇、杨柳镇（2003年12月，都骑镇和杨柳镇合并为都杨镇）、富林镇。

2. 老区村庄

（1）都骑镇

洞坑村委：桃仔坪村、扶南村、罗马村。

桔坡村委：替邦村、兰塘村、板村村、桔榄村、坡圩村、村头村、替香地村。

洚水村委：蓝坑村、羌坑村、箩塘村、上咀村、洚水村、洚面村。

仙菊村委：仙洞村、旧寨村、大坑冲村、友塘村、汉洞村、半迳村、大塘尾村、菊洞村、大塱则村、长磅村、龙河村、仙鸡坑村。

山口村委：山口村、东山村、南山村。

替容村委：替容村、新围岗村、江瓦咀村 。

联合村委：吉庆村。

三合村委：四合村。

（2）杨柳镇

蟠咀村委：蟠咀村、河坑村、新地村、旧圩村、湾底村.

金鱼沙村委：金鱼沙村。

官坑村委：大榄坑村、八步梯村、银仔坑村、熨平坑村、牛姆降村、沙帽石村。

降面村委：降面村、古竹村、山塘村、岭头村、乌泥村、大洞村、搭桥村、飞鹅村、大幌村、降底村、亚婆髻村、圣房坪村、方塘口村。

西坑村委：西坑口村、西坑尾村、杨山田村、新村村、向阳村、小东村、老塘村、土田坑村。

南山村委：黄茅咀村。

大乐村委：大乐村。

（3）富林镇

东路村委：高塑村、石龙村、塘尾头村、长排腰村、营下村、高排村、小茆村、半山螺村、崩岗村、七塘山村。

河邦村委：乌潭角村、六月塘村、龙骨村。

寨塘村委：寨塘村、倒流水村、石迳村。

云利村委：云利村、河东村、河西村、墩仔村、曾屋村。

庙山村委：江屋村、刘屋村、水圳头村、上围村、下围村、洋岸村、大匣村、下云利村。

高一村委：下坪岗村、洋塘村、旧所村、什屯村。

界石村委：莲塘村、中和村、细围村、大围村、坑尾山村、白兰冲村、大陂头村、大松树脚村、大湖村、菱角塘村、冬花岗村。

民主村委：冯屋村、半岭村、迳村村、鹿洞村、东山脚村、石排营村、洞口村、枫木角村、婆岩村、塘窝村、大寨村、上坪岗村、城内村、荔枝墩村、高树尾村、蛮洞村。

云舍村委：云舍村、黄沙村、秧地岗村。

马塘村委：马塘村、下营村、大坪村、垅冲村、金村村。

高二村委：黄龙坳村、深桥村、庙角坑村、冼村村、三家村、白石坪村、斩坑村。

山草村委：佛仔洞村、丹竹坑村、山草坪村、田坳村、横坑村、大山顶村、黄沙坑村。

南蛇洋村委：南蛇洋村。

元眼围村委：元眼围村。

（4）镇安镇

民强村委：新兴围村、竹围村、山仔头村、上马岗村、梨埇村、燕子岩村、狮子脚村、东塘村。

民乐村委：狮岗村、连塘村、花坪村、葛麻社村。

河东村委：墩头村、迳口村、进庄田村、白石塘村、大车迳村、山塘村、江咀村、背岭村、牛根岭村、岗坪村。

河西村委：枫树湾村。

（5）六都镇

富强村委：思怀村、五槟村、褟屋村、刘屋村、浦西村、清水塘村、白屋村、同合村、田心村、梁屋村、红阳村、榕树坑村、坳仔村、蓝坑村、磨刀坑村。

大河村委：河口村、田围村、大东村、小东村。

（6）高村镇

大田村委：东埇村。

金山村委：石狗村。

水美村委：水美村。

白梅村委：灯心洞村。

（7）白石镇

东圳村委：牛肚湾村、田心村、大围村、粉电村、连塘墩村、横埇村.

西圳村委：枫木塘村、枕塘村、丹山村、崩岗村、圳下围村、石门村。

民福村委：征久塘村。

云磴村委：沙塱村。

（8）托洞镇（2003年12月与茶洞镇合并为现在的石城镇）

云星村委：塘步村。

根围村委：竹子排村。

高潭村委：杨梅坑村。

（9）茶洞镇（2003年12月与托洞镇合并为现在的石城镇）

迳心村委：迳心村。

三、云安革命老区综合情况

云安区原有老区镇3个（富林镇、都骑镇、杨柳镇；2003年12月，都骑镇和杨柳镇合并为都杨镇，所以现有2个老区镇），老区人口12.53万人，占全区农业人口的39.1%。云安区老区建设得到上级有关部门和各级党委政府的高度重视，党委、政府将老区建设摆上议事日程，从财力、物力、人才、政策等方面给予大力扶持，使老区面貌发生了显著的变化。老区镇有中学、卫生院、影剧院、文化站、农技站、电视差转台、广播电视等。有老区村的村委会已全部建有小学，适龄儿童入学率达98%以上。

第四节 云浮市云安区经济社会总体情况

一、2017 年发展情况

2017 年，面对复杂多变的宏观经济环境，在云浮市委、市政府和云安区委、区政府的正确领导下，在云安区人大、区政协的监督支持下，云安区以党的十八大、十八届历次全会、十九大和习近平总书记系列重要讲话精神为引领，深入贯彻新发展理念，认真贯彻落实区六次党代会的决策部署，统筹推进改革发展稳定的各项工作，实现了经济社会平稳健康发展，较好地完成了区六届人大二次会议确定的目标任务。

（一）稳实体、促升级，经济基础日益夯实

工业经济持续提升。坚持做大做强工业经济，切实拉动经济持续较快增长。全区规模以上工业企业完成工业总产值 196.6 亿元、工业增加值 42.97 亿元，同比分别增长 10.8% 和 2.6%。工业技改投资逐步增长，投入技改资金 11.6 亿元，同比增长 36.3%。大力推进工业企业成长工程，全区共有 19 家企业申报规模以上工业企业，其中 14 家已通过审核，超额完成市下达任务。企业上市融资实现零的突破，惠云钛业公司成功在新三板挂牌。园区工业不断壮大，云浮循环经济工业园全年实现工业增加值 26.2 亿元，同比增长 10.6%；税收收入 4.65 亿元，同比增长 25%。园区基础设施进一步完善，全年投入资金约 1 亿元，完成

云港大道、青洲大道、云硫大道等工程建设。

项目建设加快推进。实施重点建设项目 51 个，计划总投资 128.39 亿元，年内计划投资 20.22 亿元，全年累计完成投资 19.62 亿元，完成年度计划的 97.94%。其中省市重点项目 12 个，计划总投资 69.21 亿元，年度计划投资 10.36 亿元，全年累计完成投资 11.98 亿元，完成年度计划的 115.66%。创新招商方式，积极参加经贸洽谈会及举办绿色日化产业招商引资推介会，全年签约项目 24 个，计划总投资 63.2 亿元，其中超 10 亿元的项目 3 个；新开工项目 13 个，新投产项目 3 个。

农业农村稳步发展。大力培育新兴产业，建成农业标准化生产面积 2135 公顷，建成"三品"认证（无公害农产品认证、有机食品认证、绿色食品认证）生产基地 4 个，获得绿色食品认证企业 2 家，绿色食品认证产品 4 个，创建地方知名品牌 6 个。农村土地确权工作取得阶段性成果，已发证 53535 个，占应发证的 90.9%，成为全省首批确权数据通过农业部质检入库的县（区）之一。全面落实河长制，实施中小河流治理、水库山塘除险加固项目 12 个，新增和改善灌溉面积 707 公顷。完成造林 3192 公顷、森林抚育 7433 公顷、森林碳汇工程造林 497.3 公顷；完善提升景观林带 18 千米，面积 72 公顷；绿化村庄 13 个。全区粮食作物种植面积 16367 公顷，水稻播种面积 9707 公顷，粮食产量 9.1 万吨；年饲养生猪 19.38 万头、牛 0.9 万头、家禽 302.1 万羽，水产养殖面积 580 公顷，水产品产量 1.1 万吨。

现代服务业稳中有进。全区第三产业实现产值 23 亿元，占 GDP 比重 26.8%。落实商贸企业成长工程，新增限额以上企业 7 家。推进商贸流通领域改革创新，加快重要产品追溯体系建设，有效监管重点商品流通，保障消费者食品安全。推进电子商务、物流业等现代服务业的发展，扶持远景石材等公司为电商重点发展企业。立足云浮新港，发展现代物流业，支持云浮新港建设保税仓、一体化通关体系，外贸进出口实现逆势增长，云浮新港集装箱吞吐量突破 20 万标箱。云雾山旅游度假区建设扎实推进，依托云雾山丰富的人文旅游资源，发展乡村休闲旅游业，云雾山旅游度假区项目入选全国优选旅游项目和列入省前期预备及市重点建设项目。目前，已完成度假区景区概念总体规划、形象设计和项目可行性研究报告，道路设施等建设工作有序推进。

（二）抓改革、促创新，发展动力逐步增强

改革工作纵深推进。深入推进供给侧结构性改革，把"三去一降一补"（去产能、去库存、去杠杆、降成本、补短板）作为重点工作稳步推进。商品房非住宅去库存面积 2.27 万平方米；清理规范各种收费，取消或停征 41 项行政事业性收费；深化推进商事制度改革，实行"多证合一、一照一码"登记制度，建设应用"商事主体信息管理平台"，新增个体工商户 1231 户；新增私营企业 259 户，增长 62.89%。落实营改增和资源税改革政策，全面贯彻落实国务院 6 项减税政策。

创新驱动活力逐步呈现。加快绿色日化产业园建设，园内供水、供电、道路、污水处理厂等基础设施日渐完善；协同创新研究院实验室已试运行，孵化车间中试设备已安装调试。通过企地合作、校地共建、订单种植等模式，大力发展南药产业，南药种植面积达 3940 公顷，发展南药种植的专业合作社 6 个，从业人员 1500 多人。出台人才引进和培养工作实施办法，将招聘人员学历要求提升至国民全日制教育本科以上，引入华南理工大学科研专家 3 名，招聘"985""211"工程院校全日制本科以上学历毕业生 23 名。与华南理工大学化学与化工学院签订合作协议，通过共建研发基地、联合技术攻关、科技咨询、科技成果转化和人才培养等多种形式开展广泛合作。

（三）强统筹、促协调，城乡环境有效改善

城市扩容提质稳步推进。融入新区步伐加快，完成新区宏源大厦、市地税部门地块征地工作，总投资 8000 万元的区中医院建设已全面启动，区文化体育公园、体育馆建设有序推进，区公共实训基地和创业创新孵化基地建设项目已选址新区，都杨至六都（西部快线）、新城快线二期等公路建设加快推进。开展国家卫生城市、国家园林城市和国家文明城市创建工作，投入 4280 万元用于城中村改造、市政基础设施建设、环卫设施配套以及环境卫生综合整治等，使区容区貌焕然一新；投入 2300 万元完成 18 个增绿提质工程，建成了崖鹰山公园、富山湖路口公园、三墩文体公园，"巩卫""创园"顺利通过国家、省考核验收。

基础设施建设有新进展。全年投入交通基础设施建设 8362.6 万元，完成建设改造公路里程 37.5 千米。其中，公路大修工程 12.5 千米，农村公路 25 千米，城区新建市政道路、国道 324 线云安段改造（养护）示范路及灾毁路面修复工程均顺利通过交工验收。完成省道 472 线白石镇至镇安镇段、省道 368 线云安区段水毁公路修复工程及一批道路、桥梁等交通基础设施修复养护工程。全年投入资金 2628 万元，完成公路安全生命防护工程 28 宗，总里程 144.8 千米。

生态环境全面改善。强力推进环保综合整治，强化源头管控、责任落实，严办环境违法案件，全区空气质量全面改善。立案查处环境违法案件 53 宗，关停"小散乱污"企业 213 家、整改整顿石材企业 22 家，关停堆场和石场 11 家，对辖区水泥、硫酸生产企业实施污染物排放限值提标措施，严格控制企业尾气排放处理。认真抓好环保督办案件的办理，省督察组移交的 20 件信访举报案件全部办结。推进公共污水管网建设，富林、镇安污水处理厂投入试运营。巩固提升农村垃圾治理，建成压缩式垃圾中转站 7 个，

自然村均已建成符合省要求的垃圾收集点；农村生活垃圾无害化处理率达 98%，垃圾分类减量率达 50% 以上。重新划定了畜禽养殖禁养区、限养区和适养区，关停相关违规养殖场，督促 106 个养殖场（户）落实粪污整治设施。

新农村示范村建设扎实推进。大力开展"三清三拆三整治"工作，35 个自然村基本完成"三清三拆"工作。全区 22 个省定贫困村创建社会主义新农村示范村已完成规划编制工作，于 2017 年 10 月 27 日启动整区推进。全区整区推进生活污水处理及社会主义新农村示范村建设工程 PPP（政府与社会资本合作）项目已进入招标阶段。

（四）惠民生、促和谐，社会事业协调发展

社会保障有力。加大对民生的支出力度，切实保障改善民生。10 大类民生支出 11.2 亿元，同比增长 4.84%，占一般公共财政预算支出的 80.35%。城乡居民基本医疗保险参保人数 29.68 万人，基本实现人人享有医疗保障。城乡居民基本养老保险参保续保人数 8.6 万人，4.5 万名 60 周岁以上的群众领取养老待遇，养老金提高到 120 元/月；发放老年人津贴 152 万元；城镇新增就业 1424 人，失业人员再就业 427 人，促进创业 161 人，城镇登记失业率为 2.48%；发放城镇职工养老保险 7401 万元、城乡居民基本养老保险 5734.9 万元、被征地农民养老金 1321 万元；城乡居民基本医疗保险统筹支出 1.87 亿元。加快推进公办养老机构"公建民营"社会化改革，区福利服务中心通过公开招标的形式确定运营商并开始运营；完成区福利服务中心敬老院、光荣院、老人公寓和办公楼的升级改造。为全区育龄夫妇开展孕期健康检查和老年人开展免费健康检查，保障人民群众健康。

民生工作有为。抓好教育"创现"工作，均衡教学资源配备，为全区中小学配置现代化教育装备；盘活教育资源，撤并学校 73 所；突出科技教育，3 所中小学被评为"全国青少年科学调查体验活动推广学校"。推进卫生强区建设及公立医院改革，全面取消药品加成；完成 32 间村卫生站公建民营规范化建设，全区村级卫生站均配备 1 名具有执业资格的乡村医生；加强医联体建设，搭建的"云帕斯医学影像云平台"，被第三届中国互联网医疗大会评为"全国最佳创新奖"。精准扶贫深入开展，各级财政投入扶贫资金 1.07 亿元，组织实施精准扶贫项目 1.39 万个，到村项目 155 个，减少贫困人口 6380 人；落实"三保障"（义务教育、基本医疗、住房安全有保障）政策，危房改造到户竣工 134 户、在建 89 户。城乡低保、特困供养人员、集中供养人员发放标准均有所提高。开展医疗救助 8975 人次，发放救助金 915.53 万元。深入实施文化惠民工程，承接"中国新歌声"云浮赛区赛事等群众文化活动 10 场，组织百场大戏下基层、百姓文化俱乐部、送戏下乡 69 场，放映农村公益电影 1260 场。投入 125 万元搭建"掌上云安"手机台，实现手机开电视、看新闻及提供各种公共民生服务。

社会治理有方。全面开展法治建设"四级同创"活动，抓好"法治区""法治镇""民主法治村（社区）"的创建工作。稳步推进"雪亮工程"，创建"平安细胞"，"平安云安"建设取得新成效。大力打击各种违法犯罪，民众安全感指数显著提升，全年共接报刑事、治安警情 219 宗，同比下降 30%。打造"互联网 + 社区矫正"的监管新模式，建成区社区矫正中心，云安区是全省唯一一个代表广东通过系统向司法部领导实时报告社区矫正工作开展情况的县（区），也是全国首批接入司法部社区矫正远程督察系统的县（区）。办理信访事项 237 件，已办结 221 件，办结率 93.2%；辖区内没有发生进京、到省的集体上访事件。安全生产形势平稳向好，全区各类安全事故总数、死亡人数同比下降

11.11%和26.67%。全面开展食品"两超一非"（超范围、超限量使用食品添加剂，非法添加非食用物质）百日行动、药品"清渠行动"等专项整治行动，进一步规范食品药品市场，没有发生食品药品安全事故。

二、2016—2020年的奋斗目标和主要任务

2016—2020年是云安区与全省全市同步实现全面建成小康社会目标的关键期、攻坚期、决胜期。这几年，云安宏观环境总体上是机遇与挑战并存，但机遇大于挑战。国家深入实施"一带一路"、脱贫攻坚、创新驱动发展、供给侧结构性改革等重大战略部署，省委、省政府加快实施粤东西北地区振兴发展战略，市委、市政府提出建设现代生态城市等决策部署，都为云安区发展提供了重大机遇。经过多年发展积累，云安打下了一定的发展基础，特别是随着南广高铁、广梧高速、江罗高速、汕湛高速、新城快线等一批重点基础设施建设项目相继建成和加快推进，以及云安区与云浮新区的加速融合发展等，为云安区"十三五"时期加速发展提供了有利条件。只要坚定信心，抢抓机遇，乘势而上，锐意进取，就一定能开创云安跨越发展的新局面。

2016—2020年工作的指导思想是：高举中国特色社会主义伟大旗帜，坚持以马克思列宁主义、毛泽东思想、邓小平理论、"三个代表"重要思想、科学发展观和习近平新时代中国特色社会主义思想为指导，以"五位一体"总体布局和"四个全面"战略布局为统领，以"五大发展理念"为指引，深入贯彻落实习近平总书记系列重要讲话精神，按照省委"四个走在全国前列"和市委建设"现代生态城市"决策部署，围绕"跨越发展"目标，紧扣"治环境、强产业"两大主题，突出"融入新区、发展绿色日用化工产业、建设云雾山旅游度假区"三个重点，全面加强经

济建设、政治建设、文化建设、社会建设、生态文明建设和党的建设，确保与全省全市同步全面建成小康社会。

在云安跨越发展的征途中，"治环境、强产业"是迫在眉睫必须抓紧抓好的两大主题。环境是镜鉴，是一个地方文明程度、管理水平的直观反映，是城市形象的主要载体；环境又是生产力，是地方经济发展的基础平台，是招商引资的核心要素。国内外发达地区的实践经验证明，哪里环境好，哪里就会形成强大的人流、物流、信息流、资金流，区域经济社会发展就会呈现蓬勃生机和充足活力。当前云安发展滞后，大企业大项目数量少、优质企业和人才引进难，核心瓶颈就是环境问题，从城市环境到农村环境，从生产环境到生活环境，从生态环境到服务环境，都不适应高素质企业、高素质人才的要求。治环境，就是要补足补齐云安跨越发展的最大短板，全面增强综合竞争能力。产业是发展的基础，对一个地方而言，产业强就经济强，产业稳就发展稳，产业后劲大则发展后劲足。云安的跨越发展，治环境是基础，强产业是必然途径。只有打造一个区域内先进、国内一流的生活环境和营商环境，才有可能集聚高素质企业和高素质人才，才有可能促进产业转型升级，才有可能实现云安跨越发展。

在云安跨越发展的征途中，新城区建设是龙头，新产业培育是主线，共享发展是最终落脚点，必须在融入新区上重点突破，全力推动行政综合服务以及文教体卫等城市公共服务功能向新区聚拢，与新区融合，按云浮未来中心城区的标准提升城市综合服务水平；必须在发展绿色日用化工产业上重点突破，加快打造100亿元产值的绿色日化产业集群，夯实云安跨越发展的工业基础；必须在建设云雾山旅游度假区上重点突破，推动旅游与生态、文化、产业深度融合，带动南部经济的发展，推动产业转型与富民惠民的深度结合，突破云安跨越发展的区域短板，探索具有时代特征、云安特色的协调、绿色、共享发展新路子。

围绕跨越发展、全面建成小康社会的总要求，2016—2020 年具体的奋斗目标是：

第一，经济实力更强。经济持续较快增长，三大产业在更高层次上协调发展，现代产业体系初步建成，经济运行质量和效益显著提高。到 2020 年，规模以上工业增加值突破 100 亿元，地区生产总值年均增长 11% 左右，公共财政预算收入年均增长 10% 左右。

第二，城镇建设更佳。城市化步伐持续加快，建设一批交通便利、功能齐全、品位较高的现代化城镇，城镇化水平达到 35% 以上；乡村环境持续改善，初步建成公共配套基本完善、村容村貌整洁干净、乡风民俗文明高尚的现代化农村。

第三，生态环境更优。自然生态资源得到有效保护和充分利用，水污染、大气污染得到有效控制和治理，人居环境和旅游体验不断改善，经济与社会、人口与资源环境协调发展，可持续发展能力明显增强。

第四，人民生活更好。教育医疗卫生供给更加均衡到位，就业更加充分，社会保障能力增强，社会文明程度和人民生活质量明显提高，如期完成脱贫攻坚任务。城镇居民人均可支配收入年均增长 8%，达到 28542 元；农民人均纯收入年均增长 9%，达到 18026 元。重点做好以下几方面工作：

（一）调整优化产业布局，全面提升经济发展质量

紧扣供给侧结构性改革，科学谋划和推动云安城市经济集聚区、云浮循环经济工业园区和南部经济带这"两区一带"建设，加快推进新型工业化、农业现代化和旅游品牌化，提升产业发展层次。

1. 调整优化产业布局，向新布局要新空间。统筹云安区和云浮新区的产业布局，建设"三大集聚区"，在城市功能、产业链条上实现融合互补、一体发展。以云浮新区为依托打造云安城市经济集聚区。把握云浮新区建设发展的巨大机遇，积极推进城市化与产业化紧密融合，大力促进资本、技术、劳动力、信息、服务等生产要素在云浮新区及其周边高度聚集，形成较强带动作用的城市经济集聚区，打造云安跨越发展的新引擎。以云浮循环经济工业园为依托打造新型工业集聚区。充分发挥云浮循环经济工业园发展绿色日化产业的合法性基础、原材料优势和成本优势，大力推动绿色日化产业规模化发展，打造百亿产业集群，形成支撑全区经济规模迅速做大的工业集聚区。以南部经济带为依托打造特色产业集聚区。把握江罗高速通车带来的交通条件显著改善的契机，统筹高村、白石、镇安、富林和石城五镇的产业布局，立足其资源禀赋和产业基础，重点发展生态旅游、观光农业、特色产业，开发建设南部经济带。

2. 发展壮大新产业，向新产业要新动能。加快发展培育现代化新兴产业和现代服务业，构建现代产业体系。着力推动绿色日化产业规模化发展。以水、电、路网基础设施和产业配套设施建设为重点，加快推进绿色日化产业集聚区建设，全面增强园区承接能力。借助佛山南海的力量，推动产业共建，大力开展主题招商，加快引进一批日用化工企业、基础原料生产工厂和纺织助剂厂进驻，抓好已启动、已签约企业的跟踪服务，抓紧建设产业协同创新中心，形成产业配套优势，推动产业规模化发展。着力发展"四新"（新技术、新产业、新业态、新模式）产业。依托云浮新区的龙头带动，加快发展云计算及信息服务产业，发展壮大先进制造业，培育发展生物医药产业。以现有产业资源和基础，大力发展光伏产业。着力发展培育现代服务业。依托云安新行政区和云浮新港，加快发展商贸、房地产、现代物流等产业，不断提升服务业对地区生产总值的贡献率。着力发展休闲旅游业。抓好云雾山生态、人文旅游开发项目的规划和建设，打造云雾山旅游度假区，带动全区旅游产业全面发展。抓好中云石文化旅游产业中心项目的开发建设，探索石材商贸与休闲旅游融合发展的新路子。结合云安生态产品种植基地建设，积极发展观光农业、乡村旅游、餐饮娱乐业和旅馆服务业等休闲旅游业，吸引珠三角及港澳游客，打造乡村旅游品牌。

3．实施创新驱动战略，向新技术要新动力。把创新驱动作为转型升级和加快发展的重要抓手，以创新推动发展。培育发展创新型企业。加快建设创新创业服务平台，实施高新技术企业培育计划，鼓励各类企业加强与高校科研院所合作，设立企业研发中心和技术创新中心。完善面向中小企业的创新服务体系，大力支持小微企业创新创业。培育发展区域创新型平台。坚持协同创新理念，利用、调动和激发各合作区域人才、资本、信息和技术等创新要素，搭建传统企业联动创新平台、专业镇协同创新平台和新兴产业协同创新平台。鼓励建立新型研发机构和产业技术创新战略联盟，创建协同创新、联动创新机制，实现平台资源、信息共享。积极引育创新型人才。制定合理的人才引进政策，加强与外地高层次人才建立合作关系，引进创新人才、创新团队。改造提升传统产业。全方位推进石材、硫化工、水泥等传统产业的产品创新、工艺创新、产业组织创新、管理创新和商业模式创新，全面提升产业发展质量。

4．推动农业现代化，向新业态要新突破。加快转变农业发展方式。推进农业结构调整，突出发展特色农业、绿色农业、效益农业，推动农业提质增效。加快畜牧渔业发展，推动林业高效发展，大力推广种植业，探索发展以农促工、以工补农的新路子。要加快转变农业经营方式。鼓励和倡导"公司＋基地＋农户"经营模式，大力培育农业产业化龙头企业、现代家庭农场、现代农民合作社等新型农业经营主体，推进农业规模发展。要加强农业发展基础条件建设。增加农业投入，加大农田水利建设力度，支持农业技术的开发、推广和应用。要加快转变农产品销售方式。推动"互联网＋现代化农业"发展，以电子商务为依托拓展特色农产品销售市场，促进农民增收、企业增效。

5. 聚焦项目招引和落地，向新项目要新后劲。牢固树立"抓项目就是抓后劲、抓增长点"的观念，大力实施开放合作策略和项目带动战略。要强化开放合作。积极推进与周边县（市、区）在重大基础设施和商贸旅游产业等方面的区域合作，主动承接珠三角等发达地区的产业转移，加快融入"粤桂黔高铁经济带合作试验区"，积极参与"一带一路""珠江—西江经济带"建设，争取把云浮新港升级成为全省"海上丝绸之路"重要支点，构建全面对外开放合作的新格局。加强招商选资。完善招商服务体制，抓好产业链招商、精准化招商，横向积极引进绿色日化、"四新"产业和现代服务业龙头项目；纵向积极引进关联企业及相关研发中心、设计中心和销售中心，延伸产业链条，力争到2020年，上规模企业超过150家、年销售收入超亿元企业达75家以上，推动多家企业挂牌上市。全力保障项目落地。着力抓用地保障，集中力量打好征地用地攻坚战，解决项目落地"最后一公里"问题。着力抓资金保障，统筹财政资金使用，抓好债务管理和融资周转，提高财政资金运转效率和使用效益；加强政府项目的设计把关，优化建设方案，节省财政投入建设成本；积极探索运用PPP模式，引入民间资本和外资进入基础产业和公用事业领域，缓解资金筹措难题。着力抓服务保障，深化项目审批立项和跟踪服务机制改革，简化项目前期工作流程，加快已签约和在建项目的建设进度。要建立项目建设责任制。层层压实责任，完善项目跟踪服务和目标考核机制，确保责任、人员、考核"三个到位"。

（二）高标准统筹城乡建设，打造云浮中心组团新平台

找准云安在全市"一核三副"城市空间格局中的定位，按照中心城区组团的要求，高起点完善区域城乡规划体系，高标准推进城乡一体化建设。

1. 主动"融入新区"，提升城市品位。按照中心城区"一江四组团"的规划格局，积极主动融入新区建设，推进云安、云浮新区同城化。要着力构建一体化的综合交通体系。全面梳理"两区"对外路网连接和内部路网体系，加快推进骨干路网建设，谋划启动新区与六都之间的快线建设，尽快打通"两区"之间的连接脉络。要着力构建一体化的市政配套设施体系。"两区"一体完善给排水管网、垃圾处理、消防设施、电力、供气等城市配套设施。要着力构建一体化的城市综合服务供给体系。加强云安的教育、卫生、文化、体育等公共服务设施在新区的布局和建设，加快推动云安的商贸金融、文化教育、医疗卫生、居住、行政服务等功能向新区集中。

2. 完善规划体系，强化城乡管控。加强全域统筹规划的编制和管控。加强规划体系衔接。坚持多规融合，抓紧推进云安区、云浮新区"两区"在城乡空间、土地利用、产业发展、生态保护等各个领域的规划衔接，提高"两区"发展的系统性和持续性。推进规划体系向镇村延伸。加快完善各镇总规、控规和专项规划修编，同步推进村庄规划全覆盖工作，推动形成城乡统筹、相互衔接、全面覆盖的全域规划体系。大力强化镇村规划管控。严格执行规划，统筹水、电、绿化、亮化等基础设施建设，落实办公建筑、商业建筑、科教文卫建筑等各类建筑和民房建设的功能分区，全面规范和管控城乡建设行为，杜绝镇村散乱建设，确保城乡建设功能合理、规范有序，环境优美。

3. 坚持交通先行，完善功能布局。加快推进国道、省道、县乡公路升级，以及农村公路硬底化改造计划，加快推进西部快线建设，促进南广铁路、广梧高速、江罗高速、汕湛高速，与西江航道、国道省道互联互通，加快构建水陆铁一体的综合交通路网，更好适应"一江四组团"功能布局和城乡统筹发展的需求。同时，还要充分发挥好交通基础设施的辐射带动作用，积极谋划建设高速公路经济、高速铁路经济、临港物流经济。

4. 大力实施乡村振兴战略。决胜全面建成小康社会，重点在农村，短板也在农村。按照"产业兴旺、生态宜居、乡风文明、治理有效、生活富裕"的总要求，全面实施乡村振兴战略，突出抓好农村党组织建设，配备坚强有力的村党组织和好的带头人。大力发展农村产业，以发展农业和乡村旅游业为着力点，抓好"三农"工作，大力补齐农村发展短板。按照"贯通路网、打造中心、治理污水、美化环境、发展产业、树立新风"的要求，聚焦农村生活垃圾处理、生活污水处理、村容村貌整治、解决厕所问题，实施好农村人居环境整治行动，加快新农村建设步伐，给农民一个干净整洁的生活环境。根据村庄分布、产业发展、人文特色等不同特点，积极引导各镇各村开展农村危房改造。加强"四好农村路"建设，加快推动公共服务下乡。大力推进农村综合改革，完善农村治理制度，健全自治、法治、德治相结合的乡村治理体系。协调扶贫、农业、科技、劳动以及职业技术学校等部门，加大对农民实用技术和务工技能的培训力度，努力提高农民的科技致富能力、市场竞争能力和自主发展能力。

（三）全面优化软硬环境，着力提升城市竞争力和吸引力

坚持问题导向，通过市容上突出治脏促美、秩序上突出治乱促好、政务上突出治庸促效、生态上突出治污促绿"四治四促"，不断提升云安发展形象。

1．大力整治城乡综合环境。结合创建国家园林城市和国家卫生城市的目标任务，以铁的手腕，全面开展城乡环境突出问题综合治理。大力整治城乡绿化环境，在城市和镇中心区着力抓好临街小广场、小公园建设，广泛开展沿河、沿路、沿街的绿化美化；在各乡村着力抓好街前巷尾、村前屋后的绿化美化，全面提高城乡绿化水平。大力整治城乡卫生环境。着力抓好城区市容环境综合治理，全面开展主城区及城区周边、城乡结合部的环境综合整治，建立常态管理的长效机制；抓好村庄村容村貌环境治理，建立完善镇村垃圾清扫、收集、转运、处理的一体化体系，确保村容村貌整洁干净。大力整治西江沿岸环境。着力抓好西江岸线资源环境综合治理，全力推动码头整治，稳步推进沿江景观带建设，擦亮云安的水上"门面"。大力整治交通秩序环境。强化各类运输车辆的监管，维护道路的整洁完好和交通的安全有序。大力整治噪声环境，着力抓好各类噪音管理，营造宜居宁静的生活环境。大力增强全民的环境卫生意识。推动环境整治综合行动进单位、进庭院、进楼道、进家庭，形成全民参与，室外、室内环境共治的良好氛围。大力提升城乡环境管治综合水平。从规划源头抓起，完善市政基础设施配套，统筹实施道路交通整治、建筑立面管控、市政设施改造、园区小区绿化等各项工作，形成规划、建设、管理三位一体综合管治的良好格局。大力推动城乡环境管治机制创新。按照系统治理的要求，上下配合、条块结合，加快建立健全综合协调机制；按照现代城市治理的要求，逐步构建管理、养护、执法、监督相互分离、各司其职的城乡管理新体系；按照重心下移的要求，集聚基层，集聚问题，构建网络化、网格化的管理新格局，持续用力，久久为功，务求长效。

2．全面加强生态环境保护和建设。贯彻落实绿色发展理念，树立"保护好就是建设好"的认识，落实在保护中开发、在开发中保护的可持续发展策略。严守生态红线。扎实推进生态保护，严厉打击乱砍滥伐、乱占乱建、私自采矿采石等违法行为，切实保护耕地资源和提高现有耕地的产出水平，充分合理利用林牧地资源，提高土地利用率，限制耕地的占用。要加强土地资源节约集约利用。实行土地利用精细化管理，统筹配置新增建设用地。加强闲置土地清查处置，加强宅基地管理，统筹运用土地整治、"三旧"（旧城镇、旧村庄、旧厂房）改造、城乡建设用地增减挂钩等政策手段，盘活城乡存量建设用地，充分发挥土地的经济效益。严格加强环境保护。加强环境保护监测能力建设，对排污企业全面实行在线监测。加大清洁能源推广力度，加快淘汰落后产能，遏制高耗能高排放的产能扩张，提高清洁能源比重。重拳开展大气污染综合治理、水环境污染治理，切实解决重点区域、重点流域、重点行业、重点企业的污染问题。加强森林资源培育保护。深入实施生态景观林、森林碳汇、森林进城围城和乡村绿化美化重点生态工程，抓好造林绿化工作。

3. 不断优化营商环境。通过改革，打破影响投资环境的各种条条框框，重点在优化创新环境、政策环境、服务环境、市场环境等方面下功夫。营造有利于改革创新的良好制度环境。加快转变政府职能，深化行政审批体制改革，全面简政放权，最大限度减少政府对市场的不合理干预和对市场主体的不合理管制。加快建章立制步伐，规范权力运行流程，规范公务人员工资福利待遇，打造行为规范、公正透明的服务型机关和服务型政府。营造开明开放的政策环境。坚持贯彻落实中央、省、市关于减轻企业负担的政策，规范各种收费行为。进一步制定完善扶持产业、引导投资、鼓励就业创业的各项优惠政策，发挥政策活力，促进经济发展。营造优质高效的政务服务环境。全面深化商事制度改革，简化办事手续，降低办事成本，改进服务方式，创新服务手段，提高行政效率。进一步改进工作作风，大力开展"一站式"服务，为发展营造优质高效的服务环境。营造公平公正的市场环境。实行统一的市场准入制度，建立公开透明的市场规则，营造各类企业平等竞争的市场环境。加强信用体系建设，加快行业商会发展，完善行业自律管理体系。积极推进市场监管体系建设，坚决打击偷税漏税、制假售假、走私贩私等扰乱市场经济秩序的行为，依法保障企业合法经营不受干扰，切实维护企业的合法权益，形成规范有序的生产经营环境。

（四）推进文明创建和治理创新，全面提升文明法治水平

坚持把精神文明建设和法治建设贯穿改革开放和现代化建设全过程，为云安跨越发展提供精神支持和法治保障。

1. 加强精神文明建设。坚持以社会主义核心价值观为引领，大力推动文明创建活动，以中华民族伟大复兴的中国梦和社会主义核心价值观凝聚共识、汇聚力量。坚持把云安本土的特色文化与弘扬社会主义核心价值观结合起来，通过群众喜闻乐见的形式倡导正确的价值取向，加强全民思想道德建设和社会诚信建设，引领群众自觉履行法律法规、社会责任、家庭责任，建设文明和谐的新城区、新城镇、新农村。大力发展社会科学普及事业，倡导科学精神和人文精神，全面提高国民素质和社会文明程度。

2. 坚持依法治区。严格执行国家宪法和法律，着力提升依法行政水平、公正司法水平、社会治理水平、普法教育水平。坚持依法行政。坚持用法治的思维、手段和方式，调节经济运行、管理社会事务。严格按照法定权限和程序行使权力、履行职责引领法治云安建设。坚持依法监督。加强和改善党对人大、政协的领导，坚持和完善人民代表大会制度，加强"一府两院"监督；发挥人民政协作用，在更大的程度上、更广的范围内，广泛听取民主党派、工商联、无党派人士和人民团体意见。完善重大行政决策制度和决策程序。严格落实重大决策终身责任追究制度和责任倒查机制。加强法制建设。推进"七五"普法，加快司法所规范化建设，普遍建立法律顾问制度，全面开展"一村（社区）一法律顾问"工作。深化执法体制改革，推动规范文明执法。深化依法治区的法治创建活动，加强社会主义法治文化建设和群众性普法教育，构建覆盖城乡居民的公共法律服务体系。

3．推进和谐社会建设。加强社会治理基础制度建设，构建全民共建共享的社会治理格局。创新社会治理方式。完善党委领导、政府主导、社会协同、公众参与、法治保障的社会治理体制，推动社会治理精细化，城镇社会服务管理网格化，农村社会服务社区化，构建全民共建共享的社会治理格局。切实维护社会稳定。深入推进以"垒小平安筑大平安"为平台、"十大工程"为抓手的平安云安建设。加强涉农问题、劳资纠纷、环保问题、医患纠纷和信访积案等重点领域矛盾纠纷专项治理，深入开展矛盾纠纷排查调解工作，依法预防和化解矛盾纠纷。健全公共安全体系。加强全民安全意识教育，深化安全生产管理体制改革，完善安全隐患排查治理体系，坚决遏制重特大安全事故发生。实施食品药品安全战略，深化食品药品监管体制改革，形成严密高效、社会共治的食品药品安全治理体系。坚持党管武装根本制度，深入开展全民国防教育，广泛开展双拥共建活动，巩固军政军民团结。充分发挥工会、团委、妇联、统战的作用，凝聚各方力量，共建和谐社会。

（五）全力保障和改善民生，持续提升人民群众幸福感

进一步加大民生投入，大力发展社会各项事业，提高公共服务供给水平，全力保障和改善民生，增进民生福祉。

1．优先发展教育事业。巩固教育创强成果，加快推进创建教育现代化先进区工作。进一步加大教育投入。加强教育基础设施建设，夯实教育发展基础。科学合理优化教育布局，加大对分散小学校的整合力度，规划建设高水平优质重点中学。进一步深化教育教学改革。着力提高教育教学质量，全面推进素质教育。进一步实施人才强教战略。积极引进高素质教师人才，推进教师队伍继续教育制度化，不断提高教师队伍素质。落实南海区对口帮扶云安教育工作相关措施，持续加强农村教师队伍建设。进一步优化教育资源配置。积极发展学前教育，巩固普及高中阶段教育成果。积极引进社会资本，大力支持民办教育，深入推进社区教育，建立以提高劳动者基本素质和技能为目标的终身教育服务体系。

2. 提升医疗卫生水平。围绕建设卫生强区的目标，加快推进以区人民医院为重点的公立医院综合改革，完善镇级卫生院改造建设，加强镇村卫生机构一体化管理，构建覆盖面广、惠及全民的公共卫生和医疗服务网络。加强医疗卫生计生服务体系建设，积极调整完善有关计划生育政策，切实抓好优生健康等惠民政策落实，合理控制人口自然增长率，平衡出生人口性别比，提高生育健康水平和人口素质。建立健全卫生防疫应急机制、防灾减灾社会应急机制、重大疾病医疗保险和医疗应急救助制度。积极做好计划生育家庭意外伤害保险和失独、独生子女伤残家庭帮扶工作。

3. 完善就业保障体系。积极推进城乡统筹就业，逐步建立城乡统一的劳动力市场和公平竞争的就业制度，探索促进就业的长效机制。继续实施积极的就业政策，完善就业咨询与服务体系，建立促进就业与失业保险、低保工作的联动机制，鼓励和帮助失业人员再就业。继续加快产业发展，持续加强对农村劳动力、失业人员和一般务工人员的基本素质和技能培训，努力做好城镇新增劳动力就业和农村富余劳动力转移就业工作。健全扶持创业的体制机制，落实高校毕业生就业创业扶持政策，大力支持和鼓励自主创业。

4. 坚决打赢脱贫攻坚战。各级各部门要把脱贫攻坚作为一项政治任务，认真落实"各级书记抓扶贫"责任，推动工作落实。要把精准扶贫与解决群众民生问题、促进农村基层治理、加强基层党组织建设结合起来，完善全区扶贫考评标准和考核机制，创新精准扶贫的方式方法，大力实施基础设施脱贫工程、产业发展脱贫工程、就业促进脱贫工程、教育扶智脱贫工程、社保兜底脱贫工程；要探索激励机制，引导社会力量和各类市场主体广泛参与脱贫工作，构建政府、市场、社会协同推进的大扶贫格局，确保如期完成脱贫攻坚任务。

（六）全面加强党的建设，不断提高管党治党水平

把全面从严治党贯穿党的建设的全过程、改革发展的各方面，为全面建成小康社会提供坚强保证。

1. 全面加强思想政治建设。持续加强学习型党组织建设，不断改进理论教育工作，推动党内教育从"关键少数"向广大党员拓展、从集中性教育向经常性教育延伸，进一步增强全体党员干部贯彻党的基本理论、基本路线、基本纲领的自觉性和坚定性。持续加强宗旨观念锤炼，推动全体党员干部在实践中站稳群众立场、树牢群众观点、践行群众路线。严格党内组织生活，约束和激励党员干部做"政治上的明白人"，强化对党忠诚、坚贞不渝的信仰执着。

2. 全面加强干部队伍建设。切实抓好选人用人，严格执行《党政领导干部选拔任用工作条例》，树立正确的选人用人导向，选出"信念坚定、为民服务、勤政务实、敢于担当、清正廉洁"的好干部。切实抓好干部培训管理，建立干部信息共享平台，加强干部监督管理，完善干部廉情电子档案，畅通干部监督管理渠道，加强对党员领导干部"八小时以外"活动监督，探索建立党员干部长期受教育、永葆先进性的长效机制。

3. 全面加强基层党组织建设。各级党组织要认真落实中央、省委和市委的决策部署，强化"主业"意识，牢固树立大抓基层的鲜明导向，推动基层建设全面进步、全面过硬，努力把每个基层党组织建设成为坚强战斗堡垒。将整顿软弱涣散党组织作为解决联系服务群众"最后一公里"问题的有力抓手，落实镇党委书记挂点包村（社区）责任制，一村（社区）一策精准整顿。将增强服务群众功能作为打牢基层基础的有力手段，以群众满意为根本标准，选好配强班子，改进工作作风，服务好民生、服务好群众、服务好党员，不断增强基层党组织的战斗力和凝聚力。

4. 驰而不息加强作风建设。坚持不懈落实中央八项规定，以永远在路上的恒心和韧劲，在坚持中深化、在深化中坚持，持之以恒纠正"四风"（形式主义、官僚主义、享乐主义、奢靡之风）。坚持暗访、查处、追责、曝光"四管齐下"，"零容忍"严肃查处各种隐形变异的"四风"问题和改头换面、转入地下的享乐奢靡问题。深入开展"为官不为"专项整治，强化行政问责追责。建立健全日常性作风教育引导的约束机制，营造良好的干事创业氛围，推动作风建设规范化、常态化，促进党风政风持续好转。

5. 深入推进反腐倡廉建设。各级党委（党组）要主动履行主体责任，严格执行党风廉政建设责任制；各级纪检监察机关要切实担负起监督责任，聚焦主责主业，强化监督执纪问责。坚持有案必查、有腐必反、有贪必肃，进一步加大案件查处力度，遏制腐败蔓延势头。坚持标本兼治，强化制度约束，不断创新和健全集体议事制度、财政财务管理制度、集体资产管理制度、建设工程招投标制度、各项人事管理制度等，逐步形成按制度办事、靠制度管人的良好机制。严格执行党的各项纪律，切实把纪律和规矩挺在前面，严明党的政治纪律、用纪律管住大多数。

总之，云安发展的新蓝图已经绘就，新的征程已经开始。让我们紧密团结在以习近平同志为核心的党中央周围，以饱满的热情、昂扬的斗志、务实的作风，鼓足干劲，奋发勇为，为开创云安跨越发展的新局面而努力奋斗！

第二章

大革命时期和土地革命战争时期

农民运动

1923 年 6 月，中国共产党第三次全国代表大会在广州召开，大会确定中国共产党与孙中山领导的中国国民党合作。在国共合作高潮的推动下，广东省的工农群众运动迅速发展。农民协会组织在全省各地发展起来。在这期间，云浮的农民协会也得到迅速发展和壮大，并以不同的方式领导人民群众不断开展对敌斗争。大革命时期云浮的农民协会成为领导云浮人民对敌斗争的中坚力量。

一、农民协会的建立

1924 年 8 月，云浮进步青年陈世聪、吴金群、廖月进等人参加了广州农民运动讲习所第二期的学习。随后，云浮的陈启明也于 1925 年 1 月参加了第三期的学习。此外，还有陈凤诰等一批进步青年参加了由叶挺、黄锡源于 1924 年年底至 1925 年年初在肇庆举办的西江宣传养成所的学习。广州农民运动讲习所和西江宣传养成所为当时云浮农民运动的开展和发展培养了骨干人才。他们学习后，先后回到家乡云浮开展农民运动。

1925 年 5 月 1 日，中共广东区委和共青团广州地委联合发出"五一"宣言，号召工农群众联合起来，组织工会和农会，开展罢工罢佃，农民减租、减息，组织农民自卫军。同一天，广东省第一次农民代表大会在广州召开，选举产生了广东省农民协会执行委员会，并发表了《广东省农民协会宣言》，号召全省农民联合起来，共同奋斗，向压迫阶级进攻。以后农民运动在全省各地蓬勃开展。在这革命高潮的推动下，云浮县在广州、香港、佛山等地工作的进步青年也先后回到家乡开展农民运动，组织建立农民协会（简称"农会"）。农民运动（简称"农运"）骨干罗顺球、陈世聪、廖月进等受广东省农民协会西江办事处的派遣陆续回到云浮的腰古、小河、安塘一带组织开展农民运动。他们积极深入农村，进行宣传发动。并与腰古的进步青年程鸿才、张誉等人一起组织农会。先后成立农会的有都涝、都律、古宠、布贯、桐围、罗斗等村庄。1926 年，共产党员周其柏受广东省农民协会西江办事处的派遣，带领革命青年来云浮开展农运工作。在全县农民运动发展高潮的形势影响下，都骑、杨柳的进步青年李邦荣、陈凤诰一起，在都骑、杨柳、方平等地宣传《广东省农民协会宣言》，呼吁群众起来，建立农民协会，做好群众的发动工作。组织农民自卫军（简称"农军"），向封建势力开展斗争。以后，都骑、方平、杨柳等地农民纷纷起来，积极筹办农民协会，印制会旗，刻制印章，并开展捐钱、捐粮活动。各处农会成立后，组织农民扛起大旗绕城游行，高呼"打倒土豪劣绅，打倒地主军阀"等革命口号，农民运动迅速汇成强大的洪流。同时，各地农会成立时，参加大会的会员个个头戴铜鼓帽，胸佩农会证章，农军的成员还携带武器。成立大会的会场大部分设在各乡村的大祠堂，会场挂孙中山的遗像和犁头旗，大会开始时宣读《总理遗嘱》，后由农会负责人讲演农会宗旨。并在大会上庄严提出"打倒土豪劣绅、反对苛捐杂税、实行耕者有其田"等口号，给广大贫苦农民极大的鼓舞。每当各地乡村农会成立时，其他乡村农会同时派出代表参加大会表示祝贺。

二、农民协会和农军的发展

1926 年 1 月，广东省农民协会西江办事处成立，办事处驻肇庆，组织领导西江沿岸各县的农民运动。从此，西江地区的农民运动有了一个统一的领导机构。在办事处的领导下，各县的农民协会和农民自卫军纷纷成立，形成了新的高潮。在此期间，云浮东区的腰古、小河两分区的农民协会成立。腰古分区农民协会主任程鸿才，成员有程泽波、程水均、程耀年、程嘉荣。并成立了有 40 多人参加的农民自卫军，配枪支弹药，枪支有部分是公尝，有部分是向私人借的，农军平时分散，但经常集中一起训练，农军队长程佩兰，驻地水东大祠堂。小河分区农民协会主任张誉，成员有吴镇南、林文辉、李家祥、刘德恒。农军队长吴镇南，农军有 20 多人，他们平时分散干农活，训练和战时集中，驻地明善小学。思劳路心村在李灶的组织和发动下，农民协会也宣告成立，随后发展到双羌等地。自此后，在东区农民运动的影响下，全县农民运动有了新的发展。

1926 年夏秋，广东省农民协会西江办事处主任韦启瑞和罗顺球、周其柏等来到云浮指导农民运动工作，使云浮东区的农民运动又得到了进一步的发展。为了协调腰古、小河两分区农民运动的开展，在西江办事处领导的支持和帮助下，成立了云浮县腰古农民协会指挥部（即云浮县农协二分会），统一领导东区的农民运动。指挥部设在腰古的容秀小学，总指挥程鸿才，副总指挥张誉、李灶；委员程佩兰、谢连声、程耀年、程水均等。同时还设立了一支 20 多人的农军常备队，配有长、短枪 20 多支，由程鸿才任常备队队长，张誉任副队长。指挥部成立后他们经常对农军进行训练，领导农民减租减息，没收地主掌管的祖尝、公款，接管反动民团的武装，深得广大农民的拥护和支持。农军常备队除宣传革命道理、维护社会治安秩序和保护人民生命财产外，还携带武器积极参加各乡农会的成立大会，以示祝贺，扩大影响。

　　为了适应革命形势发展的需要，腰古、小河分区农民协会进一步向安塘、思劳、云城等地区的乡村深入发动群众，做好群众工作，使农民协会组织不断发展壮大。同时成立和训练了一批农民自卫军，集中在分区农协会所在地，做好维护治安秩序工作。分别在各乡村召集了部分青年、农民作为农军的后备队，当时的农民协会组织在全县各地组建了农民自卫军达600多人。

中共云浮县党组织的建立

大革命时期，云浮只有少数中共党员活动，还没有建立起党的组织，在中共党员的指导下，以农会为骨干，组织起轰轰烈烈的农民运动，使当时的农会会员发展到 1 万多人。农会的兴起，为云浮党组织的建立培养了骨干力量。1927 年 11 月，中共广东省委派员到云浮建立了中共云浮县党的组织，后遭到敌人的破坏，经多次重建后，云浮党组织不断发展壮大，并领导人民起来革命，对敌人进行了不屈不挠的斗争。

一、建立中共云浮县委

1927 年 11 月，中共广东省委为建立云浮党组织，派出谭咏华、李庭、吴镇南、伍桂等回云浮开展工作，在云城建立了中共云浮县委，并从工人训练班学员中选派伍桂担任云浮县委书记。隶属西江特别委员会（简称"特委"）领导。当时省委交给的任务是：发展和整顿党的组织；准备暴动，夺取政权，与肇庆等地联合起来组织更大规模的农民革命武装暴动。伍桂等人来到云浮后，联系腰古、安塘、思劳等地分散隐蔽的农运骨干，传达上级指示，要求各地继续发动群众，开展武装斗争，实行土地革命，进行暴动，夺取政权。并着手发展和整顿党的组织，建立中共云浮县委。但这些同志只在自己所负责的乡村做了一些形式上的工作，没能把党的组织发展起来，在工农群众中也未产生较大影响。

不久，这些同志陆续离开了云浮。

1928 年 1 月，中共广东省委决定，未有党组织的地方，必须立即派负责人去组建党组织。2 月，省委又一次派出李庭、吴镇南、李新、黄金和省委巡视员黄钊到云浮，协助开展党的工作，建立党组织。他们来到云浮腰古城头村，不但找不到党的组织，也找不到党员同志，但他们积极开展工作，深入乡村发动群众，并联系农民运动时期的农运骨干。5 月初，他们在城头乡等地发展了陈日林、陈士心、黎耀堂、姚荣耀、徐土、李志德以及在广州参加工人运动时已加入中国共产党的陈剑夫，在城头村召开会议。会议在省委巡视员黄钊的主持下，选举吴镇南、陈日林、陈士心、黎耀堂、姚荣耀、李庭、陈剑夫、苏木新、黄金 9 人为县委委员；吴镇南、李庭、陈剑夫、黎耀堂、陈士心 5 人为县委常委；吴镇南任县委书记，李庭负责秘书，陈剑夫负责宣传，黎耀堂负责交通，并由黄金负责组织工作。县委设在腰古城头村，隶属西江特委领导。新的县委建立后，各个领导分别到各区、乡发展党、团及童子团组织；秘密组织农会，建立赤卫队，同时健全党的组织。县委全体会议每 10 天开一次，常委每两天开一次。党员重新登记，办短期训练班来训练党员。

5 月中旬，根据西江特委的指示，云浮县委召开了扩大会议，会议总结检查了前段的工作，批评了县委只注重党组织的发展，忽视了发动和组织群众，县委主要领导吴镇南和秘书李庭经常不在县委工作，没有发挥集体的领导作用。因而改选了县委。会议选举陈剑夫、姚荣耀、黎耀堂、陈士心、谭洁 5 人为常委，并由陈剑夫任云浮县委书记。1928 年 8 月 3 日，为了总结恢复农会、农军斗争的经验，中共云浮县委在腰古城头乡召开全县活动分子大会。大会的主要议程：一是全县党的情形；二是过去工作述要；三是全县政治状况；四是产生新的县委。

二、建立各种群众组织

1928年5月，中共云浮县委在腰古城头村建立后，县委工作会议根据省委和西江特委的指示，把开展群众工作，建立各种群众组织列入议程，作出决议，并成立相应的领导机构，具体由县委领导分工负责，开展工作。一是在腰古城头乡建立了党的支部，到8月中旬已在全县建立了党支部16个；二是组织工会，5月中旬，县委成立了职工运动委员会，并由县委的黄金、伍桂、陈剑夫组成，由黄金任主任，职工委员会成立后，县委指派黄金回云城调查职工生活状况，然后做好职工的发动工作，在职工中发展了一些党员，并建立了党的支部；三是开展兵运工作，5月中旬成立了兵士运动委员会，并由姚荣耀、陈士心、黎耀堂3人为执委；姚荣耀为主任，之后在云城开展工作，并印发《告兵士、警察民团书》，在兵士中发展党员，建立党支部；四是组织恢复农会工作，原计划有支部的乡村，首先在非党群众中挑选2～3人，加上党员组成一个有5人的乡农会执行委员会，然后逐步发展会员，扩大农会组织，成立乡农会。后来认为有支部的乡村，武装都掌握在我们的手上，群众也受影响，没有必要组织农会。后经省委指示组织农会的必要性和重要性，到8月初县委才下决心，决定在各乡支部同时发展农会组织，并按原计划开展工作，县委任命城头村党员李亦农为主任，开展妇女工作，并组织了妇女互助会等；五是建立了共青团云浮县委的组织，并由姚荣耀负责，做好发展共青团的工作。6月5日，成立了云浮县军事委员会，组建了有10多名干部参加的赤卫队，以便更好地开展对敌斗争。同时要求有党组织的乡村发展赤卫队。

第三章

抗日战争时期

第一节 中共云浮县党组织的恢复与发展

由于国民党反动政府的疯狂镇压，云浮县党的组织遭受破坏。1930 年 8 月，党的组织停止了活动。直到 1938 年 7 月，广东省组织抗日宣传队到云浮宣传抗日活动，在抗日救亡运动中云浮县党的组织才得以恢复，党员和党的组织才有了较好的发展。

一、中共云浮县党组织的恢复

1937 年 7 月 7 日，日本侵略军进攻北平近郊卢沟桥，中国驻军奋起抵抗，抗日战争全面爆发，抗日救亡运动在全国范围内蓬勃开展，1938 年 7 月，广东省青年抗日先锋队（简称"抗先队"）十七分队 12 人，在中共党员周明的带领下，从广州来到云浮。在开展抗日救亡宣传活动的同时，建立党的支部，开展党的工作，发展党的组织。1938 年 10 月下旬，广东省青年抗日政治工作队 15 人在杨文晃、唐章的带领下来到云浮西部的云雾山区，开展抗日宣传，在那里只活动了两个月便调走了。

省抗先队来到云浮后，周明、林媛、林琳、阮南 4 位共产党员建立了抗先队党的支部，周明任支部书记，隶属广东省委，以后他们吸收了余渭泉（都骑人）加入了中国共产党，然后又培养了都骑的李青、潘泽元、麦裕滔、陈锦卿（后脱党）4 人为入党对象。12 月，周明调离都骑，即把 4 人带往新兴进行入党宣誓，履行入党手续。李青等 4 人从新兴回到云浮都骑后，建立了党小组，李青任小组长，继续开展党的工作，从事宣传抗日活动。使活动中断了近 8 年的云浮县党的组织又重新得到了恢复和发展。

二、中共云浮县特别支部的建立

1939 年 2 月，中共党员余渭泉、徐枫、李君怡（均是云浮人），根据西江特委的指示，从新兴回云城，一方面公开建立起云浮抗先队独立支队，另一方面秘密筹备建立党的组织。4 月至 6 月初，西江特委派领导同志来云浮，帮助建立起中共云浮县特别支部（简称"特支"），余渭泉为特支书记，并接收了都骑党小组李青、麦裕滔、潘泽元 3 个党员的组织关系。特支建立后，一方面领导抗先队组织开展抗日救亡运动；另一方面通过群众运动的锻炼和考验，物色对象，发展党员，巩固壮大党的组织，把开展群众运动和发展党的组织结合起来。

云城的抗先队活动，始于 1938 年 7 月，当时周明带领省抗先队十七分队 12 人来到云浮。不久，周明等 4 人去了都骑，其余的队员留在云城，他们在县城没有发展抗先队员。暑期结束后，他们返回广州，云城的抗先队活动也就停止了。余渭泉等从新兴回到云城后，与麦长龙等一批进步青年学生一起，很快便建立了广东省青年抗日先锋队云浮独立支队，并由余渭泉任队长，徐枫、麦长龙为副队长，抗先独立支队建立后，主要是从云浮中学学生中发展队员，但也吸收了一些城镇青年参加。在云浮中学建立了抗先分队与都骑抗先分队，受县抗先独立支队的领导。随着抗先组织的发展，先进分子也不断涌现，这就为发展壮大党的组织创造了条件。

1939 年年初，西江特委建立的时候，正是西江政治环境出现逆转的时候，当时省临时工作委员会（简称"工委"）迁往韶关，战时工作队集中曲江，国民党广东省党部派高培巡视西江各县国民党党部，把各县党部工作人员换上顽固派分子，随即开始反共、反抗先队宣传，到 6 月，派特务在各县进行活动，大肆进行反共宣传，恐吓进步青年群众，甚至派特务分子混入中共党组织，在西江掀起了第一次反共逆流。在这样的政治环境下，西江特委决定中共云浮县党组织采取"巩固、发展"的方针。在这个方针的指导下，6 月，云浮县特支首先吸收了云浮中学学生麦长龙入党，以后又陆续在云浮中学和都骑小学先后吸收了麦冬生、谭佰云、高远钧、李俊杰、区德民、陈明华、孔祥燊、陈华年、潘式行等人入党。在都骑也吸收了一批抗先队队员入党。同时，在外地调来了陈孔嘉夫妇和陈联等一些党员，到 11 月下旬，全县已有党员35 人。

随着党员人数增多，越来越多的支部也建立起来。1939 年 6 月建立石门头党支部（地矿局），支书陈孔嘉；7 月建立都骑党支部，支书区德民；8 月建立云城支部，余渭泉兼支书；9 月，云浮中学搬到太空岩，建立云浮中学党支部，支书麦长龙。10 月余渭泉去了粤北，经批准，云浮县特支书记改由陈孔嘉担任，组织委员徐枫，宣传委员麦长龙。1940 年上半年，县特别支部改为临工委，书记陈孔嘉，委员麦长龙。下半年陈孔嘉调往外地，临工委书记由区德民接任。区德民是云安区都杨镇替邦村人。1939 年由云浮党工委、都骑党支部书记李青介绍加入中国共产党后，李青调云浮党工委工作，区德民被任命为都骑党支部书记。他踏踏实实做好党的工作，领导当地开展抗日运动。其间，介绍麦冬生等进步青年加入中国共产党。1941 年 1 月，麦长龙调往三水县委工作，临工委只剩下区德民一人，后来区德民又经常外出经商（为党组织筹集经费）。1942 年 7 月，麦长龙从三水调回云浮，接替了区德民的领导职务。同时，根据上级的指示精神，撤销临工委，改为特派员制，麦长龙成为云浮党组织的特派员。此时，云浮县党组织已有党员 40 人，遍及六都、都骑、杨柳、安塘、腰古、云城。这为抗日救亡运动在全县各地铺开，推行抗日民族统一战线政策，发展敌后游击战争创造了有利条件。1943 年年初，按照上级布置，党的组织停止活动。但党员要保持共产党员的革命气节，要勤职、勤学、勤交友，以公开职业开展活动。到 1945 年年初才恢复党的组织活动，特派员仍由麦长龙担任。

第二节 组织抗日救亡运动

抗日战争全面爆发后，中共广东省委广泛团结各政治派别，各阶层人士，组建各地（包括海外）的抗日救亡队伍，并领导和动员青年学生到省内各县去，向广大群众宣传抗日，把抗日救亡运动推向新的高潮。在省抗日救亡运动的推动下，云浮青年抗日救亡运动迅速兴起。

一、成立多个抗日团体

1937年7月7日，日本侵略军进攻北平近郊卢沟桥，中国驻军奋起抵抗，抗日战争全面爆发。"停止内战，一致对外"的呼声遍及全国。在广州，中共广东党组织发动和领导广大群众举行御侮救亡示威大游行。接着，广州市学生抗敌救亡会、御侮救亡会、秘密学联等抗日团体相继成立。在抗日浪潮的推动下，云浮县的青年也纷纷组织起来，加入了抗日救亡运动的行列。

在云浮北部的都骑、杨柳一带，余渭泉、徐枫等青年教师受中国共产党的影响，于1937年上半年，首先在都骑小学以校友和年长的学生为基本队伍，组织了抗日救亡少年先锋队和抗日御侮救亡宣传工作团。抗日救亡少年先锋队还组织了晨呼队，每天清晨，到学校附近的村庄高呼抗日口号，大造抗日救亡的声势。抗日救亡少年先锋队组织很快由都骑发展到杨柳一带。此后，都骑、杨柳几间学校的抗日救亡少年先锋队联合进行活动。抗日御侮救亡宣传工作团除了在本乡开展抗日救亡宣传外，还组织人员到县内的六都、安塘、都骑、腰古等地，以多种形式宣传抗日，他们还帮助各个乡和学校组织宣传工作团。随着抗日救亡运动的兴起，全县有不少学校师生和城市回乡人员也行动起来，向人们宣传抗日救亡，动员青年参军参战，开展献金等活动。在县城还搞小型的话剧联演、抗日漫画展览及歌咏会。宣传抗日的内容比较丰富，影响也很大。

广州沦陷后，有一批广州大专院校的学生及一些广州市民来到云浮县城，他们在县城临时组织了宣传队，走上街头宣传抗日。同时，还举办了抗日歌曲训练班，在他们抗日热情的感召下，云浮中学的学生也组织起来，开展了校外宣传活动，他们走上街头演出《日本鬼子野心大》等剧目和演唱《义勇军进行曲》等抗日救亡歌曲。

1939 年 9 月，省动员委员会派了一支战时工作队（简称"战工队"）来到云城，曾东任队长。战工队向云浮青年介绍了广州青年的动向和广东青年抗日先锋队的组织情况。他们在云城活动一段时间后，吸收了部分云城青年参加了战工队。不久，还选了16 人编成战工队一二九分队，由队长区曼、副队长曾锦泰率领开赴云浮县白石乡的农村开展抗日救亡工作达 3 个月时间。在白石乡，他们除了做一些宣传外，还兴办了民众夜校，发动白石圩附近几个村庄的青年参加学习。他们向学员宣传东北义勇军抗敌的事迹，以此来鼓舞青年的抗日斗志。同时，战工队还向白石乡公所借枪支，集中白石圩附近几个村庄的青年进行军事训练。1939年春，战工队中的区百容等 5 人到了新兴县城，并在新兴参加了广东抗日先锋队，其余人员转到其他地方工作。

二、广东省抗先队在云浮的活动

卢沟桥事变爆发之后，日军又先后攻陷平津、上海、南京。由于国民党蒋介石实行片面抗战路线和单纯防御方针，在日军疯狂的进攻中节节败退，在不到一年的时间里，大片国土先后沦陷。面对日军的侵略，中国人民义愤填膺，共产党制定和实施全面抗战路线及持久战的战略总方针，八路军和新四军深入敌后，开展抗日游击战争，并收复失地，建立政权。面对这一形势，中共广东省委号召全体党员、共青团员、抗先队员、各界爱国人士积极开展抗日救亡运动，并号召党员、团员、抗先队员到农村去，深入农村宣传抗日，组织群众，在农村建立抗日阵地和建立党的组织，扎根农村，准备长期斗争。

1938年暑假期间，广东省青年抗日先锋队响应省委"到农村去"的号召，动员了500多名青年学生，组成工作队，分赴各地开展抗日救亡宣传工作。其中，共产党员周明、林玩、陈三文等12人，组成广东省青年抗日先锋队西江十七分队，周明任分队长。他们通过当时云浮县的开明绅士潘维尧的关系来到云浮进行宣传抗日救亡运动。中心任务是到农村建立党组织，发展党员，恢复党在云浮的阵地，并以此为核心，开展各种革命活动。

1938年7月间，周明一行12人，以省抗先队的名义从广州出发到了云浮，找到国民党云浮县党部和"抗敌后援会"，并以此作为省抗先队十七分队的临时队部，开展抗敌宣传活动。在云浮中学开了一个抗敌救亡群众大会，参加大会的有云浮中学学生、各抗日团体、各界代表，国民党云浮县党部也有人参加。会议号召人们团结一致，抗日救国。上台发言的多数是学生，他们群情激昂，热情高涨，会议的宣传收到了良好的效果。会后，许多青年学生主动到省抗先队的住处交谈，人人都想为抗日出一份力。

后来，省抗先队分成若干个小组，以小组座谈会的形式与青年交谈。通过这些座谈会，提高他们的政治觉悟，进而推动他们组织起来，形成一股生气勃勃的青年抗敌力量，并从中发现先进积极分子。通过紧密联系，去影响和教育培养他们。

省抗先队在云城活动了一个月的时间，局面已初步打开了，和当地各人民群众团体取得了联系，特别是与云浮中学青年学生的联系。由此，省抗先队的影响也日渐扩大，他们在群众中的声望也很快得到提高。

中共广东省委为了加强云浮的抗先队工作，又增派了共产党员林琳到云浮，此时，省抗先队已有 13 人进驻云浮。为了把抗先队工作普遍开展起来，周明、林玩、林琳他们商量决定，分一部分力量深入到农村去，一部分留县城。他们找潘维尧商量，潘维尧介绍他们到都骑、杨柳一带活动。周明他们又去找都骑小学的校长余渭泉商量，余渭泉表示他们可以派人到都骑去，都骑小学可以做他们的落脚点，并表示抗先队在都骑的工作和生活费由学校解决。他还介绍了都骑地理位置、经济情况、群众的斗争积极性和国民党对都骑的统治等。周明他们认为都骑的条件较好，于是便与林琳、陈三民由余渭泉带路到了都骑小学考察。进入都骑小学看到师生的抗战热情很高，抗日救亡少年先锋队出版墙报不仅期数多，而且宣传抗战的内容丰富。那里的学生人人谈论抗战，关心时局，热爱祖国，这是一间抗战进步的学校。有热爱祖国的学生必有热爱祖国的老师，经过与余渭泉多次接触交谈，周明知道他是一位坚决抗战，思想进步，倾向共产党的一位好校长。经过到都骑小学的考察，周明他们决心到都骑去，把都骑作为他们建立党支部的第一个立脚点。

周明他们在都骑考察了两三天后回到云城，将考察的情况向支部作了汇报，支部决定，把抗先队一分为二，大部分留在云城，由林玩带领，继续做青年学生工作；周明、林琳等 4 人转移到都骑小学，以都骑小学为阵地，通过教学，在这一带开展抗日宣传工作和组织工作，为组织抗先队、妇女抗敌同志会、读书班等，去物色、培养对象，发展党员，建立党支部，扎根农村，准备长期斗争。

周明他们到都骑后，余渭泉安排他们到都骑小学任教师，这样既利于他们开展抗战宣传，又解决了他们的生活收入。

周明一行来到都骑后名义上是教学，实际上是负责发展党员建立党组织和筹建抗先队等工作，开展抗日救亡运动。不久，他们在都骑发展了一批抗先队员，建立了都骑抗先队。以后，他们以共产党的抗日救亡主张为主要内容在都骑、杨柳各乡村进行宣传，并对都骑小学的教职员工及年龄较大的学生进行了较系统的辅导学习，特别是侧重学习抗战形势与前途，从而增强人们对抗日必胜的信心。因此，都骑乡出现了崭新的抗战局面，抗战的歌曲在都骑每个乡村都唱起来了，红军的战斗故事到处有人传颂。

都骑乡在抗先队来到前，曾成立了一个都骑乡抗日民众运动委员会，可是，这个组织由乡绅把持而有名无实。自从省抗先队到了都骑开展工作后，把它改组为都骑乡抗日自卫协会，发挥宣传部抗日的作用。

1938 年暑假即将结束，在县城活动的省抗先队员多数是青年学生，他们陆续回广州复课去了。但周明、林玩、阮南等仍坚持留在云浮工作。同年 10 月 20 日，广东省抗先队在四会县（今四会市）召开了第一次代表大会，会后，省抗先队又派了一个小分队到云浮的腰古一带开展抗日救亡活动，到 1939 年 1 月，他们又奉命到了粤北开展抗日救亡宣传。

1938 年 12 月中旬，周明一行调离云浮到广东南路工作。此时，以周明为支部书记的抗先队党支部，首先发展了余渭泉参加了中国共产党，接着又把在抗日救亡运动中经受锻炼考验的潘泽元、麦裕滔、李青、陈锦卿（后脱离党）4 人培养发展为中国共产党党员，由他们建立党小组，使活动中断了近 8 年的云浮党组织得到了恢复。从此，云浮县的青年抗日救亡运动在中共云浮县党组织的领导下，声势越来越大。

三、省抗先队云浮独立支队

广东省青年抗日先锋队来云浮进行抗日宣传，不仅把云浮的抗日救亡运动推向了高潮，而且还在云浮播下了抗先队的种子。1938 年 12 月，省抗先队周明等调离云浮，西江特委指示在新兴的余渭泉、徐枫、李君怡等同志返回云浮，稳定下来，搞好党的建设。1939 年 1 月，他们遵命返回云浮。临行前，西江特委领导梁嘉向他们作了关于建立党组织工作的具体指示。其中着重阐述了当时政治形势正处在革命高潮，应该大刀阔斧地开展工作。既要小心谨慎，又要反对关门主义，认为先用"抗先队"这个组织形式，把爱国的、进步的青年组织起来，发挥他们的先锋桥梁作用，从而向工农敲门。回到云浮初期，他们以第四战区动员委员会战时工作队的名义，按照西江特委布置，先到云浮县民众抗敌后援会找潘维尧（潘维尧是统战对象，1938 年，周明带领省抗先队来云浮也是通过他的关系），找到后援会得到他们的热情接待，这样，他们便以四战区战工队和抗先队两个名义开展工作。2 月，余渭泉经一位积极抗日、倾向进步的教育界老乡陈思虞介绍，到云浮中学结识校长陈显光，并与他商谈了要在云浮中学先进学生中发展抗先队员，在云浮中学学生中广泛开展抗日爱国思想教育。陈显光同意他们的意见，表示欢迎他们到云浮中学活动，请余渭泉到云浮中学做钟点教员。他们首先在云浮中学开座谈会，积极向云浮中学青年学生进行抗战宣传教育，吸引了不少青年学生，其中有不少是麦长龙引荐来的。麦长龙（与余渭泉是师生关系）是在都骑一小考上云浮中学的，是个进步的青年学生，在余渭泉的帮助下他第一个参加了抗先队，在麦长龙的带动下，一批批的云浮中学青年学生积极参加抗先队。到6月，云浮中学参加抗先队的正式队员有100多人。

抗先队一开始就大张旗鼓地公开活动。最初，他们主要是通过张贴大量海报、写马路标语等形式开展宣传活动和发展组织。自从云浮中学大批学生参队以后，抗先队力量更充实了，能抽几十人去支援驻军挖战壕等，还办起一个大型墙报，定名为《云浮抗先》，群众反映很好，说墙报的内容充实，文章短小有力又通俗，每期都吸引了不少读者。

3月、4月间，余渭泉向西江特委汇报工作。西江特委向他作了全面的指示，并特别着重指出，一是云浮有座云雾大山，可以到那里建立游击根据地，但要先派几个抗先队同志深入下去调查了解，同那里的群众密切联系。二是云浮要成立广东省青年抗日先锋队云浮独立支队。按照西江特委的指示，他们以云城李晚烈士公园内两层白色洋房作队部，挂起了"广东省青年抗日先锋队云浮独立支队"的牌子，成立了云浮独立支队，队长余渭泉，副队长徐枫（徐文华）、麦长龙。

省抗先队云浮独立支队建立后，根据西江特委的指示，派省抗先队人员深入云雾山区。当时根据从肇庆来的抗先队干部李浩的反映，云浮县社训总队副总队长李瑞是他的哥哥，大革命时是自己人，大革命失败后断了联系，他表示愿意支持抗先队。经李浩介绍，李瑞到抗先队部联系，他要求派几个抗先队员到社训总队当指导员。这样，县特支决定派徐枫、徐锡怀、麦锡金、李君怡等几位同志到社训总队当指导员，和他们一起到了富林乡。他们名义上是到富林搞社会军训，但主要还是到云雾山区串联发动群众，调查那里的地形地物，贯彻西江特委的指示，准备到那里建立游击据点。但在云雾山区活动仅两个月左右，由于县地下党组织的领导内部对这种做法有不同意见，西江特委决定把徐枫等几位同志从云雾山区调了回来，安排在抗先队部工作。因此，在云雾山区建立游击据点的工作便中断了。

徐枫等几位能力较强的干部抽调回来后，县城的青运工作有所发展。1939年上半年，支队队员100多人，云城分队（包括机关职员、企业青工和云浮中学学生）70多人，由副支队长麦长龙兼任分队长。到1939年下半年，队员人数有很大的增加，在素质上也有很大的提高。都骑分队（主要是青年教师、年长的学生和少数的社会青年）约30人，由麦冬生任分队长。抗先队以云浮中学和都骑小学为阵地开展抗日救亡宣传活动。在云城抗先队创办了墙报《云浮青年》，主编麦长龙。9月云浮中学抗先队搬上太空岩，独自成立一个云中分队，分队长仍由麦长龙兼任，分队部设在岔路铺，队员发展到100多人。云中分队在太空岩继续出版墙报，同时把《云浮青年》改名为《云中青年》，内容是宣传抗日救亡的道理。

云中分队的抗先队员经常集中到独立队部听取时事报告和讨论工作，回校向同学们宣传，并组织队员阅读《论持久战》《抗日救国十大纲领》《二万五千里长征》等革命书刊，在校内外以出墙报、画漫画、演话剧、开歌咏会、游行、写标语等多种形式进行宣传抗日救亡活动。为了扩大抗先队的影响，把云浮青年抗日救亡运动进一步推向高潮，1939年学校放暑假期间，云中分队组织了队员下乡活动，他们深入到茶洞、富林、南乡、六都、初城、腰古等地以散发传单、演剧、歌咏等形式进行抗日救亡宣传，把抗日救亡宣传活动搞得热火朝天。

在云北都骑乡，都骑分队在麦冬生的领导下开展抗先工作，使都骑分队的活动空前活跃。他们组织了晨呼队、演剧队开展抗日宣传，还积极开办夜校。当时，都骑的罗坝、麦州、洞坑、都骑圩等很多乡村都办起了夜校，许多抗先队员当上了夜校教师。夜校既上文化课，又上政治课，唱抗日歌曲，让学员从中接受抗日的思想。夜校是群众聚集的场所，也成为抗先队活动的阵地和联系群众的纽带。抗先队利用夜校来联系和发展青年农民参加抗先队，使抗先队伍不断得到发展和壮大。1939 年下半年，都骑分队的队员已发展到近 100 人。

1939 年，省抗先队云浮独立支队队员已发展到 200 多人，成为中共云浮县党组织领导下的一个坚强的抗日团体。

四、都骑乡妇女抗敌同志会

1939 年夏，中共云浮县党组织为了广泛发动各阶层广大妇女群众投入抗日民族统一战线，参加抗日救亡运动，决定发动妇女群众建立妇女自己的群众性组织。当时，云北（都骑、杨柳）地区群众基础较好，所以在云北首先把妇女组织起来，6 月成立了都骑乡妇女抗敌同志会（简称"妇抗会"），会址设在都骑乡麦州"西地"的一间民房，门口挂起了"云浮县都骑乡妇女抗敌同志会"的牌子，成为一个公开的抗日救亡团体。

妇抗会由李青任主任，李君怡为副主任，李惠群为组织委员，麦雪莹为宣传委员，干事有麦悦宜、李亚木、麦雪梅、徐月英等。妇抗会成立时只有会员 30 多人，后来通过他们分头串联，深入思想发动，会员人数很快就增加到 80 多人。她们当中有女学生、女教师、农村女青年等。

她们在发展会员时，不仅注重数量，而且还注重质量。为提高会员的素质，妇抗会以采取大组讲课，小组辅导等多种形式举办骨干学习班，对会员进行细致的政治思想教育。学习班经常由余渭泉、麦冬生等领导来讲课。他们主要讲《日本侵华史》《抗日民族统一战线》《群众运动》《战时工作知识》等课程。骨干分子参加学习后，政治思想觉悟得到了很大的提高。

妇抗会积极创办妇女识字夜校，帮助妇女提高文化知识和抗日思想。她们开办夜校遇到了许多困难。夜校开学时有 30 多人，不到 2 个月的时间，只剩下 10 多人，夜校几乎办不下去。但妇抗会没有失去信心，而是安排骨干进行家访，做深入细致的调查工作。并针对妇女农事忙、孩子拖累，以及受封建礼教的束缚等原因逐个问题解决落实。经过一段时间的努力，终于克服了这些困难，使第一间妇女夜校稳定下来。通过创办第一间夜校的实践，总结经验，进行推广。在附近的村庄，先后举办 37 次妇女夜校班，参加学习达 200 多人。

夜校教妇女学识字、学计数，讲日本侵华史、中国妇女要反对三重压迫、唱救亡歌曲等。

妇抗会经常唱《太行山上》《大刀进行曲》《延水谣》《黄河大合唱》《松花江上》等歌曲，广泛地开展抗日救亡的宣传教育，同时她们三五人组成一组，分头到各村或利用圩日上街向群众演讲，激发群众的抗日爱国热情，动员群众团结抗日。还经常到街头巷尾由李君怡、麦雪莹等当主演，演出《放下你的鞭子》《流亡曲》《凤阳花鼓调》等话剧、歌剧。当时还出版了一份油印通俗刊物，名叫《云浮妇女》，由麦雪莹任编辑，刊物不定期出版，大约出版了 20 期，每期印 40～50 份。主要内容是宣传抗日和妇女解放，有文字，也有图片，深受妇女群众的欢迎。

1939 年秋，妇抗会曾发起劳军活动，她们做军鞋支援前线，慰劳军队，发动群众献钱献物。当时妇女群众热情很高，纷纷回家搜集布料，做出军鞋和袜子各 1000 多双，送往前线劳军。妇抗会的会员又积极带头捐献衣物，李青、李君怡把双亲的遗物、防寒衣服也献了出来。妇抗会会员有的把卖了小麦的钱拿出部分去捐献。在妇抗会的带领下，群众性的募捐活动很快搞起来，广大妇女群众对支援前线作出了一定的贡献。

1940年春，国民党顽固派污蔑抗先队，反动阴云笼罩云浮，在云城活动的抗先队受到国民党顽固派打击，被迫解散。妇抗会在中共地下党组织的领导下，安然无恙，干部作风变得更加踏实，工作做得更深入。年底，妇抗会积极引导广大农户开展冬种，实行生产自救，按"谁种谁收的规定"，利用银行农贷，发动广大妇女进行冬耕，大种小麦。

妇抗会一直能积极配合党组织的活动，组织开展抗日宣传，动员群众捐钱、捐物，送子女参军。通过各种活动，培养和造就了一批妇女骨干，经过考验和锻炼培养成为中共党员。在妇抗会中发展的党员有麦雪莹、麦雪贞、麦雪映、徐冉然、麦雪梅、麦惠群等。

由于国民党顽固派消极抗日积极反共，因此中共地下党组织和进步人士陆续撤出都骑，转移到外地工作。妇抗会一直坚持到1941年年底才停止活动。

依靠党组织发动群众开展抗日斗争

抗日战争时期，中共云浮县党组织认真执行党的抗日民族统一战线政策，积极争取中间力量，孤立顽固分子，使自己立于不败之地。云浮人民也和全国各族人民一样，积极投入抗日的洪流，奋起抵御日军的侵略。尤其是云北四乡（都骑、杨柳、方平、泷源）人民，在中共云浮党组织的领导下，团结一致，抵御日军的侵略，坚持到抗战胜利。

一、日本侵略者的滔天罪行

1938年10月21日，日军占领广州后，对各地实施轰炸。10月27日，日军出动飞机3架空袭云浮县城，投弹36枚，炸毁民房、商店21间，炸死24人，伤13人。到1944年9月底，日军先后6次轰炸云城、腰古、六都、青水等地和云浮中学，出动飞机14架次，投弹99枚，炸死31人，伤22人，炸毁房屋、商店35间。

1944年9月17日，首批日军入侵云浮（以后多批过境，持续达10多天）。日军士桥部队独立第二十二旅团及一〇四师团一部、伪军潘廷生部、便衣特务陆富万部近万人，从东北方向入侵云浮。18日，日军侵入云城，随即向西进犯红豆、上马、三岭、宁坡等乡。日军所到之处，百姓均被蹂躏。19日，日军占领镇北乡六都圩、南乡圩，利用当地汉奸组织了"维持会"，申元吉为会长，又成立伪乡公所，周元忠任乡长，曾绍辉任副乡长，伪乡公所设立"自卫队"，潘芳巨任队长。日军占领镇北乡后，在六都雁鹰山顶、南乡东面山顶修筑碉堡、战壕，派兵把守。日军占据六都后，盟军飞机先后3次轰炸日军据点。一架盟军飞机被日军击中坠于县境大台山凤凰路，美籍飞行员哈来妙勒得到云浮县军民抢救后，护送到罗定再转送到后方。

日军侵占云浮后，所到之处进行烧、杀、抢、掠，无恶不作，群众扶老携幼逃难，数万人无家可归，来不及逃难的群众被拉去挑担，绝大多数之后下落不明。粮食、牲畜、衣物被抢劫一空。灾民遍地，盗贼四起，天花、霍乱等瘟疫流行，人民在灾难中挣扎。

日军在陆路进攻的同时，还占领西江水上航道，在云浮县沿江要地建立据点，派兵驻守。同时利用当地汉奸组织充实驻守兵力，实行殖民统治。日军在邻县德庆悦城设立指挥部，号称为旅，分别在云浮县的六都圩，南乡圩，泾水圩，都骑圩和杨柳的猫山，都友的白石坑、金鸡顶等地建立据点和流动哨所。他们经常到附近村庄拆民房，拉民夫为其筑碉堡、挖战壕、修公路，如有反抗者便遭毒打，甚至杀害。日军还多次"扫荡"云北抗日根据地，进村后烧杀抢掠，强奸妇女。从1944年9月至1945年6月，杨柳的石巷、大播、珠川、都友、蟠咀等5个乡21个村庄，被日军"扫荡"，抢掠13次，杀害群众15人，烧毁、拆毁房屋175间，强奸妇女30多人，抓走村民94人，抢走农艇20多条、耕牛、牲猪、"三鸟"（鸡、鸭、鹅）一批。1944年10月，驻金鸡顶、白石坑据点的日军指挥官向井三郎，强迫附近珠川、麦坑、水口、牛远、都友等村民轮流挑水上山，并要人轮流给据点送猪、鸡、酒、米等。珠川村民李苏记稍作反抗，被当场杀死。1944年11月，驻高要禄步十军联防队队长弘山峻、伍未带日军100多人，分乘橡皮艇7艘，黑夜包围珠川、都友等村庄，抢掠牲畜、财物一批，强奸妇女多人，抓走30多人为其搬物资。被抓走的村民后被关押在禄步文社驻地，遭严刑拷打，村民董水泉冒险逃走，被杀害，其余的村民要每人交稻谷900千克赎回。驻杨柳猫山据点的日军，经常到旧圩、新地、湾底、蟠咀、石巷、大播等村抢掠食品、牲畜等。1945年1月中旬，日军伍长方田带兵到大播村搜捕云北突击大队领导徐鸣登、徐佳元、陈凤堃等人，杀害村民陈甲、陈佩基、罗玄带（村自卫队员）3人，打伤董焕英等4人，抢走耕牛、牲猪、鸡鸭一批，抓走群众16人。5天后，悦城、猫山日军50多人继续"围剿"大播村，抢走牲畜一批，强奸妇女6人，烧毁房屋120间，村民董培文被抓走，以"通匪""济匪"名义杀害于猫山湾中。同年6月19日，驻猫山、都骑、悦城日军50多人，再次对大播、石巷、六合等村进行"扫荡""围剿"，企图摧毁抗日民主政权，消灭抗日武装力量。日军在六合、大播扑空后，便到石巷抢走牲畜一批，抓走教师4人，村民10人，押回悦城总部。被抓走的教师与村民惨遭毒打，后设法脱险。

二、抗日民主政权

1938年秋，中共党员周明等在都骑重建了中共云浮县党的组织，在此期间，党的活动中心集中在云北，使云北党的组织得到发展壮大，并先后成立了都骑党支部（支部书记区德民、麦冬生）、泽源党支部（支部书记陈云、陈明华）、杨柳党小组（组长徐枫），党组织领导云北人民开展抗日斗争。抗战全面爆发初期，他们开展了声势浩大的群众性的抗日救亡宣传、献物劳军等活动。抗战期间建立了统一战线的抗日民主政权，组织了抗日武装队伍，开展抗日游击战争，打击日军，并坚持到抗战胜利。

1944年9月，日军水陆并进入侵云浮县，占领西江，国民党县政府迁移到南盛、高村等地，把云北四乡划为沦陷区，并放弃对这些乡的领导，官兵跑光。原都骑、杨柳、方平、泽源四乡的乡长目睹时艰，辞去职务。当时四乡处于无政府状态，社会混乱，盗贼四起。有着抗日传统的四乡人民，强烈要求建立新的民主政权，带领群众抗日，维护社会安宁。中共党员麦长龙（中共云浮县特派员）、余渭泉、麦冬生、陈明华、区德民、陈凤堃等领导决定，执行广东省委关于"在沦陷区组织发展抗日武装和建立民主政权"的指示。但当时又不能过早地暴露党的组织，便通过召开保长联席会议和乡间上层人物、开明绅士协商，做好统战工作，以民间自治的形式在各乡建立统一战线（按共产党员、非党左派进步分子、中间派各占三分之一的原则）的抗日民主新政权。都骑麦和平是开明绅士，被选举为都骑乡正乡长，麦冬生（共产党员）被选为副乡长兼文书。麦和平当选乡长后委托麦冬生负责全面工作，从此乡政府全权由中共党员掌握。杨柳乡正、副乡长由开明绅士邓结开、潘云芳担任；方平乡由统战对象徐顺才、何厚初担任正、副乡长；泽源乡由进步人士陈明华、罗德富担任正、副乡长。同时，各乡建立了自卫武装队伍，都骑乡抗日自卫队队长麦长龙、泽源乡抗日自卫队队长陈宏俊（陈云），杨柳乡抗日自卫队队长陈凤堃，方平乡抗日自卫队队长徐锡怀。至此，掌握自卫武装的全是中共党员，乡公所的牌子仍是旧的，但人员是新的，不受国民党县政府的委任。

建立了新的抗日民主政权后，实施了一系列的抗日民主新政令，进行政治、经济、军事和文化建设。如都骑乡先后实施九项新政令：一是撤掉一些消极抗日或欺压群众的豪绅保甲长，换上共产党员和进步人士；二是勒令日伪维持会不得向沦陷区强派民工，不得引领日军到沦陷区抢掠；三是打击破坏抗日、扰乱社会治安的不法分子和土匪，对人民内部的纠纷邀请开明人士仲裁解决；四是组建村（保）抗日自卫队；五是严禁一切粮食及粮食制品出境或资助日伪，违者没收；六是开展大生产运动，开垦荒山大种杂粮，谁种谁收；七是春夏荒时把祖尝粮食以低息（年息不超过20%）借给本姓族困难户作度荒和生产自救；八是复办小学教育，把鱼排、猪市等税收归学校作办学经费，安排进步人士当老师；九是停止征兵征粮，以轻民负。

新政权为广大群众办事，新政令深受群众的拥护，从而加快了抗日游击队根据地的建设和发展，增强了抗日斗争的力量。

三、抗日自卫武装

日本侵占云浮，激起了全县人民的极大愤慨。为了抗击日军的侵略，各阶层人民组织起来，成立自卫武装，开展抵抗日军侵略的斗争。

1937年秋，云浮县政府奉命备战，成立广东省民众抗日云浮统率委员会和云浮抗日自卫团。统率委员会主任陈又山，副主任潘维尧，抗日自卫团指挥李少白（1939年秋自卫团改为云浮国民兵团，团长由县长陈子和兼任，潘维尧任副团长）。抗日自卫团规模1200人，并经过集训，随时准备开赴前线抗敌。

1939年，抗日名将蔡廷锴出任国民党十六集团军总司令，备战于桂南、粤西一带，指示其旧部谭启秀组建抗日游击队，开赴前线抗日。7月、8月间，三罗抗日指挥官谭启秀组建西江挺进队，云浮抗日自卫团中的600多人被编入挺进队。

1944年6月，成立云浮县抗日民众武装指挥部，指挥官李少白，下辖三个武装大队。分别是李雄万大队200人；陈卓大队100人；徐鸣登大队（云武突击大队）70人，共370人。

1945年2月，成立都骑、杨柳、泽源、方平四乡联防委员会，并设立办事处，建立武装常备队。联防委员会主任由杨柳乡乡长徐鸣登担任，副主任为麦长龙（中共党员）、陈德銎、徐顺才；余渭泉（中共党员）担任办事处总干事；麦冬生（中共党员）为联防委员会办事处财务干事，并从四个乡的自卫队中抽调26人组成四乡联防常备队。常备队队长由陈凤堃（中共党员）担任；陈国柱（中共党员）任常备队政治教员；余家相任司库员（负责生活供给）。常备队配备长、短枪20多支，子弹数千发。常备队员大多数是中共党员、建党对象和进步青年，他们的各种费用均由四个乡按比例分担。同时，在各乡、保还组建了不脱产的预备队和抗日自卫队300多人。常备队活跃于四乡，抗击日寇，惩治汉奸，镇压土匪，保土安民，曾多次配合云浮武装突击大队打击日寇。

四、打击日、伪军及土匪的活动

1939年12月，时任云浮抗日自卫中队中队长的麦浩襄带领都骑、杨柳等乡组成的中队60人开赴阳江前线。1940年年初调驻广西灵山，在宾阳、南宁一线对日作战，战斗中队员李金昌（都骑乡罗坝村人）、徐锦泉（杨柳乡蟠咀村人）牺牲，麦松、胡亚负伤。1940年冬，为纪念抗日阵亡将士，在县城九星岩前建立了抗日阵亡将士纪念碑，县长陈子和为纪念碑题词。

1944年9月17日，日军从东北方向侵占云浮，云浮县民众武装部队配合国民党驻军一五八师在罗坪一带抵御日军，战斗中，中队长陈辉一牺牲，队员5人负伤。当时，国民党一五八师策应三十五集团军对日作战，驻守西江南岸阻击日军西进，但在日军进攻面前且战且退，曾在县内的安塘、双羌、夏洞以及高村、茶洞等地与日军进行多次作战，在高村遭日军轰炸，死伤惨重。是年冬，该师夜袭镇北日伪乡公所，打死伪乡自卫队队长潘芳巨。

1944年年底至1945的春夏间，为了配合盟军反攻，云武突击大队多次袭击航行于西江的日军船只，打死日军多名，缴获布匹、药品、食物一批。1944 年 5 月中旬，云武突击大队和四乡联防队一起袭击都骑、杨柳的日军据点，在大播山边与日军激战。在打击日军同时，开展打击汉奸、镇压土匪的活动。

1944 年 12 月，云武突击大队和四乡联防队 100 多人，在杨柳珠川樟州角袭击日军护航火轮，毙敌 1 人坠于江中。1945 年 4 月，在西江发现一火轮拖着三桄驳船载满物资顺流而下，云武突击大队、四乡联防常备队和各地抗日自卫队向日拖船发起攻击，并以密集的火力射向敌轮，使敌轮丢下驳船逃走，缴获了驳船上的物资一大批。同年 5 月，汉奸简光的利发丸货轮由日军护航，溯江而上，云北的抗日武装合力围攻，在牛远湾用十三毫米机关炮打得敌人叫喊连天，扔下货轮仓皇逃走。货船被截获，缴获布匹、药品、生盐和副食品一批，翻译和船工被俘，经教育后释放，并把敌船击沉于水口河湾中。次日，敌人从禄步调日兵 30 多人，强迫村民董太福带路，营救被俘船只。董太福故意引其到自卫队预先埋伏的黄竹坑，待敌人走进伏击圈时，自卫队员向敌人开火，打死 1 人，伤 3 人，敌人匆忙拖着伤兵撤回了禄步。有一次，一汉奸去金鸡报信（有电话线与对山崖木棉联络），杨柳自卫队将其擒获并处决，缴获手枪一支。1945 年 5 月 13 日天亮前，徐鸣登、陈凤堃带领云武突击大队 10 多名队员撤离石巷，途经石巷告山秦村时与 8 名日军相遇，双方激战多时，后在四乡联防常备队和四乡抗日自卫队的增援下，击退日军。日军经常到四乡沿江村庄强拉民夫为其修车道、筑碉堡、挖战壕。民夫们心怀不满，对日军的设施进行破坏，经常把工具、衣箱、汽油丢到西江，把船只解缆在西江漂流，并设置道路陷阱，使日军顾此失彼，处处被动，有力地阻碍日军常备设施的建设。在开展打击日军的同时，对日伪汉奸"维持会"实行袭击。1945 年 6 月，四乡联防常备队与泽源乡抗日自卫队先后两次夜袭泽水圩日伪汉奸"维持会"，并用炸药炸开敌据点的围墙，进入"维持会"，活捉了"维持会"会长董水源、黎杰庭，进行了经济处罚，经教育后释放，使其以后再不敢为害乡民。

在打击日军和反动的汉奸"维持会"的同时，还对一般"维持会"做统战教育、争取工作，使其转变立场，共同抗日。都骑乡"维持会"会长李卓生、副会长李全，经都骑乡抗日民主政府领导人麦冬生等教育后，转变了立场，表面奉承日军，暗中却支持抗日。1945年6月，驻悦城、都骑日军50多人，找李卓生带路到替寺、麦州"扫荡"，妄图一举摧毁四乡抗日民主政权，消灭抗日武装力量。李卓生一方面叫李全给乡府送信，以便引起全乡警戒，做好疏散群众，战斗准备等工作；另一方面他又冒着生命危险，把日军带到替利洲，使日军扑了空。李卓生的行动，保护了根据地的群众和革命力量，但他却被日军捉回悦城总部，严刑拷打，并被抛下西江，后被其他船只救起获生。

四乡联防常备队在协同打击日、伪军的同时，开展打击妄图横行乡里的土匪活动。在四乡沦陷期间，西江水上交通运输基本中断，四乡人民的生产、生活物资主要靠陆路运输，但陆路经常有盗贼抢掠财物，群众来往受到很大威胁。泽源乡土匪罗金生等经常在桃坪、云初等地设卡，对过往行人收买路钱，打劫财物。联防常备队在黄泥坑、分水坳等地多次打击土匪，并打掉了以罗金生为首的一伙"地头蛇"，使洞坑至夏洞沿路安全畅通。在杨柳、方平一带以徐仁为首的土匪，经常四处抢劫群众的财物，作恶多端，屡教不改。抗日民主政权派出武装人员对他们实行镇压，并将徐仁除掉。此后，四乡境内治安良好，民心安定。

4

第四章

解放战争时期

第一节 抗战胜利后的形势

1945 年 8 月 15 日，日本宣布无条件投降，9 月 2 日，日本正式签署投降书，抗日战争结束。

抗战胜利后，蒋介石集团为掠夺胜利果实，在美帝国主义的支持下，一面积极准备内战，一面提出与中共进行和平谈判，实质有利于其完成内战部署。

中国共产党本着争取和平的真诚愿望，在对自卫战争作必要准备的同时，于 8 月 28 日派毛泽东、周恩来、王若飞赴重庆与国民党谈判。10 月 10 日，签署了《双十协定》。1946 年 1 月，双方代表正式达成《停战协定》。为了贯彻《双十协定》，1946 年 5 月 21 日，双方达成广东中共人员北撤山东的具体协议。6 月，东江纵队北撤山东。全省各地党组织留下一批力量以保卫群众利益，进行合法斗争。

6 月 26 日，国民党反动政府在美帝国主义的支持下，撕毁《停战协定》，大举进攻解放区，全面内战爆发。在广东，国民党出动大批军队，以"绥靖""剿匪""清乡"为名义，"扫荡"各地的抗日武装游击根据地，搜捕屠杀共产党人，限期肃清"土匪"。在云浮，由地下党在抗战后期组织起来的抗日武装四乡联防常备队被解散，国民党恢复对各乡的统治，通缉、搜捕共产党人，白色恐怖笼罩全县。

埋头苦干　坚持隐蔽斗争

1945 年 10 月，中共中区特委办事处在云浮都骑设立，负责指挥附近各县党的工作。中共云浮县党组织派党员、干部积极协助中区特委办事处做好各项工作，秘密开设交通联络点。同时安排中共党员在国民党当局基层政权中隐蔽，开展秘密活动，与国民党当局进行斗争。

一、中区特委办事处在云浮设立

1945 年 10 月 10 日《双十协定》签订后不久，广东的国民党政府秉承蒋介石的意旨，在广州召开粤桂两省"绥靖"会议，策划对广东各抗日根据地的全面进攻。10 月 22 日早上，第六十四军五十六师师长刘镇等纠集了该师四六七、四六八团，省保警第八大队及恩平、阳江、阳春、开平等县的反动武装共 3000 多人，突袭驻恩平朗底的广东人民抗日解放军。战斗到天黑后，我部突出了重围。朗底战斗，广东人民抗日解放军伤亡 37 人，失散被俘 30 多人；毙伤敌人 100 多人。24 日，广东人民抗日解放军司令部突围后转移到新兴境内飞地河连乡大竹楼村（后在洞盛）召开会议，决定分两部分开展工作。一部分由书记兼政委罗范群、副书记兼政治部主任刘田夫、副书记兼组织部部长谢创，转移到三埠设立特委机关，负责全区的全面工作；另一部分以特委委员、代司令员谢立全为主，与特委委员唐章、委员兼宣传部部长周天行，带领原司政的部分工作人员，转移到云浮的都骑隐蔽活动。在都骑建立中共中区特委办事处和广东人民抗日解放军司令部分指挥部（简称"分指挥部"）负责指挥附近各县党的工作。洞盛会议后，司令部的领导和电台的工作人员陆续到达都骑，他们经云浮党组织领导麦长龙、麦冬生的安排，分指挥部设在麦州木化山麦冬生家里，电台设在都骑圩怡隆当铺。当时该当铺正停业，电台的同志便以小商人身份安顿在那里，为办事处及分指挥部抄录延安发出的电讯。对分指挥部及电台保卫工作，除了原司令部参谋戴卫民以麦长龙"亲戚"关系的身份，隐蔽在都骑乡乡公所当所丁进行保卫外，云浮党的组织还派出可靠人员在驻地周围监视，发现可疑情况立即报告，使分指挥部和电台工作人员在都骑的半年时间里没有发生任何安全问题。曾在分指挥部工作的有粤中特委书记兼政委罗范群、副书记兼组织部部长谢创、特委委员冯扬武；同谢立全等长驻的有李超、卢德耀、郭大同、苏凝、余平、肖敏、戴卫民、唐守经和电台工作人员伦永谦（台长）、王瑛、余绿波、罗子芬、岑河、小汤以及一些工作人员、保卫人员。1946 年春节前，中区特委为了便于统一领导，决定结束都骑办事处和分指挥部，集中到三埠。春节后分指挥部和电台陆续转移，到 1946 年 4 月，三罗特派员唐章根据广东区党委的决定，调离三罗，到香港工作。同时离开的还有戴卫民。原留云浮都骑中区特委办事处及分指挥部的人员，至此全部撤离。

中区特委办事处和分指挥部的领导转移到都骑后，驻在麦冬生家里长达半年之久。麦全家人给予热情接待，大力支持，并承受着巨大的风险。在白色恐怖中，麦冬生显示了无私无畏的革命精神。共产党员麦裕滔积极做好交通联络工作。中区特委办事处和分指挥部的领导在都骑秘密隐蔽的艰苦岁月里，中共云浮县党组织和都骑党组织给予大力支持，在极其艰苦和恶劣的环境下，依靠党、依靠群众，出色地掩护上级领导机关和同志们的安全，使他们顺利地开展工作。

二、设立秘密交通联络站

1945 年 10 月，广东人民抗日解放军分指挥部转移到云浮都骑麦州。为了确保分指挥部的安全和指挥部与分散在外地部队的联系，加强与江门、香港等地交通的联系，经副司令员谢立全与中共云浮县特派员麦长龙研究决定，在泽源乡大元市设立联络站。此地离云浮县城 9 千米，与交通要道河口圩近在咫尺，是腰古、都骑、安塘等乡到县城必经之地。抗日战争时期，中共云浮县党组织在这一带领导人民进行抗日武装斗争，乡间群众基础较好，泽源乡乡长陈明华也是中共党员。为了便于地下活动，分指挥部决定联络站以公开的行业出现，利用开设工场生产云浮特产豉油膏作掩护，取名宏兴豉油膏铺（简称"宏兴"），兼营酒米杂货。部队派出李保纯当领导，公开身份是掌柜。刘华记当机要交通员，他是地方与部队，云浮与三罗、三罗与香港的政治交通员，公开身份是伙计。云浮党的组织派出党员陈云当老板，陈三当师傅，黄金、陈钊、汤照以及进步青年作为伙计。他们公开的身份是店铺的职工，实际是联络站的情报员、交通员、保卫员。

开设宏兴的经费主要是由分指挥部拨款 10 万元法币，其余是都骑乡的党员捐了一部分，隐蔽在安塘乡的共产党员苏其德秘密从安塘乡公所拿出了 2000 千克稻谷去支持。经过秘密的筹备后，宏兴于 1945 年 10 月正式开张营业。

宏兴以生产豉油膏做生意作掩护，负责为分指挥部发送秘密情报，接送外地往来分指挥部人员。当时，罗范群、周天行等部队的领导去分指挥部均是由宏兴派人护送的。部队分散撤退的人员路经云浮也是由宏兴负责接待，他们的食宿路费都由宏兴负责。

战斗在宏兴的同志们担负着双重任务，他们既是联络站的秘密交通人员，又是宏兴的伙计，白天工作艰苦，要生产豉油膏，晚上一旦有情报，就要立即完成接送情报任务。11 月中旬，分指挥部的电台和机器要从腰古圩秘密运送到都骑圩，黄金、陈钊两人接受任务后连夜从大元市赶到腰古，接到电台和机器后，即马不停蹄地把电台和机器运送到都骑圩，一晚往返 60 多千米，第二天又照常工作。黄金负责新兴交通线路，经常当晚送信到新兴，连夜又赶回宏兴，经常往返 100 多千米。有一次，他奉命到新兴护送一位女同志到都骑乡，必须星夜越过国民党反动势力比较集中的腰古、安塘等地。因为晚上一男一女同行容易被人怀疑，所以不便走大路，于是从荆棘丛生的河边穿行，绕过安塘圩将女同志送到目的地，胜利完成护送任务后回到宏兴时已接近天亮，待天亮后他又立即开工。在云浮县城从事秘密工作的邓章因暴露了身份被国民党特务追捕，黄金冒着生命危险连夜赶到云浮县城帮助邓章撤离到大元市，脱离险境。1947 年 10 月，云浮县人民解放武装斗争已经开始，陈钊和陈三等几位同志奉命从都骑乡秘密运送两担弹药到托洞乡，要经过国民党军队一五八师的驻地，他们便冒着生命危险伪装成挑担的老百姓机智地闯过云城，到了托洞圩住店时又遇到托洞乡乡公所所丁搜查，他们又机智地把两担弹药转移到隔壁一位老大娘的床下，未被发现，胜利地完成了运送任务。

宏兴曾经历过艰难时期。在开业后不久生意比较兴隆，产品远销广州、香港和新加坡等地，经济收入较好，但由于负责交通站的各种费用，以及接待安排路经云浮撤退的部队人员食宿费用较大，宏兴濒临停业。可是宏兴是作为秘密联络站而设的，绝对不能停业，这是党交给的重大任务。战斗在宏兴的共产党员陈云、李保纯、陈钊、黄金等决定绝对不能让宏兴停业，各人变卖家产也要使宏兴继续营业。当时，陈云向祖尝借来了几亩水田，按押给别人，得到稻谷 2000 千克；黄金把家里的一块良田卖掉，得稻谷 1500 千克；陈三家里没有田地，就把家里的一间房子卖掉，得稻谷 750 千克；陈钊瞒着家人卖掉一头黄牛和四分水田共得稻谷 1750 千克。这些稻谷全部都集中到宏兴。此外，他们还向陈水英（共产党员）掌管的祖尝稻谷借了 1500 千克。这样他们共筹得稻谷 7500 千克。有了这批稻谷换成资金，宏兴得以继续营业，继续发挥其秘密交通站的作用。在这 7500 千克稻谷中，除陈水英的祖尝谷由宏兴归还外，其余几位的全部献给了革命事业。

1946 年 6 月，广东人民抗日解放军司令部分指挥部的人员已先后撤离了都骑乡，战斗在宏兴的地下党员认为任务完成了，宏兴可以停业了。但蒋介石撕毁了《停战协定》和《双十协定》，发动了全面内战。中共广东区党委针对当时的时局向各地党组织发出新的指示，由中共三罗特派员谭丕桓向中共云浮县党组织传达了中共广东区党委关于"隐蔽精干，长期埋伏，积蓄力量，以待时机"的指示。中共云浮县党组织根据当时的形势，决定宏兴不能关闭，继续营业。因此，宏兴又成为中共云浮县党组织的秘密交通站。

1947 年 4 月，中共云浮县党组织根据上级的指示，积极开展恢复武装斗争的准备工作，增设了云城、大绀山等地的联络站，宏兴的情报、交通任务更繁忙了。是年 7 月，宏兴便停止了制作豉油膏，只经营杂货。到了 10 月，云浮县的武装斗争进入由"由小搞准备大搞"阶段，云浮县的东、南区相继建立了交通站，各地的交通、情报已不需要经宏兴转送了，在宏兴工作的人员也先后到了部队，宏兴便于 1947 年 11 月完全停业，光荣地完成了其历史使命。

1947 年秋，中共云北区委先后派中共党员李光、麦长龙、余家相、李君怡到思怀开展革命活动，首先物色了进步青年刘三荣参加革命活动，并经得刘氏家族的同意，在刘三荣祖屋建立交通联络站，另在思怀大围冯氏祖屋设交通联络点。上级党组织为了加强对思怀革命活动的领导和指导，派李丁（人称小李）驻思怀协助刘三荣开展工作，李丁的公开身份是刘三荣的亲戚，与刘三荣收购柴草烧石灰，做石灰生意。在刘三荣的联系下，先后发动进步青年冯德、冯英华、刘石辉、冯坤、冯灶荣、冯北、刘二荣参加革命活动。为了加强与上级和其他游击区的联系，思怀交通联络站对交通员作了明确的分工。其中，冯北负责联系以匡吉为站长的六都大河交通联络站；冯灶荣负责联系南乡利群交通联络站；冯桂负责联系都杨交通联络站。富强思怀交通联络站建立后，随即组建思怀武工组开展武装革命活动。

在解放战争时期，战斗在地下情报工作的同志尤其是共产党员，他们在白色恐怖包围下秘密开展工作，不辞劳苦，不怕牺牲，坚持艰苦的斗争，圆满地完成了党交给的任务，为党为人民的解放事业作了应有的贡献。

三、适应形势　隐蔽发展

1946 年 7 月，中共三罗中心县委撤销。谭丕桓任三罗特派员，8 月，谭丕桓根据中共粤中区党委的指示，到云浮向地下党组织传达了中共中央香港分局关于"在全面内战危机紧急关头，要作长期打算，做好组织隐蔽，利用公开、合法地位进行活动"和"隐蔽精干，长期埋伏，积蓄力量，以待时机"的方针。在这个方针的指导下，谭丕桓着手对云浮党组织进行部署：以都骑的麦州为重点，把云北的都骑、杨柳、泽源、方平四乡组织起来。为巩固云北阵地，云浮特派员仍是麦长龙，将郁南原区委书记黄浩波调到云北，任云北区委书记，麦冬生任区委副书记，并调来卢平、李行两同志，以小学教师的身份，在云北山区开展活动。

中共云浮县党组织按照上级党组织指示，安排了一批党员扩大对国民党乡、保基层政权及乡、保学校的控制，开展秘密活动，准备长期隐蔽。

为适应形势，隐蔽发展，在国民党地方反动势力企图控制各乡、保政权，大肆开展活动，抛出所谓"民选"乡长时，中共云浮县党组织，执行三罗党组织的指示，决定针锋相对，进行公开的合法斗争。把在地方上有能力、有地位的中共党员动员起来，依凭他们家庭和父兄辈的声望，用合法的身份参加竞选，打入国民党基层政权。中共三罗特派员谭丕桓对参加竞选的党员规定三条原则，当选后一是生活上合流不合污；二是工作上对国民党交办的任务，采取推、拖、拒的办法应付；三是对共产党有利的事要尽力做好，要尽力保护地下党组织人员的安全。

当时，云北的"民选"乡长中，麦长龙（云浮县特派员）当选为国民党都骑乡乡长，麦冬生（云北区委副书记）当选为副乡长；陈明华当选为泽源乡乡长；徐鸣登当选为杨柳乡乡长；潘善庭当选为杨柳乡副乡长。云北三乡政权均是中共党组织掌握的"白皮红心"政权，在"白皮红心"乡政权掩护下，开展党的秘密工作。当时，云北有党员30多人（云浮的党员、干部主要集中在云北），他们中除余渭泉、李君怡由上级安排调走外，还有麦裕滔、余家相、高峰、麦雪莹被安排到各乡保小学任教师，赵剑泉到悦城建立党的联络点，原四乡联防常备队队长陈凤堃回杨柳以经营航运生意作掩护，常备队政治教员陈国柱回泽源乡大元市新面小学做校长并继续做好党的工作，还有部分党员、常备队队员、进步人士安排任甲长，或在学校、乡公所任教员职工。他们以正当的职业作掩护，坚持艰苦的工作，开展积极的隐蔽斗争。这些党员和骨干在各自的岗位上埋头苦干、积极为党工作，保持了革命的气节，为后来在云浮开展游击战争打下了基础。

中共云浮党组织对武装斗争的准备

　　1946 年 6 月，全面内战爆发，到 1946 年冬，中国人民解放军经过英勇顽强的作战，在华北、华中各个战场上取得节节胜利。1947 年上半年，中共中央香港分局发出《关于开展游击战争，建立新根据地的指示》，要求各地区党组织认真执行中央关于南方战争的指示精神，开展游击战争，建立新的根据地。6 月，中共粤中区特派员谢永宽在《关于中区武装斗争工作的情况报告》中指出："发展中区武装斗争的地区，应该是三罗云雾山脉周围的山区，包括新兴西部和南部、恩平西北部、阳春北部、罗定和郁南南部相连的山区，因为一方面是山地，是国民党统治较薄弱和较难控制的地方；一方面是中区武装活动范围的中心区。如果将来向西发展，便是粤桂的边界大山，向西南发展便可与南路连成一片。"把开辟云雾山区作为中区发展武装斗争的战略部署。但目前在这个区开展工作比较困难，主要是完全没有基础（包括地方党组织），没有群众关系，对情况缺乏了解，故要调查研究，派出得力干部去开展工作。中区特派员指示三罗党组织配合、协助中区支援部队挺进三罗。中共中央香港分局便决定由粤中党组织派一支武装部队挺进山区，创立新根据地，开展游击战争。

　　为了开展武装斗争，云浮地下党组织认真执行上级指示，从 1947 年春开始积极做好武装斗争的准备工作。5 月，向全体党员、干部传达上级关于恢复武装斗争，实行"小搞"，准备"大搞"

的指示精神，使党员、干部做好开展武装斗争的思想准备；在富强思怀建立交通联络站和思怀武工队及武装民兵常备队。接着，麦长龙、陈云等秘密前往高村大绀山老党员曾七家乡，建立起从云北经西区大绀山到南区云雾山的交通线，并布置老党员邓沛霖、邓章在云城建立交通站。作为中区武装基干队从云雾山区转移到云北以及从云北输送干部、物资，支持云雾山游击区的交通线。

7月，根据粤中区党委的决定，三罗特派员谭丕桓调云浮特派员麦长龙到部队工作，并被派去鹤山，与粤中准备挺进三罗建立游击根据地的部队会合，协助部队挺进三罗。同时，粤中党组织调李东江来云浮，任云浮县特派员。李东江到云浮后，被安排到都骑洞坑小学以教师职业作掩护，领导云浮党组织的工作。7月，中共三罗党组织在云浮都骑洞坑举办党员骨干学习班，为期1个月，由谭丕桓主持，李东江协助，主要是传达学习中共广东区党委关于恢复公开武装斗争的决定。学员有20多人，云浮参加学习班的有黄浩波、余家相、梁奕辉、麦裕滔等支委以上的党员骨干14人，学习班使参加学习的学员明确当前形势是有利于开展武装斗争的，应掌握有利时机，组织力量，赶上形势的发展，以准备应对将来更复杂的斗争。学习结束后，云浮党组织秘密筹集资金、粮食和枪支弹药。麦长龙、麦冬生以都骑乡乡长的名义，筹集粮食8000多千克。同时，派出高远钧等党员到广宁游击区，学习武装斗争经验。此后，云浮党组织的主要活动转向武装斗争。

第四节 恢复武装斗争及经历的几次重要战斗

1947 年 6 月，中区特派员谢永宽在江门向三罗特派员谭丕桓传达中共广东区党委关于恢复武装斗争的决定及中区对开展公开武装斗争的部署。组建武装小分队挺进云雾山，建立游击根据地，进行公开的武装斗争。

一、粤中部队派出小分队挺进云雾山

1947 年 5 月，中共中区特派员谢永宽在恩平县朗底教子山组织召开会议，根据中共中央香港分局指示，从高明、鹤山、恩平、两阳等地区北撤时留下分散的部队中抽调班、排干部及优秀队员组成挺进部队，由吴桐（中区部队军事负责人）、朱开率领，挺进云雾山，开辟新的游击区。7—8 月间，吴桐接受指示后，立即投入紧张的准备工作。但此前没有到过云雾山区，情况一无所知，只凭着对党的事业一片忠心，一心想完成上级要求的三罗地方党组织派部分地方干部共同挺进云雾山的任务。后来三罗地方组织派云浮干部麦长龙（云浮特派员）、陈云（陈宏俊）、陈尧宽 3 位同志到挺进部队。当时，粤中几个地区的队伍刚恢复活动，集结不久，队伍也十分弱小。吴桐便从台南、高鹤、新恩、两阳地区分别抽调了 23 人，加上吴桐本人共 24 人，他们是吴桐、朱开（队长）、叶永禄（指导员）、罗杰（副指导员）、杨标、梁祥、梁伦、陆礼、全胜（朱宽柏）、满仔（陈满）、陈卓、卓均、雷旺、陈添、薛才庇、冯月庭、黄球仔、何添、余杏彩、蓝桂养、黄琪、霍静宽（女）、伍炎、许堆等。年龄最大的 27 岁，最小的黄球仔、何添只有十六七岁，配备机枪 2 挺，步枪 15 支、手枪 10 支。他们当中有军事干部、政工干部，也有卫生员、炊事员。这些队员大部分都是经过抗日战争锻炼考验，英勇善战，是东江纵队北撤后留在粤中坚持武装斗争的骨干。此次重新集中后，他们情绪高涨，彼此情同手足，赤胆忠心，铁骨铮铮，从未有人叫苦叫难，人数虽少，但具有较高的政治觉悟和战斗力。

9 月初，粤中挺进部队从恩平进入阳春蟠龙根据地刘屋咀村，挺进部队命名为德怀队。在这里休息集训 24 天，内容是讲清任务，学习政策，看到有利条件，解除思想顾虑，树立信心，充分估计可能遇到的困难，做好挺进云雾山的准备工作。在此之前，两阳武装工作委员会组建的春北武工队，已向云浮县西山方向发展，到富林一带活动，结交统战对象刘新苟。10 月 4 日，吴桐率领粤中挺进部队 24 人，在两阳武工队负责人曹广、马平、陈庚率领的两阳部队 20 多人的护送下，由统战对象刘新苟担任向导，秘密经过春湾、石望等敌据点，经古铜陵石狗岭，于 5 日清晨进入富林，在彭屋村休整。

由于富林当时是没有地下党组织和群众基础的新区，挺进部队到达后，群众不明底细，不敢接近。而富林刘、廖两姓本来有些不和，这次姓刘的人把挺进部队带回村里，廖姓人扬言要报告国民党县政府，赶走挺进部队。为缓和矛盾，护送部队到富林的春北武工队队长陈枫和廖姓人谈判，说这只是先头部队，大部队还未到，争取多停留一天。刘姓的绅士刘丹田拒绝和挺进部队见面，向导刘新苟也悄悄离开。挺进部队处境十分困难。虽然如此，也只能前进，不能后退。10 月 6 日，吴桐带领挺进部队转移到黄龙坳山猪岩谢八妹家驻营，在山猪岩停留了 3 天。山猪岩村背山面水，前面是一条河，一片开阔。后面是山，树木茂盛，云雾萦绕，便于隐蔽。可山下云雾一散，山中一切活动清晰可见，立足困难。10 月 8 日，罗杰查看地图，偶然发现 10 千米外的河朗圩是自己的祖居，吴桐采纳罗杰向河朗转移的建议，部队当晚深夜转移到罗杰祖居地罗银寨。

罗杰找到堂叔罗炳指路宿营。罗炳在村中教私塾，他欣然答应为挺进部队当向导。部队有了罗炳当向导，在云水、云廉、阳三一带转了 10 多天。罗杰发动罗毛、罗金荣、罗荣安、罗梅仙等数人参加三罗小分队，组建河朗武工组。10 月中旬，罗杰查看地图希望能在云雾山附近建立据点，发现云利村易守难攻，经由罗炳介绍，罗家和云利大户人家都是亲戚关系。罗杰便利用陈新呀是其妹夫的亲戚关系作掩护（罗杰父亲罗澄波养女嫁给云利怀德堂大户人家），常秘密住在怀德堂阁楼开展活动，接近群众。

另外，罗家还有罗玉英、罗秀珍、罗月英、罗桂英嫁到云利，都与罗杰有远房亲戚关系。大家也对这个个子不高，工作热情的舅父、舅公款待有加。挺进部队还发动时任阳春县阳三乡乡长云利村人雷之楠加入游击队，争取界石乡乡长黄善初配合。9 月中旬，适逢在十九路军军长蔡廷锴处任秘书的陈宋卿回乡治病休养，将革命胜利的消息带回家乡宣传，使群众对共产党政策加深了认识。

双富乡当时没有建立地下党组织及群众组织，地主反动势力练仁三、刘汉清到处跟踪，扬言要用武力对付挺进部队。10 月 20日为摆脱敌人跟踪追击，挺进部队由麦长龙派来交通员和向导接应，越过大绀山，秘密转移到云浮北区的都骑、杨柳一带山区隐蔽。挺进部队转移到六元坑尾时，被敌人发现，国民党云浮县政府连夜派出自卫大队大队长周国祯带领反动军警 100 多人前来"追剿"。后有群众报信和掩护才得以脱险。由陈云带着挺进部队连夜转移到布务与陈明华取得联系。陈明华接到联系后即到麦州找麦冬生报告，麦冬生与云浮党组织领导商量后，决定将挺进部队队员分散转移到双上陈石东坑山寮、古洲高福老虎岗山寮和大水坑、斩田、蛇斗各个小村秘密隐蔽，摆脱了敌人的追踪。

　　部队安顿下来后，吴桐住在双上村，与麦长龙、朱开召集全体队员到东坑山寮开会，分析形势，总结挺进以来的工作，研讨下一步的工作计划。这次会议在陈日伙的小砖屋召开。小砖屋有个木棚，二三十人挤在一起，十分热闹。吴桐让大家充分发表意见，引导大家针对目前的情况，作具体分析，使大家认清形势，增强信心，经过热烈的讨论，统一了认识，认为云北可以隐蔽，但无法发展。云北地区属山区和丘陵地带，北有西江阻拦，南有云城，东有腰古、肇庆重镇，西有南江分割，回旋有限，呼应困难，实非开展武装斗争的地区。长期隐蔽并不是原来的打算，而且敌人"追剿"的风声很紧，供给上也较困难，对开展工作很不利。这样，大家认为，必须返回云雾山区。10月下旬，吴桐决定派9名干部，组成3个武工组返云雾山区，从点滴做起。这9名干部是朱开、罗杰、陈云、梁祥、梁伦、黄琪、伍炎、陈满（曾继满）、卓均。由朱开、罗杰、陈云率领的3个武工组重返云雾山，以云利为据点，在富林、河朗、金鸡等地秘密活动。物色和教育一批积极分子，培养堡垒户，建立据点村，开辟交通网点。雷之楠曾一度任国民党阳春阳三乡乡长，当时虽然没有很高的政治觉悟，但明确表示对当时社会不满，要找出路，主动找到武工组，不怕冒家破人散的危险，带领12人携枪参加部队，跟共产党走。雷之楠的加入，影响周围群众。富林当地各阶层都要求对抗国民党县保警，雷之楠起了关键作用。武工组又争取教育罗定县金鸡乡绿林人物黄坤等改邪归正；罗定县金鸡乡地方势力许荣、莫昭、莫机和西山云水的雷达等，均愿与武工组联手对付国民党的县、区、乡政权。雷之楠与十九路军旧部、时任国民党云浮县富林乡乡长的刘丹田较密切。刘丹田原来对挺进部队不欢迎，经雷之楠说服后，公开表示会联合抗拒国民党的压迫，富林乡的刘新苟又主动回来，河朗的罗增元在大革命时期加入过中国共产党，但早已失去了组织关系，这时他也主动找武工组联系。此时，3个武工组在富林、金鸡、界石、藕塘、河邦、河朗、云水、云容等地设立交通点，加强联系，共同为保卫当地人民群众的利益，反对国民党的横征暴敛而斗争。

11 月间，在有了深厚的群众基础上，朱开、罗杰、陈云率领武工队在云利河西村怀德堂陈木秀（罗秀珍丈夫）家率先发展交通联络站，陈木秀、陈花寿为交通联络站负责人，串联河东村陈清家、曾屋曾北林家、墩仔村陈志昌家、"三婆太"家，共 10 多户建立堡垒户和交通联络点。双富乡首富、开明乡绅陈博生，在陈云、罗杰、女婿雷之楠的教育鼓舞下，主动捐出稻谷 25000 千克，长、短枪 8 支，子弹 300 发，大力支持雷之楠在三罗地区开展武装斗争。罗杰又向陈华钦（罗桂英丈夫）打借条借谷 1000 千克（新中国成立后未归还）。

由于雷之楠的加入，从此，粤中挺进云雾山的部队、春北武工队进出阳春西山活动，都必经云利住宿，得到堡垒户的款待和掩护。

二、革命老区的几次重要战斗

（一）夜袭富林关帝庙

在国民党反动派的统治下，在云雾山区不仅农民受欺压，连当地的乡绅上层势力对国民党云浮县政府的敲诈勒索也感到不胜烦扰。于是，他们通过雷之楠、刘新苟，请武工组接挺进部队回来，消灭国民党县保警队，为民除害。当时雷之楠、刘新苟告诉吴桐后，吴桐认为这是挺进部队团结群众，争取地方势力，推动开展武装斗争的有利时机。但考虑到挺进部队只有 20 多人，而敌人有 70 多人，要打好这场仗，唯有进行黑夜袭击。作战计划确定后，吴桐令朱开带领侦察小组到富林关帝庙进行实地侦察。朱开带着梁伦，由刘新苟引路先观察富林圩的总体情况，然后侦察关帝庙位置情况。同时策反了在县保警队当兵的刘新苟的表弟罗水生，从中摸清了敌人的设防和武器装备情况。

战前的工作准备就绪，挺进部队按照作战计划开始行动。吴桐亲自指挥战斗，他对这次战斗十分慎重，决定挺进部队的 24 人直接参加战斗，炊事员、卫生员也上前线。罗杰在阳三乡雷之楠祖屋作总动员，由雷之楠带领民团 12 人在外围负责警戒。云利村保甲长陈济聪带领 17 人，在陈木秀等堡垒户的的带动下，在云利村做好后勤工作。

1948 年 1 月 6 日晚上，吴桐率领部队从云北的双上村出发，云浮党组织派出党员干部陈凤垫、麦炳金、汤照、钟才、高炳 5 人随部队出发，连夜行军，赶了近 40 千米路，到达云雾山麓的一个小村庄隐蔽起来，这里离国民党云浮县保警驻地富林关帝庙不是很远，可待机而战。

1 月 7 日，吴桐令朱开作最后一次侦察。朱开发现情况没有变化，是日夜晚，天黑下雨，吴桐认为这是夜袭的好时机，于是决定当天晚上进行袭击。入夜后，他率领部队全体指战员向关帝庙进发，凛冽的北风带着冷雨，路滑难行。指战员们谨记"为民除害"的口令，人人斗志昂扬，午夜到达目的地。敌驻地关帝庙是台地，突击难度较大。部队在吴桐的指挥下，沉着地从庙的右侧沟边单向前进，按照作战部署依次进入阵地。朱开是亲自侦察的，他带着突击组和机枪组负责正面攻击。突击组第一梯队由梁伦、梁祥、何添、黄琪仔、伍炎等组成；第二梯队由朱宽柏、陈卓、陈添、黄球仔等组成。敌有 5 个岗哨，两个于门前，两个在屋角，还有个是带班的班长。夜色朦胧，朱开带着突击队摸到哨兵跟前，敌哨兵才发现，屋角的哨兵刚开口发问"谁"，立即被突击组的队员按倒，成了俘虏。庙前的两个哨兵见势不妙，当即逃走。紧接着，何添、黄琪仔等冲进敌营房。屋角的另一哨兵撞见，便缩回屋内。敌班长回身拿机枪，准备射击，被梁伦一枪打伤后擒获。何添、黄琪仔等突击组队员奋力抢夺了敌人的两挺机枪。几乎在同一时刻，朱开指挥机枪组向屋内扫射，接着队员们"缴枪不杀""优待俘虏"的喊声，将敌人从梦中惊醒。敌人从被窝里钻出来，慌作一团，束手就擒。在右侧小楼上睡觉的十多名警察在梦中惊醒，全部成了俘虏。

这次战斗进行得很顺利，不到 10 分钟的时间，挺进部队无一伤亡，全俘守敌。是一场以少胜多的、干净的、彻底的突袭。俘敌保警中队队长陈祥、中队副队长罗耀钧及警察所所长卢尚武及以下官兵 58 人，缴获轻机枪 2 挺、手枪 1 支、步枪 35 支、子弹数千发及军用物资一批。敌警察局局长麦询尧和科长林如威当晚去了国民党界石乡乡长、大地主黄善初家，幸免被俘。被俘官兵集中在一起，经叶永禄训话后，由罗杰发给遣散费，每人两个大洋，被打伤那个就发了 9 个大洋，这些钱都是这次战斗缴获的。

战斗结束后，吴桐连夜率领挺进部队转移到云利村云峰书院休整，受到云利村堡垒户的热情款待。当地保长陈济聪、乡绅陈博生、陈宋卿热诚为他们庆功洗尘。同时把缴获的战利品妥善处理。除还给两阳部队一挺机枪外，一部分的枪支弹药，补充到部队和武工队，其余的全部由罗炳收藏在河朗银村老人预制的、搁在祠堂上的空棺材内。雷之楠则带民团回阳春三乡休整。

1 月 9 日，吴桐亲手书写了《告云浮父老兄弟姐妹同胞书》，宣告成立云浮人民自卫队。这篇文告，阐明了人民自卫队的宗旨，号召广大人民立即行动起来，与国民党反动派作公开反"三征"（征兵、征粮、征税）暴政的武装斗争，推翻国民党反动统治，建设新云浮。文告油印散发出去，人民群众看了，到处传扬，振奋人心，云利人民群众纷纷响应，进步青年积极要求参军。第一批参加云浮人民自卫队的有陈忠良、陈花寿、陈鸿庆、陈集、陈东阳、曾坤南等 17 人。

自卫队成立后，首先从云利村借用太公祖尝防土匪的长枪 5 支、短枪 9 支，又发动私人自筹自用。

富林战斗的胜利，使云浮人民大受鼓舞，国民党反动派大为震惊。国民党云浮县县长阮君慈吓得半个月不敢住县城，最后丢了乌纱帽。战后第三天，国民党西江专员慌忙带着保警，坐镇富林，镇压群众。

富林战斗的胜利，是中国共产党领导云浮人民解放战争打响的第一枪，是云浮人民武装从无到有，发展起来的标志，是云浮公开武装斗争的开始，掀开了云浮人民革命史新的一页。

富林战斗的胜利，震惊了西江两岸的反动势力，国民党广东省第三区专员"清剿"指挥所主任、敌三区"清剿"副司令官彭程，亲自指挥云浮、罗定、阳春、新兴四县保警 400 多人，对云雾山区进行"清剿"，妄图一举消灭云浮人民自卫队。然而，人民自卫队预料敌人会反扑，在吴桐的指挥下，早已转入阳春北部的云浮西山，虽是敌强我弱，但能利用山地优势，避实就虚，分散与敌周旋。彭程对四县"清剿"连连扑空，历时 20 多天，一无所获。

富林战斗后，为进一步加强三罗地区武装部队力量，稳定云浮云北区的局势，粤中区指示新高鹤武装部队派一支小分队于 2 月份由中队长戴卫民（戴苏）率领黄就、王海、邝达、冯惠娟等 22 人，成立王震队，挺进云北。王震队到达都骑后，与麦长龙接上联系；麦长龙派陈凤垫为戴卫民的助手，并将原四乡骨干输送到王震队，使该队发展到 30 余人，继而推向西江边山区，配合云浮县党组织，采取利用教育改造的方针，对绿林人物潘伙成等开展统战教育和争取工作，挫败了国民党县政府勾结土匪向王震队进攻的阴谋，从而稳定云北局势。

至此，吴桐、麦长龙负责的云浮人民自卫队，拥有德怀、王震两个中队，在云浮南北呼应，对国民党当局的反动派统治进行公开的武装斗争。

（二）云浮"五五"武装起义

解放战争时期，云浮发生了一起武装起义，即"五五"武装起义。

1949 年 5 月 5 日，在云浮北区的杨柳乡，国民党云浮县民团武装自卫队队长徐颂辉，率领自卫队起义。

徐颂辉在抗日战争时期，分别与共产党人和国民党人打交道，参加过国共两党的武装队伍，跟随所在的武装队伍辗转云北地区以及广西部分地区，参加过多次战斗，很快从一个宣传员锤炼成长为一名具有组织能力的抗日战士。1944 年 8 月，徐颂辉任国民党云浮自卫队第二中队中队长，抗日战争胜利后回乡，深得乡亲的爱戴和拥护，并得到中共云浮党组织领导人麦长龙、李东江的支持参选乡长。1948 年 2 月，徐颂辉通过乡民代表会议推荐和民主公选任云浮杨柳乡乡长。当时社会极度混乱，徐颂辉为了安定民心，保护百姓，组建一支武装自卫队并担任队长，队员有 50 多人。徐颂辉同时积极争取徐姓父老乡亲的支持，用蟠咀村徐氏忠孝堂祖尝款购买一批武器，组建武装自卫队，得到中共云浮党组织的支持，使土匪再也不敢轻举妄动，从而保护了一方平安。

1945 年 10 月 10 日，国民党与共产党签订了《双十协定》，不久，蒋介石公然撕毁《双十协定》，破坏国共合作，挑起全面内战。国民党政府及武装组织遵照蒋介石的旨意，对全国各地抗日根据地进行全面"围剿"，中国共产党领导的人民解放军，开展推翻国民党反动派统治的解放战争。

解放战争时期，徐颂辉虽然担任国民党云浮县政府领导的杨柳乡乡长，但他却成为当地国民党当局与中共党组织争取的重要对象。国民党云浮县县长李少白死死盯着徐颂辉及其领导的武装自卫队，企图利用徐颂辉控制云北区，并择机里应外合消灭中共云北党组织和武装力量。中共云浮县党组织领导人麦长龙等也经常与徐颂辉联系，对其进行感化，争取武装自卫队成为云北武装力量。

1948年年底，中共三罗党组织决定扩大三罗的武装力量，争取徐颂辉领导的武装自卫队加入共产党领导的武装组织，经先后派潘善廷、卢平、余家相、张基做徐颂辉的思想工作，中共云浮县党组织领导李东江也亲自找徐颂辉面谈，对他开展政治攻势，分析当前革命的大好形势和国民党反动派腐败。李东江对徐颂辉说："共产党希望你尽早带领你的自卫队起义，参加革命的队伍，共同战斗，彻底打倒国民党反动派，使人民群众早日获得翻身解放。"徐颂辉也说只有跟共产党走才是唯一的出路，表示有心带领自卫队的全体人员起义，加入共产党领导的革命队伍，参加解放战争，解放全中国。但徐颂辉又坦诚地向李东江表达了自己的一些思想顾虑。一是怕土匪再来报复。山区到处都有土匪，他们占山为王，各霸一方，常常三五成群下山打家劫舍，甚至绑架、杀人，威胁着村民的生命财产安全，自己带领自卫队起义，参加中国人民解放军，远离家乡，怕土匪乘机下山，为所欲为，残害乡民。二是怕国民党当局问责。虽然现在家乡共产党的力量日益壮大，但是家乡还是在国民党的统治下，自卫队是原国民党云浮县县长阮君慈亲自组建的，拿国民党当局粮饷的。现任国民党云浮县县长李少白更可怕，曾多次叫自己到县城谈话，要是率队伍起义，怕他恼羞成怒，采取极端手段，全体起义队员的亲属都可能有危险，恐遭诛族之灾。李东江立即表态，如土匪再来报复，共产党武装随时采取行动制服他；如国民党前来问责，共产党也有办法组织力量对付他。徐颂辉又向麦长龙提一个要求，因为过去徐、潘两姓一直有历史矛盾，请求麦长龙召开一次徐、潘两姓乡亲和解会，化解矛盾，免除后顾之忧，麦长龙当场答应他的要求。和解会于1949年3月3日下午在杨柳乡石巷小学召开，邀请三罗地区党政军领导参加，由云浮县党政军领导主持，徐、潘两姓各派代表30人参加会议，并各派出1名代表发言，会议达到如期效果，徐、潘两姓得到和解。至此，徐颂辉决定率部起义。

中共云浮县党组织领导为增强他对起义的信心和决心，研究决定做好四项工作：

第一，成立杨柳乡武装民兵大队。1949年3月上旬，由中共云浮县党组织出面，李东江主持了在杨柳乡石巷村召开的会议，徐姓、潘姓各派出代表参加，李东江在会上代表中共云浮县党组织宣布成立杨柳乡武装民兵大队，民兵大队设两个中队。任命中共党员潘善廷为大队长，徐姓以徐以民为中队长设立一个中队，潘姓以潘福如为中队长设立一个中队。两个中队统一由潘善廷指挥领导。两个中队各自约束，互不侵犯，如有违者，由武装民兵大队联合云北地区共产党领导的游击队给予处罚。以此维护当地秩序和稳定。

第二，举行"云北会师"。1949年3月中旬，中共云浮县党组织，中国人民解放军粤中纵队四支三团领导麦长龙、李东江、郑毅、叶永禄、罗杰等率领三团江苏连、辽宁连、黄河连、黑龙江连、中共云北地区党组织主要工作人员以及云北地区大部分武工队队员300多人，集中泽源乡大塘尾村进行"云北会师"，彰显共产党游击队的战斗力。

第三，改造土匪。1949 年 3 月中旬开始，由李东江率领三团黑龙江连在杨柳、思办、泽源、思劳各地土匪较多的村庄驻扎，集中对土匪成员进行教育改造，责令其缴械改过自新，重新做人，对拒不从命者坚决严惩。经教育，大部分土匪改邪归正，但仍有少数人拒不接受改造。其中，恶贯满盈的惯匪潘娣屡教不改，李东江立即指挥黑龙江连数十名官兵将其抓获，并召开群众大会公审其罪恶后进行枪决。经过近一个月的努力，对土匪的改造工作取得了圆满成功。

第四，扩编中国人民解放军粤中纵队四支三团。1949 年 4 月，在杨柳乡成立中国人民解放军粤中纵队四支三团西湖连，潘善廷任连长，卢平任指导员。

中共云浮县党组织通过以上四项行动，大振军威，徐颂辉终于确定了武装起义的时间。

1949 年 5 月 5 日，是一个不平凡的日子，徐颂辉冒着被杀头抄家的危险，率云浮武装自卫队起义。约定的集合时间到，徐颂辉与妻儿告别，飞快赶到自卫队驻地忠孝堂，吹响集合哨子，自卫队全体队员全副武装集中列队，听候命令。蟠咀村徐氏宗亲数十人听到集合的哨声，纷纷来到现场为起义队伍送行。有部分起义人员因年龄小，而且还在小学读书，徐颂辉说服他们在家继续读书，众位宗亲也表示同意徐颂辉的意见。徐颂辉安慰、鼓励宗亲们安心在家，听共产党的话。徐氏宗亲异口同声地说："我们赞成和支持你们起义，走共产党指引的革命道路，请你们放心，我们一定听共产党的话，并预祝你们为革命立新功。"当日天刚亮，在杨柳蟠咀徐氏忠孝堂门前，徐颂辉宣布起义，带领自卫队 19 名队员，携带捷克轻机枪 1 挺、双箍七九枪 10 支、驳壳枪 7 支、各种子弹数千发，走上革命道路，奔向罗定县金鸡乡与中国人民解放军会师。中国人民解放军粤中纵队第四支队司令员李镇靖、政委唐章，三团团长麦长龙、政委李东江等同志对徐颂辉的起义表示热烈欢迎。并把起义队伍收编入中国人民解放军粤中纵队第四支队第三团，命名为光明连，任命徐颂辉为连长。整编后不久，徐颂辉上调三团主力营任副营长，徐晋耀任三团主力营光明连连长，徐晋能任光明连一排排长。1949 年，徐颂辉任中国人民解放军粤中纵队第四支队新一团副团长、第四支队司令部参谋。

"五五"武装起义，彻底粉碎了国民党云浮县县长李少白把自卫队作为插在云北区根据地心脏的钉子，以控制云北区的妄想，大大打击了国民党武装力量的士气，进一步动摇了国民党云浮县政府的统治，为解放云浮以及郁南、罗定等地区作出了一定的贡献。

（三）两次攻打镇安

镇安位于云浮县西部，与罗定金鸡乡毗邻，是云浮县通向罗定的咽喉，也是云罗阳郁边区内沟通云南与云西的门户。1949 年 2 月，粤中主力部队向三罗大进军时，曾路过镇安。当时，国民党镇安乡乡长江中泉、乡绅周良佳及敌自卫队队长李伍慑于人民武装的威力，表示保持"中立"。当时，云罗阳郁边区武工队的活动已从云星和秋风坑等村庄扩展到镇安乡附近的村庄。武工队的陈云、郑文、陈三等同志已多次与李伍、周良佳及江中泉等人接触，做统战工作，发动镇安乡自卫队起义。

1949 年 4 月，追随谭启秀的李少白当上国民党云浮县县长。李少白为维持其反动统治，扩大其反动势力，便拼凑地方反动武装，分片组织反动联防。在河口、初城、夏洞等大搞联防，筑炮楼，企图封锁云北根据地，并且在连滩、白石、镇安搞联防，破坏、阻挠边区发展。敌镇安乡乡长江中泉依附李少白，日趋反动，三团领导决定拔掉这个敌据点。

第一次攻打镇安是 5 月 8 日，由陈云率领武工组及镇安武工队 30 多人，从云星的塘埔村出发，经墩头，过天后宫，安排 7 名手枪队员先飞步过桥，直插敌自卫队驻地，首先缴了敌岗哨的枪，然后冲入其队部，喝令其缴械投降，这时后续部队赶到，在后面楼上的敌人原想反抗，但已被武工队战士控制，在"缴枪不杀"的喊声震慑下，只好就地缴枪投降。这次战斗，武工队一枪未发，几分钟便全歼灭敌自卫队 10 余人，共缴获长枪 18 支、短枪 3 支、子弹一批，然后把俘虏集中进行训示，宣传政策，发给路费后遣散。

镇安敌自卫队被歼后，当地群众受到很大鼓舞，经动员有 40 多名农民报名参军，不少人还携枪（祖尝的）加入队伍，又在其他地方发动民兵参军，组成一个连，后和何鉴荣率领的抗征队合并，组建成西江连，连长何鉴荣，指导员韦敬文（兼）。5 月底，三团西江连进驻镇安。

李少白不甘心失败，命令云浮县保警李巨波纠集白石自卫队于 6 月 6 日早上偷袭镇安。我部队指战员其时正好外出筹粮，于离驻地不远的竹子围遇上敌人，双方经过短暂交战后，因敌众我寡，我部即行转移。李巨波进驻镇安，并重新组织镇安自卫中队，有 60 多人，李巨波任中队长。李少白坐镇镇安，为当地反动势力打气，并将镇安、白石作为据点，肆意破坏游击队行动，并杀害交通人员，其反动气焰一度嚣张。

6 月 22 日午夜，白石自卫队派李仲军带队伍到高坎村围捕交通站站长冯鉴泉，冯鉴泉被捕后被敌人杀害，沙塱的交通员陈安也在此期间遇害。

6 月下旬，粤中纵队第四支队政委唐章以及三团、云罗阳郁边区党委、边区办事处的领导在界石就第二次攻打镇安作了部署。25 日清晨，三团在云南的主力部队和第三大队在麦长龙、罗杰、韦敬文、陈云等率领下，部署在头盔山、背岭坳、狮子顶等地，对镇安驻敌形成大包围圈。突击队则埋伏于敌驻地正面对河沿岸，准备乘敌早操之机，予以痛击。但这天早晨云雾笼罩，下起小雨，敌人没有出操。天亮后，我部被敌人发现，李巨波走出营房，察看情况，被埋伏在河对岸的我部一轮射击，当场毙命，突击队即向敌发起冲锋，敌人据炮楼顽抗。双方对峙到上午 9 时，白石敌人前来增援，我部迅速转移。这次战斗，战果虽然不大，但击毙了李巨波，敌人惶恐。第二天，敌县保警溜回县城，自卫队一哄而散。这次战斗，三团西江连战士周呀在撤退时掉队，次日被敌军俘去，英勇牺牲。

经过两次攻打镇安，从此敌人不敢再在镇安驻军。边区根据地得到巩固，交通线也顺利畅通。

（四）风门坳战斗

1949 年 7 月 25 日，李东江频频接报，发现敌人在六都、夏洞、杨柳猫头山、德庆悦城各地集结，根据敌情分析，敌人可能会从六都经思怀，从悦城经都骑，从猫头山经石巷进入云北游击区的中心地带都骑麦州进行一次大规模的"围剿""扫荡"。李东江、黄浩波、麦冬生、李行、张力等紧急研究决定，由李东江全面指挥，由黄浩波、麦冬生带领西湖连，云北区中队以及都骑、杨柳两乡的民兵，分头在都骑替容，杨柳大播、石巷之间的山上布防阻击敌人。敌人探知人民武装到处布防，也摸不清到底有多少军力和武器装备，不敢轻举妄动进攻都骑。1949 年 7 月 25 日晚，李东江指派李行、张力、张基带领黑龙江连官兵黄池、黄超华、陈铁华、陈辉洪、董超扬、严日、朱达才、聂开、江杯等 80 多人，邓可中带领泽源乡武装民兵 20 多人，连夜开赴扶卓与思怀交界的风门坳，伏击六都方向的敌人。26 日清晨，人民武装参战人员到达风门坳时，发现广东省保警二师反动头子冯恩式带领数十名军警，从六都经思怀到达风门坳山下向西北面登山占领制高点。连长李行当机立断，由伏击转为阻击。指挥全体参战人员向风门坳东面登山占领制高点。敌人开始用猛烈火力向参战人员扫射，战斗立即打响。连长李行在战斗中小腿受伤，但他不下火线仍然坚持指挥作战。所有参战人员被李行受伤不下火线的英勇作战精神所鼓舞，大家都下定决心，不怕牺牲战斗到底，直至打败敌人为止。在战斗中敌人多次向人民武装发动猛烈的进攻，所有参战人员发扬了英勇顽强作战精神，巧妙地一次又一次击退了敌人的进攻。虽然敌人的武器装备更胜一筹，弹药也更充足，但由于人民武装是为保护人民生命财产而战斗，大家都不怕牺牲越战越勇，奋力抗击敌人，使敌人无法攻入阵地，而且还被人民武装击伤数人。战斗持续到当天下午，敌人无法进入游击区"围剿""扫荡"，眼看"围剿""扫荡"游击区的阴谋破产，只好不战而退。敌人败退后，人民武装立即撤离战斗现场。当晚全体参战人员转回泽源乡大塘尾村开庆功会。连长李行受伤不下火线坚持指挥作战，受到李东江代表团部对他通令嘉奖。会后，参战民兵回家待命。黑龙江连在大塘尾休整，一天后继续巡回到敌占区边缘地区宿营驻扎，随时打击来犯之敌，连长李行也留在大塘尾村黄树家治伤，在李行治伤期间，黄树每天上山为他采摘山草药。黄树全家人热心照料，李行的伤很快得到康复。黄树一家全心全意亲切热情照料人民武装伤员的事例，充分体现了广大人民群众热爱共产党、热爱人民子弟兵的高尚情操。

（五）拔除南浦"土围子"

南浦是云浮南部与阳春接壤的一个村庄，位于凌霄岩北面，村前有个小山，向外只有一条通道，地势险要，易守难攻。这个村有一支自卫队，原来用于维持地方治安，不敢与游击队对抗。李少白上台后，指使该村保长程石保、自卫队队长程兆芳把自卫队扩大到 70 多人，与罗阳的练仁三自卫队互相勾结，成为一支专门与共产党为敌的反动武装，多次袭击共产党地下交通站，破坏地下交通线，阻挠地方武装活动，声言不准武工人员经过。虽经多次劝告和警告，但仍坚持其反动立场。云浮县委、三团、阳春六团的领导经过研究，决定拔除这个反动据点，并于 8 月 30 日向敌南浦自卫队发起攻击。首先由三团团长兼政委麦长龙指挥红旗连和第三大队攻克村前碉堡，扫清前进道路，吸引敌人。另派三团副团长郑毅率光明连自右翼迂回，六团副团长曹广率五台连从左翼包抄，同时冲进村内。但是，敌人仍负隅顽抗，后经过两昼夜的战斗和黄浩波的政治攻势，敌人终于在 9 月 2 日上午举白旗要求和谈。三团派李光和春北武工队干部罗世芬为代表进村，提出停火条件，要他们缴械并解散自卫队，向共产党武装赔偿军费稻谷 10000 千克。并保证过往人员安全，敌人只同意赔偿稻谷 10000 千克，谈判破裂。人民武装遂发出最后通牒，限期在中午 12 时前回复，至下午 3 时，未见敌人信息，人民武装即发起攻击，在强大攻势下，敌人抵挡不住，只好投降。这次战斗，毙敌 3 人。俘敌 70 多人，缴获长、短枪 72 支，六团战士张土、李东林两人在战斗中光荣牺牲，三团指战员数人负伤。

（六）桃坪战斗

国民党云浮县县长李少白为了达到维持反动统治的目的，于 1949 年 9 月上旬，一方面勾结驻肇庆的反动军警，派董以莹带领 100 多人到腰古一带增援；另一方面又部署兵力，阴谋对云北游击队再来一次"大扫荡"。9 月 11 日、12 日两天，指派县警到河口一带，并指派县自卫队队长廖家安、中队长刘汉清带领 200 多名反动军警到夏洞。根据敌人的动向，敌人完全有可能从夏洞经桃坪对云北游击队"大扫荡"。为了使党和军队、云北区老百姓免受损失，三团领导和云北区委研究决定，在 9 月 12 日晚天黑前，云北区的所有武装部队赶到桃坪布防，做好一切反"扫荡"战斗准备。麦州、洞坑、古洲、桃坪等武装民兵同时集中到洞坑、桃坪两村待命。9月12日晚，李行、张力率领黑龙江连120多人，潘善廷、卢平率领西湖连80多人，何日初、严耀率领云北区中队60多人，先后到达桃坪集结待命；麦冬生、黄浩波、麦裕滔、余家相、邓南等率领都骑各村武装民兵200多人也在同一时间到达洞坑、桃坪配合部队行动，为反"扫荡"做好准备。

9月12日晚深夜，战地总指挥李东江命令黑龙江连副连长张力带领机枪排，放排哨到乌泥岭顶监视敌人。当晚深夜3时，部队刚到乌泥岭不久，即发现敌人兵分两路进犯。他们一路从乌泥岭迎面而来，一路从乌泥村边东北面登山向桃坪进犯。张力等发现敌情后，一面火速向领导报告情况，一面立即用机枪集中火力截击来犯之敌。经过两个多小时交战，敌人占领了近桃坪村背后的山头。李东江带领部队和200多名民兵也全部登上了桃坪村背后的几个山头，并连续击退了敌人的进攻，敌人无法进入桃坪村。战斗持续到13日下午3时，部队发起猛烈的攻击，敌人败退回夏洞，战斗胜利结束。这次战斗，打死打伤敌人4人，民兵麦才在战斗中光荣牺牲。这次阻击战，虽然未能全歼来犯之敌，但击退了敌人的疯狂进攻，打破了敌人"扫荡"云北游击队的阴谋。

（七）攻打白石

1949年10月上旬，中共云罗阳郁边区工委书记韦敬文在富林召开区工委扩大会议，传达中共三罗地委9月1日发出的"紧急动员，扩大力量，夺取胜利，为配合南下解放军解放本区而斗争"的指示，并部署边区人民武装要乘南浦战斗胜利之势，集中力量打掉盘踞白石圩的顽敌。

10月14日，广州解放。26日上午，陈云和黄平又接到韦敬文的来信，说三团已在腰古与南下解放军会师，他和罗杰代表团长麦长龙与国民党县长李少白的代表谈判，并达成协议，商定27日三团接收云城，信中传达中共三罗地委委员、云浮县和三团主要领导人麦长龙的指示，要用军政双管齐下的手段，解除边区内的一切反动武装，建立人民政权。云罗阳郁边区工委委员、办事处副主任黄平负责根据地的接应任务。陈云与镇安、金鸡、苹塘的乡政府指导员郑文、谭哲、邓风等率边区飞行队、双富乡刘新苟中队、镇安冯星中队、金鸡莫荣贤中队、草塘谭养中队等共300多人，于26日黄昏经过苹塘圩，逼近白石。另通知边区工委委员、边区人民武装部副指挥员康星辉率领区队和河口康广泉中队前来合攻白石圩守敌。此时，云西区的反动头子和武装人员，龟缩在白石圩，妄图做垂死挣扎，云浮县保警大队长梁永钦率大队部及一中队和三岭乡乡长李仲均驻三岭乡公所及龙母庙，西区"联防清办处"主任叶君强率一保警中队驻牙灰铺，白石自卫团团长张勉庭率团部及一中队驻鼎安当铺楼，练奏勋率李巨庆中队驻一甲口，把守笔架山方向。各个街口、路口均用松桩、大籓竹围密，入夜关上竹门，不准任何人通过。梁荣中队驻鹏岗村梁家祠堂，是自卫团的前哨，扼守苹塘往白石圩的通道。全部驻敌200多人，配有轻重机枪。部队通过侦察，了解到敌人阵地互为掎角，构成交叉火力网，凭借河水深不易通过，摆出负隅顽抗的阵势。

面对这股顽敌，如何攻打？关键时刻，指挥员陈云大胆吸收火线起义的自卫队中队长梁荣参加作战会议，制订作战方案。

梁荣除介绍敌实力情况外，更主动提出攻打白石设想：一是由他挑选8名队员，携带短枪、手榴弹、劝降信等，借买菜之名，在攻击前进入白石圩待机行动；二是他本人率自卫中队从新河边过河，抢先占领白石圩北面龙岩山制高点，并建议苹塘中队出奇制胜跟进。

　　陈云同意梁荣的意见，并当即决定：一是刘新苟率领富林区中队和金鸡区中队从南面石头岭过河，占领火烧岭顶；二是指挥部设在白石西面的笔架山，冯星区中队和边区飞行队随指挥部为主攻力量，战斗部署形成三面包围敌人的态势，目的是迫敌方放弃据点东逃，便于半途聚歼；三是康星辉率部如能及时赶到，待机投入战斗；四是口令为"解放边区"；五是拟于10月28日上午7时发起进攻，但这天是白石圩日，为避免误伤群众，改为10月29日上午7时进攻。

　　10月27日，传来喜讯，国民党云浮县县长李少白部已于26日晚撤离云城，三团800余人已于27日上午进入云城；南下解放军二野四兵团十三军三十九师先头部队已到苹塘。粤中纵队第四支队政治部副主任周钊等担任向导，向罗定城追击敌人。捷报振奋人心，鼓舞部队的斗志。29日凌晨2时，参战部队整装待发，康星辉派人送来快信，说第四支队政委唐章命令他率边区队与陈家志、黄鼎元领导的第四大队合击，解放连滩。这消息意味着此次攻打白石，部队减少了近100人及配有轻、重机枪的预备队。但陈云毫不犹豫，二话没说，大手一挥："出发。"各路部队便在明月的照映下，沿着山路，奔向战斗阵地。

　　早上7时许，主攻阵地笔架山的指挥员冯星等刚到高处观察白石圩敌人动静，险遭一甲口（地名）敌人的子弹击中。陈云当机立断，下达攻击命令。刹那间，部队从西、南、北三面一齐向白石圩驻敌阵地、哨所射击。密集的枪声震荡山谷，加上云蹬等村的反动地主鸣锣报警，气氛异常紧张。经过近一小时的对峙后，陈云命令部队对敌开展政治攻势，组织部队集体向敌人高喊"驻白石的士兵们，云城已经解放了，你们都是穷人子弟，不要为反动派卖命了，缴枪不杀，解放军优待俘虏"等。正义的喊声在笔架山、火烧岭、龙岩山阵地轮番响起。敌人开始动摇，火力也大大减弱了。陈云掌握战机，打信号命令南、西、北三面阵地集中火力，掩护冯星中队和边区飞行队涉水过河，攻占一甲口和永裕档（地名）敌阵地。此时，陈云挥手向隐蔽在保生堂药店阳台的梁荣中队打信号，示意他们把原来写好的劝降书送给县保警大队长梁永钦。信中说明，四支队三团已解放云城，南下解放军已到苹塘，白石自卫团梁荣中队火线起义，突击队已潜入白石，总攻在即，和则存，战则亡，何去何从，希速选择。但敌人并不听劝告，仍妄图顽抗。经过短暂的沉寂，敌人突然向南、西、北三处阵地发起猛烈射击，压住我方部队火力，然后分几股冲出白石圩，利用田埂轮番交替掩护，边打边向云蹬方向狼狈逃窜。陈云见状，即下达命令，各路部队立即冲下山岗追击敌人。敌人逃至云蹬即缩入村内，部队即把云蹬村包围起来。梁永钦见状，感到守无援，走无路，坚持顽抗终遭被歼，终于派人向追击部队表示投降，于下午3时集中缴械投降。是役，策动了梁荣自卫中队50多人携轻机枪1挺，长、短枪30余支火线起义。毙敌1人，伤敌6人，俘敌县保警大队长梁永钦、西区"联防清办处"主任叶君强、三岭乡乡长李仲均、白石自卫团团长张勉庭以下180余人。缴获重机枪1挺，轻机枪3挺，长、短枪110多支、弹药一大批。人民武装部队有5名战士受轻伤。

边区人民武装解放白石的战绩传到云城，中共云浮县工委、三团党委传令嘉奖参加白石战斗的全体指战员，并指示在白石成立中共云浮西区委员会、云浮县军事管制委员会西区办事处，陈云任区委书记兼办事处主任，并立即开展全区的建政工作。

（八）攻打六都警察所

六都是云浮在西江边的一个重镇，也是肇庆、云浮反动当局控制云北游击队和德庆游击队活动的重要据点。国民党云浮县当局在六都长期设立警察所，有武装警察20余人。肇庆军统特务头子葛肇煌也在六都设立特务机关"云城公司"，有便衣特务在活动，他们一方面利用洪门会发展特务组织，欺压勒索群众，无恶不作，当地百姓怨声载道。另一方面又互相勾结，造谣惑众，破坏云北游击队和德庆游击队活动，并多次配合云浮、肇庆的反动军警"扫荡"云北游击区，大肆抢掠老百姓的财物。

1949年3、4月间，中国人民解放军粤中纵队四支三团领导、中共云北区委与德庆游击队代表在麦州共同研究，决定拔掉六都警察所和"云城公司"这两个反动据点。

4月下旬，三团及中共云北区委领导多次派出武工队、交通员到六都圩，对敌人据点进行秘密侦察。探明敌情后，将六都的地形、敌方驻守布防情况和攻敌方案、如何布哨监控敌方增援、在攻打时若敌人逃脱对策等绘制成图，并做好联合德庆游击队一齐行动的准备。

5月初，德庆游击队由刘超明带领武装队伍30余人到达都骑与粤中纵队四支三团黑龙江连会合。三团领导、云北区委领导、德庆部队刘超明等再次详细分析，研究了攻打方案后，随即将黑龙江连全体官兵80多人，云北区武工队、手枪组共20多人及德庆来的30多名武装人员集中在古洲，具体做好战斗的一切准备。5月中旬的一个晚上，在三团副政委李东江率领下，由连长李行带领黑龙江连，副连长张力带领武工队手枪组，刘超明带领德庆武装队伍，先到扶卓住了一天，第二天晚上再由扶卓经思怀黄湾沿西江边直插六都。按原计划，李东江率领黄池机枪排占领六都与南乡之间的制高点，截击来增援的敌人，刘超明率领德庆的部队占领民安车站后山防止敌人逃脱，李行带领黑龙江连陈铁华机枪排封锁正门，张力带领武工队手枪组20多人，从六都小学绕道转入警察所背后。进入阵地后，拟用炸药炸开警察所后墙偷袭，但放炸药后只响了雷管，没能引爆炸药，雷管响声惊动了敌人，敌人随即开枪还击。人民武装偷袭不成，于是立即开展强攻，用机枪集中火力向敌人扫射，张力带领全体手枪组人员破窗冲入敌营房，将守敌20多人全部俘虏。"云城公司"的特务分子闻枪声即弃枪跳墙逃跑。

这次战斗共俘敌20余人，缴获长、短枪和其他物资一批。战斗结束后即将全部俘虏就地教育释放。从德庆前来参战的部队，在就地庆祝战斗胜利后即带着部分战利品连夜渡江撤回德庆。三团部队也带着缴获的枪支弹药等，从六都经思怀、五爷山、羌坑、仙谷回到都骑庆功、颁奖。

这次战斗的胜利，震慑了云浮、肇庆、德庆，郁南等地的反动当局，鼓舞了云浮、德庆两地游击区的广大军民，提高了人民武装的声威，更增强了战胜敌人的信心。

大力开展武装斗争和开辟交通点线

1948 年春，中共中央香港分局多次发出指示，要求各地加强
党的领导，独立自主，大胆放手依靠广大群众，积极开展群众性
的斗争和游击战争，扩大农村根据地和武装组织，把武装斗争从
隐蔽转到公开阶段。

一、加强党的领导

1947 年下半年，全国解放战争由战略防御转入战略大反攻。蒋
介石集团已经陷入军事、政治、经济危机甚至崩溃的边缘。在这种
形势下，中共中央香港分局从 1947 年冬至 1948 年春，多次发出指
示，要求各地独立自主，大胆放手发动和依靠广大群众，积极开展
武装斗争和游击战争，扩大农村根据地和武装组织。把武装斗争从
隐蔽转向公开，以粉碎蒋介石的阴谋，迎接华南地区的解放。

为迎接三罗武装斗争反攻阶段的到来，香港分局要求三罗党
组织采取以下措施：一是 1948 年 4 月，陆续把唐章、李镇靖、龙
世雄等领导骨干从香港派回三罗，充实党的领导，并转达反攻方
针和组织反攻行动；二是撤销三罗特派员制，成立三罗总工委，
书记为唐章，委员为李镇靖、吴桐、谭丕桓、龙世雄，管辖云浮、
郁南、罗定三县。同时，云浮也成立县工委，书记为麦长龙，副
书记为李东江。为加强党对武装斗争的领导，对地方党组织和武
装部队实行地武合一；三是把粤中挺进三罗的德怀队、王震队划

归三罗总工委领导。从此，云浮县的武装斗争开始由隐蔽阶段转到反攻阶段。

二、组织青年学生参加武装斗争

中共三罗总工委为了扩大力量，培养革命骨干，决定从香港、广州等地组织青年学生到三罗，参加武装斗争。从 1948 年中开始，三罗总工委派韦敬文通过港九工会联合会秘书长余渭泉和广州地下党员区德民等关系，动员一批进步青年参加武装斗争，并派黄平赴港、穗接回散落人员到游击区工作。这批从港、穗回三罗的青年有彭英明、郑文、曾元、陈波、沈玲、汤章、谭哲、陈茵、麦全、汪清、蔡雄、张青、林基、姚广、黄秉超、李明、张毅、李波、邱忠义、邱宁、郑伟生、江涛、黎波等 30 多人。他们大部分被安排到云罗阳郁边区，个别留在云浮北区工作。

1948 年秋，中共云浮党组织指示杨柳的中共党员潘善廷、卢平、董培杰，与原籍杨柳在广州读书的潘赞英联系，在广州地下党组织和地下学联的支持下，从广州再组织一批青年到云浮参加革命工作。1949 年，先后从广州、肇庆等地组织七批共 60 人到云浮，这些进步青年大部分是广州文化大学、省工专和侨二师、肇庆师专、广州市卫校的学生。他们是陈熙、许克明、杨江、杨海、周邦、李申、李军、吴其沾、赵欣、周方全、张颖、韩梅、陈云子、李清、彭毅、陈学、赖宁、阮立亭、王映旭、林青、李伦、蔡铨、郑更生、麦克强、丁小夫、蔡林、陈勇、李丁、刘毅、梁琛、彭峰、于平、马宁、苏迪、谭敏、沈清、陈忠、郑桥黎、林麦、张瑜、傅平、伍锋、冯恒、梁民、徐美容、韦更新、朱振贤、刘剑聪、潘小帆、林成波、吴蕴聪、吴澜初、肖开伦、梁思敏等。

他们来到三罗和云浮参加武装斗争，活跃在各条战线上，为三罗和云浮人民的解放事业作出了积极贡献。

三、开辟建立交通点线

根据三罗总工委确定的斗争方针，云浮党组织、游击队积极领导群众扩大开辟交通战线和建立堡垒户工作。

1948 年下半年，地方工作人员及武工组，在原来的基础上，扩大开辟交通点线和建立堡垒户工作，全县交通网点星罗棋布，仅云西的交通点就有三四十个，这些点形成了四通八达的交通线网，为部队和地方工作人员来往开辟了通道。从云北到云南有三条干线沟通：东线从麦州到洞坑、桃坪、乌泥、云坑、云楼、翠坑、转南盛入富林；西线从麦州经河口、大绀山、茶洞、托洞入富林；西江线从都杨到扶卓、思怀、南乡、大河、高村、镇安、托洞进入富林。这些交通点线，经过发动群众，组织起武装小组，成为游击队活动或隐蔽的地方，扩大了部队回旋的地区。至当年年底，部队活动范围，在西山，南至圭岗，西过云帘，北接云南；在云南，西过罗定东南角之塘，北至茶洞，东至黄沙，西北角接云西山地；在云北，活动范围纵 80 千米，横 20 千米，北至西江边，东近新兴江。这样，形成了各个游击队能够随时集中与分散活动的地带。

四、云北武装建立、全歼九堡联防队

云北区的武装斗争，在县特派员李东江的直接领导下，充分发挥群众基础好和统战工作有成效的优势，虽因地理条件限制，不宜过早暴露，武装斗争起步较晚，但发展是迅速的。1948 年 4 月 15 日，李东江在布务村组建云北武工组，曾经在部队担任过连级军事干部的李行任组长，成员有邓可忠、陈家英等 7 人，全部配手枪、手榴弹。20 日深夜，为策应李镇靖率王震队西挺郁南，新组建的武工组初试锋芒，分成两组带领民兵干扰云城，一组向

云浮警察局放冷枪，点燃鞭炮，一组捣毁云城至六都的电线杆，牵制了县城驻敌，迫使其龟缩在县城。

1948年6月初，国民党云浮县政府加紧推行征兵、征粮、征税，以维持其反动统治，在洞城乡河口圩建立九堡联防处。反动乡长与国民党云浮县政府征兵委员黄崇佳串通一气，狼狈为奸，疯狂到夏洞、初城、河口一带拉壮丁，勒索钱粮，还四处刺探游击区情报。当时，云北区正在领导群众开展反"三征"运动。中共云浮县特派员李东江与云北区委书记黄浩波、副书记麦冬生等研究，为了保护群众的利益和安全，决定捣毁这个反动据点，歼灭九堡联防队，把任务交给云北武工组。

云北武工组经过两个月的活动，已发展至20多人，武工组组长李行接受任务后，与云北区委研究歼敌方案。九堡联防队驻地是河口圩东九堡甲炮楼，楼高四层，墙厚门坚，比较牢固。联防队员又是些亡命之徒，而且装备精良。云北武工组刚刚成立，兵员和装备对比都相差较大，若用强攻，胜算不大。因此，武工组通过关系，事先派了陈锐、冯星、黄云3人进入九堡联防队，以作内应。

1948年6月初的一天晚上，李东江、李行率领武工组全体组员，奔袭距云浮县城8千米的河口圩。9时，正是我方派去九堡联防队的队员陈锐值岗，他小心推开那扇3寸（1寸≈3.33厘米）厚的大木门，迅速打亮手电筒向外划了三圈，这是约定的信号，埋伏在河基等候的武工组员，除了负责警戒的外，听到李行"冲呀"一声，一齐冲进去，突击手黄金、高森、钟才举起手中的枪喝道："我们是共产党领导的武工组，缴枪唔使死（不杀）！"这时，那班联防队员，有的正在抽鸦片烟；有的在哼着肉麻淫调；有的在赌钱，都被这突如其来的"神兵"吓呆了，个别人虽想反抗，慑于武工组的声威，加上冯星、黄云两人带头缴了枪，其他人也跟着缴械投降了。接着，黄云用手向楼上连指两下，暗示敌县府征兵委员黄崇佳在二楼，高森和钟才冲上二楼，推开房门，黄崇佳惊醒过来，正要拔枪，高森一个箭步扑过去，用枪指着喝令他举手，并缴了他那支"黄金大锚"左轮手枪，把他押下楼。

这时，楼下的武工组员已向那些反动联防队员讲清政策，教育释放了。武工组员扛着缴获的武器，押着黄崇佳，返回根据地。陈锐和冯星因已暴露了身份，也随队返回根据地，黄云因工作需要，仍留下来。为了迷惑敌人，黄金和高森故意把黄云捆绑得格外结实。这次行动，是云北区公开武装斗争打响的第一枪，缴获手提机枪 1 挺，长、短枪 7 支，子弹 400 多发。敌县府征兵委员黄崇佳，反共反人民作恶多端，经上级批准被处决。敌洞城乡乡长陈某极害怕，后逃至香港。这次行动，狠狠打击了敌人的气焰，国民党在云北区的"三征"不能开展，为人民群众解除了"三征"的痛苦，党组织和部队的威信得到了很大的提高。同时，把云北区反"三征"斗争提升到武装斗争的新阶段。10 月，在云北武工组基础上组成先念队，队长莫健如，指导员高远均，全队 42 人，配备轻机枪 1 挺，冲锋枪 1 挺，长、短枪 40 多支，主要活动于云北。

五、思怀武装队伍的建立及其贡献

思怀革命老区位于西江畔的笔架山西面，与云北都杨接壤，是云北通往南乡、六都乃至云浮西区的咽喉。包括思怀、五槟、禤屋、刘屋、浦西（含山寮）、清水塘、白屋、田心、同合、梁屋、红阳、榕树坑、坳仔、蓝坑、磨刀坑 15 个自然村。1947 年秋，中共云北区委先后派共产党员李光、邓可忠到思怀开展革命活动。为沟通与上级及其他游击区的联系，先在刘三荣处建立交通联络站，后组建武工队。进步青年刘三荣、冯德、冯英华、冯坤、刘石荣率先参加武工组。1948年春，中共三罗总工委成立后，为加强领导，又派了余家相、陈来、麦长龙、麦冬生、李君怡、李丁到思怀，组建武工飞行队，李丁长驻思怀开展革命活动。武工飞行队与在六都大河活动的匡吉为站长的粤桂湘边纵队绥贺支队西江税站联合，组织西江南北两岸的武装民兵，维持航运交通秩序，向来往船只征税，扩大粤中纵队第四支队第三团的活动范围和影响。随着革命斗争的深入开展，武工队公开张贴标语，散发革命传单，串联发动邻村群众反对国民党的征兵、征粮、征税。此时，思怀的革命武装队伍有一支25人的武工队和一支200多人的武装民兵组织，同时，村中15—60岁的男丁都自觉参加轮岗放哨。1949年春，在敬业堂成立思怀农会，由冯登潮任会长。各自然村成立农会小组，宣布废除国民党的保甲制，一切权力归农会。武工队与农会领导农民全面开展减租减息斗争，并取得胜利。为保卫人民政权，思怀的革命斗争由秘密转向公开，国民党在思怀的反动统治已名存实亡。1949年5月，思怀武工队和武装民兵配合三团黑龙江连攻打六都国民党警察所和特务据点"云城公司"，俘敌20多人，缴获长、短枪和其他物资一批。后又攻打南乡粮仓，开仓济贫，用部分粮食支援武工队。敌遭武工队连续几次打击后，十分惊恐，从广州调来保二师配合云城军警，于同年农历六月三十日和七月初三日、十六日对思怀游击区进行了三次"围剿"，实施烧、杀、抢。敌人抢走财物一大批，烧毁民房两间，打死民妇一人。敌人的暴行引起人民的极大愤慨，武装部队和民兵奋起还击，在清水塘打死敌军两名，伤敌多名，粉碎了敌人的"围剿"。为巩固胜利果实，武工队、农会和民兵在三团部队支援下，按党的政策镇压敌特、顽匪、反动恶霸、地主多人。

思怀武工队在解放战争时期，积极参加革命斗争，贡献长、短枪99支，子弹1.5万发，粮食7500多千克支持部队，为革命作出了积极贡献。

六、人民武装在斗争中发展

1948 年，从 1 月 7 日富林战斗到郁南"四一八"起义，革命青年踊跃参军。从中区挺进三罗的德怀队、王震队已从 46 人发展到 100 多人。6 月，在西山区，新参军的青年组建成华山队，共 50 余人。但由于多次与敌人作战，部队也遭受挫折和损失，部分人员被打散。

7 月中旬，中共广南分委向三罗总工委作出了"分散发展，地方工作重于作战"的指示。在军事上，强调分头活动；地方工作上，强调以武工组开辟点线，发动群众起来斗争。根据这一指示，在三罗总工委的统一领导下，紧密团结，互相配合，深入发动群众，联合一切可以联合的力量，广泛发动和组织民兵"搬石头、拔钉子"、开辟点线、打击敌人。经过半年的艰苦斗争，人民武装不断发展壮大。除云北建立起先念队外，11 月，云西又从民兵中动员了 20 多人和武工组合编为泰山队。这样，到 12 月中旬，活动在云浮县的部队主力已发展到 3 个主力队。12 月下旬，主力队进行整编，在云南的编为第一大队，大队长朱开，政委周钊，下属德怀连（连长周锡义，指导员黄海），指战员 125 人。在云北的编为第二大队，大队长戴卫民，政委李东江，下属先念连（连长莫健如，指导员高远钧），指战员 44 人。12 月，在云罗区还建立了罗南区队，队长陈云，队员 34 人；建立了富林区队，队长刘九，指导员陈卓，队员 25 人。此外，还在云北、云西、云雾山、西山等地组织起半脱产民兵近 500 人。

第六节 粤中纵队第四支队第三团成立

1949 年 1 月中旬，粤中军分委率部挺进三罗，与三罗部队会师。为了适应进军三罗的需要，粤中分委和军分委决定将三罗支队改为中国人民解放军粤中纵队第四支队，随即宣布组建第四支队第三团。三团作为第四支队主力部队，转战于三罗各地。

三罗武装斗争，取得了较大的胜利，震慑了敌人，敌人不断组织力量对三罗部队进行"围剿"。1948 年 7 月，马头山战斗后，三罗主力部队转向外围活动，依靠群众，壮大人民武装力量。经过艰苦的斗争，到年底，部队有了较大的发展。为了进一步打开局面，沟通与新高鹤游击区的联系，中共粤中分委、军分委乘三罗地区敌兵力空虚，决定率主力部队向三罗进军。

1949 年 1 月 21 日，由粤中军分委主席冯燊、第一副主席吴有恒，率领粤中主力部队，连夜行军，穿越新兴云浮边境的深山老林，迂回边远村寨，向三罗挺进。唐章、李镇靖率三罗部队接应。这时，三罗部队的泰山队和吕梁队已到富林，麦长龙、李东江率领云北的先念队，雷之楠、罗杰带着云南、云西的队伍，陈家志、陈云等带领云罗阳边 500 多名民兵，来到富林。

为适应进军的需要，中共粤中分委、军分委决定，在富林宣告成立粤中区主力团——独一团。同时，将三罗支队改编为中国人民解放军粤中纵队第四支队。司令员李镇靖，政治委员唐章，副司令员吴桐，政治部主任谭丕桓。同时，把第一、二大队合编为中国人民解放军粤中纵队第四支队第三团。团长兼政委麦长龙，副政委李东江，副团长戴卫民，政治处主任叶永禄，副主任罗杰。将泰山队、吕梁队、黄河队、先念队归属三团领导，云罗阳边民兵组建为三团二营。三团作为第四支队主力团，随粤中主力部队向罗定进军。

粤中军分委率领主力部队独一团和第四支队共 1500 多人向罗定进军。为壮军威，鼓舞人心，改变过去黑夜行军的习惯，白天浩浩荡荡前进，各团连队高举红色军标，高唱革命歌曲和高呼口号，雄赳赳，气昂昂。单列行进的队伍，在山间的小路上，首尾长约 1.5 千米，宛如一条奔腾的巨龙，从山区向平原游动，这就是三罗地区著名的"三罗大进军"。

26 日，部队进驻金鸡圩。第四支队在金鸡将云、罗、阳和罗、云、郁两个边区合并，并贴出布告，宣布成立中国人民解放军粤中纵队第四支队云浮、罗定、阳春、郁南边区办事处，主任罗杰，边区人民武装指挥部指挥员陈云，政治委员韦敬文。在金鸡休整一天，分两路继续由山区向平原挺进。28 日，一支队伍经镇安到白石，在白石欢度春节。2 月 3 日，另一支队伍经罗定到围底向罗镜挺进，在路经苹塘时，国民党苹塘乡乡长李权章带着乡自卫队，登上石山顶，向人民武装开枪射击。独一团团长黄东明指挥部队迎战，占据有利地形，把自卫队包围，敌仍据险顽抗，战士们冲上山顶，占领阵地，李权章企图逃跑，被击中脚部后又被活捉。敌驻苹塘自卫队 60 多人被全歼，缴获一批武器。李权章被活捉后，第二天在苹塘圩召开公审大会，公布其罪行，当众处决，群众拍手称快。之后，人民武装经围底、替滨、罗平、太平、于 2 月 12 日进驻罗镜。

到达罗镜后，第四支队对三团进行调整加强，作为第四支队的主力团，将活动于新云边的泰山队、活动于罗郁岑边的贺兰队以及罗云阳郁边黄河队分别改建为吉林连、江苏连、辽宁连，作为三团的主力连；将参加大进军的云罗阳边民兵，编为第二营。这时云浮三团建制如下：三团团长兼政委麦长龙，副政委李东江，副团长戴卫民、郑毅（后），政治处主任叶永禄，副主任罗杰。主力连——吉林连连长周锡义，指导员王海，江苏连连长陈凤堃，指导员高远钧，辽宁连连长陆礼，指导员徐国栋。第二营营长雷之楠，教导员罗杰（兼），副营长莫健如，一连连长韦应镛，指导员沈华，二连连长吴天，指导员沈华（兼），三连连长莫荣贤，四连连长朱明兴（代）、五连连长刘伯泉。

巩固云北根据地

部队回富林后，粤中军分委对今后的军事活动，提出了"分散发展，积极巩固"的方针，三团根据此方针，回师云北，大造革命声势，扩大人民武装影响。对云北武装斗争的发展和根据地的巩固起到了推动作用。

一、建立农会组织

1948 年年初，洞坑、古洲、扶南、罗马、思怀等村已秘密组织农会，虽然组织不健全，但在开展减租减息，组织民兵，动员参军等方面做了不少工作。1949 年 2 月，中共云北区委根据云浮县工委的指示，在云北、云东区普遍公开建立农民协会。主要做法：一是广泛发动群众。组织群众学习农会章程，明确农会的性质、任务，动员群众自愿加入农会，遵守农会章程。一般以自然村（或联村）成立农会，管辖范围相当于过去的一个保；二是有组织有领导地进行。各村在组建农会时，均由云北区委派出负责干部或由各片负责人，成立时召开群众大会，宣布废除保甲制度，"一切权力归农会"（当时的提法）。然后选举产生农会会长和农会委员。设会长 1 人，副会长 1 ~ 2 人，委员 5 ~ 7 人，分管宣传、生产、武装、财粮、交通、情报等工作。当时，农会虽是群众组织，但实际上起到了基层政权作用，取代过去的保甲制。组织村民联防监视和防止敌特破坏，维护治安，调解纠纷等。

农会组织群众开展减租、减息、退押、度荒等运动。各村农会按照云北区委"生产自救,借粮度荒"的指示,首先把各公尝的存粮重点借给贫困农户,改变过去"按丁分粮"的做法;其次要求农民树立互通有无,互相帮助的友爱精神,户与户,人与人之间的互借互助,规定向农民借粮,利息不超过 20%。经过努力,不少群众把稻谷、木薯等借给有困难的农民,顺利地度过了春荒。不少村庄的农会还组织农民办夜校,办妇女识字班,并以此为阵地,讲革命道理,学习文化,唱革命歌曲,活跃农村文化气氛,有力地协助党组织开展文化教育工作,团结农民群众,在闹翻身、求解放中向封建势力作斗争。

二、发展云北武装

1949 年,中共中央香港分局根据全国解放战争形势的发展,先后向各地发布指示,要求各地做好工作,准备迎接解放军南下,解放广东,要求西江工作要与广宁、德庆与三罗取得联系,粤中要加强攻势,三罗及新兴、高鹤要加强出击,向控制西江的目标发展。3 月初,参加三罗大进军的粤中主力团和三团回师富林,粤中军分委对今后军事工作又提出了"分散发展,积极巩固"的指示,这样,中共云浮党组织和三团呈现出发展武装力量,打通沿江一线的大好形势。

部队返回富林后,吴桐、谭丕桓、麦长龙即率领三团江苏连和辽宁连回师云北,在都骑、杨柳、泽源、河口一带活动。

1949 年 3 月 12 日,敌云浮县保警二中队副队长江志雄带领 100 余人,窜到河口强行搞"三征",三团团长麦长龙即派辽宁连和武工组到河口组织附近村庄的民兵和群众近 1000 人围攻敌人。敌人慌忙退入九堡甲炮楼,县城敌军闻讯,星夜驰来增援,才得解围。此次行动,战果虽不大,但调动了附近民兵、群众,显示了革命力量。随后，辽宁连又在杨柳猫山一带，配合当地武工组、民兵，袭击抗拒向都骑税站交税的船只"花尾渡"，使税收工作顺利进行。

黑龙江连长驻在都骑，活动到云北周边地区。这个连队经常打顽除奸，发动群众。在攻打敌六都警察所、突袭敌夏洞自卫队、智取初城、扶卓阻击战、桃坪反"扫荡"战斗、西江截击国民党反动军警交通船只的战斗中起到主力作用。

1949年3—4月间，中共云浮县工委和三团，在云北先后举办两期民兵骨干训练班，学员100余人，训练班结束后，一部分留在云北参加武装斗争；一部分40多人组建大渡河连，连长郑国强、指导员黄浩波，同年5月初，在都骑组建了云北区中队，中队长何日初、副队长严耀、文化教员黄秉超（后任指导员）、军事教员钟标。全队共30余人。其中严辉和陆金等一班人是携带吉庆村族公产的一批枪弹加人云北区中队的。1949年春以后，云北周边地区人民武装力量发展很快。在杨柳有20多名民兵自愿携带机枪1挺，长、短枪20多支，组建西湖连，连长潘善廷、指导员卢平。在洚源组建的有数十人的民主连，陈明华任连长兼指导员。在思劳、夏洞、初城一带组建有20多人的武工队，负责人李方、杨江。在扶卓、思怀、大河一带组建有10余人的武工队，负责人余家相，邓可中、陈来、许克明、匡吉。思怀还组建了一支200多人的武装民兵队伍，负责人刘三荣、冯德。在云坑、云龙、云楼一带组建有10余人的武工队，负责人邓章。

在云北及周边地区建立起来的人民武装队伍，互为照应，并肩作战，打击敌人，对云城地区反动当局形成了大半个包围圈。这些武装部队，既是战斗队，又是宣传队和工作队，每到一个地方，得到群众的热情支持和帮助。当地群众知道游击队要来宿营时，很多人都自觉帮助打扫宿营地，筹借蚊帐被席，准备蔬菜柴草等。游击队每到一个地方，只要形势许可，都组织军民联欢晚会，宣传革命形势和任务，宣传党的政策主张，同时进行访贫问苦，发现群众有伤病，即派医务人员上门送医送药，遇上农忙季节，帮助困难户做好农事工作。游击队的一举一动，深受群众爱戴和拥护，不少家长鼓励子女参加游击队。布务村的蓝英，是一位普通的农村妇女，她深感共产党好，积极鼓励儿子和侄女参加游击队，同时她又接受交通站的委托热情接待来往的交通员。积极掩护和照料游击队的伤病员，并为游击队打探敌情，采购食品和药物等，游击队的人都称她为"民主娘"。

由于军民关系密切，在与敌人斗争中，虽然曾屡次遭受敌人的围攻"扫荡"，仍不断发展壮大。原中共西江特委书记梁嘉经常对人说："高明的合水、广宁的排沙、云浮的都骑都是敌人攻不垮的堡垒。"

三、两岸联手控制西江中段

1949年4月下旬，中国人民解放军胜利渡过长江。粤中党组织给三罗的任务是向西江地带发展，控制西江，迎接南下解放军解放全中国。

西江连贯广东、广西两省。西江中段南岸，属郁南、罗定、云浮，是粤中纵队第四支队活动地区；西江中段北岸，属封开、德庆、高要，是粤桂湘边纵队绥贺支队活动地区。蒋介石政权为维护长江以南半壁江山，以广东为其后方基地。南下解放军解放广东，国民党反动派外逃时，除沿海海岸外，西江是其逃往广西，经云南到越南、缅甸的重要通道。1949年3月，中共中央香港分局根据当时的形势和敌人的企图，要求粤桂湘边工委首先与南岸粤中部队联络，然后采取步骤"逐步发展到控制西江"，以利于人民解放军聚歼残敌。

　　5 月，中共粤桂湘边工委、军分委派出绥贺支队司令员陈胜，到三罗与粤中纵队第四支队司令员李镇靖、政委唐章联系，在鹤山宅梧圩会见粤中军分委领导，经双方磋商，以工作联席会议形式，统一指挥控制西江军事行动。随后，绥贺支队派出在德庆活动的二团副政委陈大良，粤中纵队第四支队派出在云浮活动的三团团长兼政委麦长龙，在云北区都骑举行控制西江的工作联席会议。会上，大家交换情况，研究联合控制西江有关事宜，并就西江两岸部队的交通、情报、税站等工作进行了统一安排。原则上，绥贺支队第二团负责控制从南江口到六都河段，四支三团负责控制从六都到禄步河段。在这些河段出现情况时，互相支持，共同策应，对付敌人。

　　1948 年 10 月以前，西江南北两岸有不少堂口（土匪组织），都向过往西江的船只收税，"敲竹杠"，甚至打劫过往旅客。为了保护商旅，解决部队的给养，须打击土匪抢掠行径，并利用一些可靠的商船为部队代运医药和军用品。当时活动在西江南北两岸的粤中三罗支队和粤桂湘边支队，分别在南北两岸建立税站，组建护航队。10 月，粤中三罗支队在云浮北区都骑建立税站，部队派出黄雄当站长，李波、马冲当助手。1949 年春，又在杨柳的西坑口和泷源的泷水圩设立分站。3 月，站长黄雄调出，云北税站由汪青、麦克强负责。同年春，绥贺支队二团和粤中纵队第四支队三团在西江中段的联合行动，威胁着敌人在西江供应线的正常运输。国民党广州"绥靖"公署主任余汉谋、国民党广东省政府主席兼保安司令薛岳，为了保护西江供应线的正常运输和控制西江通道，先调广东省保警第二师一个团，后又调刚从华北、华东败退回粤的第六十二军一八六师两个团，分别驻守在德庆县城、悦城和六都等重镇。对西江中段南江口到悦城段形成了强大的军事压力。先后 8 次对西江两岸的青榕、响水、泷水和大河口进行

"清剿"。每次进攻都有巡逻艇在江上配合。两岸税站及护航队在人民群众支持掩护下,采取能打则打,不能打则避的灵活战术,使敌人"清剿"行动屡次扑空。

1949年初春的一个晚上,国民党广东省保警第二师出动100多人,分乘几艘木船于黎明前偷偷地驶向都骑圩江面,企图偷袭云北税站,被税站站长黄雄发现,即由当地农艇掩护撤往杨柳。敌军上岸后,四处搜查黄雄去向,抓到当地一个群众,逼迫他带路去找"豆豉"(黄雄当年化名"斗士",后被谐称为"豆豉")。这个群众带着敌军东行西转,来到一间商店前,说"这里有豆豉",咸杂店老板问敌军要买多少斤豆豉,敌军知道误会,急忙说要找一个名叫"豆豉"的人,群众连说不知道,敌人扑了空,灰溜溜地走了。1949年5月,国民党保二师派出两名特务化装潜入泮水圩秘密侦察,被税站人员识破,由冯忠诱敌到黄茅咀,将两名特务活捉。5月下旬,保二师又派了50多人从上咀、泮水、泮面三方包围泮水税站,企图捕捉汪青。敌军靠岸时,护站员陈罗呀协助汪青带上文件、手枪等,急行绕道上了上咀屋背山隐蔽,避过敌人搜查。敌人偷袭税站扑了空,把当地群众的财物洗劫后离去。在人民群众的支持掩护下,敌人屡次"清剿"阴谋都无法得逞,于是秘密派军统特务葛肇煌到六都建立特务据点,对外挂"云城公司"的招牌,实际是纠集反动的洪门会徒和地痞流氓,秘密刺探南北两岸游击队活动的情报。

六都地处西江边,是云浮在西江边上的一个大圩镇,水陆交通便利,南有公路直达云城。国民党云浮县政府在此设有警察所,所丁20多人。"云城公司"的特务与警察所的所丁紧密勾结,妄图以六都为据点,威胁南北两岸游击队活动。5月上旬,国民党驻德庆县的保二师派出100多人,由德城沿西江边东下，驻九市的敌自卫队沿西江溯江而上，西江河面上敌海军炮舰游弋封锁江面，对北岸洞坑口绥贺支队的税站实行三面围攻。绥贺支队第二团副团长刘超明率领部分主力从青榕夜渡西江，到云北游击区与粤中纵队四支三团会合，敌人扑了空，放火烧山而去。

为打破敌人对西江中段两岸游击区的"清剿"，夺取西江水上交通的控制权，打通沿江一线，绥贺支队二团副团长刘超明与粤中纵队四支三团副政委李东江举行工作联席会议，决定联合行动，夜袭六都，拔除"云城公司"和敌警察所两颗"钉子"。

为了打好这一仗，三团多次派出武工组、交通员进入六都圩，对敌人进行秘密侦察，作出周密的作战方案。

1949年5月12日，刘超明带着绥贺支队二团主力连40多人到都骑，与粤中纵队四支三团黑龙江连及云北武工组会合，联合组成160多人的武装队伍，集结古洲，做好战斗准备。副政委李东江率领部队，由扶卓出发，经黄湾，沿西江边挺进，隐蔽进入六都，然后按计划兵分两路，李东江率领黄池机枪排占领六都与南乡之间的制高点，阻截援敌；派部分兵力包围"云城公司"，主力部队扑向敌警察所。这时，刘超明和黑龙江连连长李行带机枪排封锁正门，黑龙江连副连长张力带领武工组20多人，从六都小学绕道转入敌警察所背后，拟用炸药炸开围墙后偷袭，但雷管未能引爆炸药，被敌人发觉，敌即开枪射击。这时，封锁正门的机枪排集中火力扫射敌人。在这紧急关头，指挥员立即抬来一截大木头，撞倒围墙，奋不顾身冲进去。由于人民武装人多火力强，战斗英勇，敌人抵挡不住，全部缴械投降。"云城公司"的特务听到警察所方向的枪声，连衣服、鞋袜都顾不上穿，就从屋后仓皇逃命。

战斗胜利结束，俘敌20多人，缴获枪支弹药及其他物资一批，俘虏经教育后全部释放。

这次战斗，西江南北两岸兄弟部队并肩战斗，给驻西江的保警和特务当头一棒，控制了西江。此后，武工组活动从云北扩展到六都、大河、南乡一带。有力地支援了德庆部队在此设站收税。把西江南北的游击区连成一片，共同完成中共中央香港分局提出的南北联合控制西江的战略任务。

四、粉碎敌人"围剿"

（一）粉碎敌人对云北根据地的"围剿"

夏洞乡自卫队被缴械后，国民党反动派不甘心失败。1949年6月14日和7月8日，敌保二师营长冯恩式两次带保安队及便衣特务到杨柳石巷村，抢掠稻谷、耕牛、猪、财物等。

7月下旬，驻肇庆的葛肇煌特务队，保二师一个营，纠合云浮县保警总队及刘汉清自卫队共1200多人，于27日兵分五路向云北根据地中心麦州"进剿"，由六都登岸出发，一路经乌泥、桃坪、洞坑会集麦州，妄图消灭活动在云北的部队。李东江、麦冬生、麦裕滔、余家相、张力、李行有组织有计划地避开敌人。黑龙江连由李行带领撤到泽面，民兵由余家相带领撤到高村。群众则坚壁清野，疏散人畜财物，对一些统战对象则劝他们不要与敌接触，指定地点避开。敌人进村后，破门入屋，抄了麦长龙、麦冬生、麦裕滔、余家相、区德民的家。经过两天"扫荡"，敌人掳掠的财物也不多，便灰溜溜地撤走了。之后，敌人分别在都骑圩和杨柳的猫山留下部队驻扎。黑龙江连、西湖连和武工队、民兵在敌驻地周围放冷枪，袭击其补给船只。敌寝食不安，提心吊胆，不久便被迫撤离。

（二）思怀三次反"围剿"战斗

由于思怀武工队和思怀武装民兵队的革命武装斗争，于1949

年年初由秘密活动转向公开斗争，先后攻打了六都国民党警察所和特务据点"云城公司"及南乡粮所，并都取得了胜利，国民党当局十分惊恐，便从广州调保警二师一个营配合云城军警分别于1949 年农历六月三十日、七月初、七月十日六对思怀进行了三次"围剿"。其中规模最大的是第一次，国民党反动军队于农历六月三十日分兵三路对思怀"围剿"，一路从六都黄湾四围塘登陆、经四围塘翻越石坳头，直奔思怀大围；一路在六都黄湾逢远河河口登陆，经企岭、白云、水岩，直奔思怀；一路在彩营出发，经大窝山奔向思怀，对思怀进行"围剿"。当天，天刚放亮，设在五槟岗哨的保卫员最先发现从四围塘出发的敌军，立即发出报警信号，武工队和武装民兵立即集合，组织群众向笔架山方向转移，后来其他两个方向也连续发现敌情，武工队和武装民兵为了保护群众，立即制定御敌方案。在这次"围剿"中，敌军从白云村进思怀一路为中路，进入思怀后直接翻越山寮坳，抢先占领清水塘对面的竹仔排山头，迫使人民武装队伍和群众撤回清水塘村，从村后背山撤向笔架山，左右两翼分别从五槟和梁屋村进攻，迫使人民武装撤向清水塘，妄图把人民武装力量一网打尽、消灭在清水塘村。由于敌强我弱，当天早上 8 时左右，敌军已把人民武装队伍从三个方向逼到清水塘村及附近的岗仔头山，对人民武装形成合围之势。

武工队和民兵队兵分两路，一路坚守岗仔山头，另一路坚守清水塘村尾阻止敌人的两翼进攻，为群众撤上笔架山争取时间。而敌军的中路已经占领了清水塘村对面的竹仔排山，用机枪疯狂扫射，迫使人民武装队伍从岗仔头山撤向清水塘村。为此，人民武装队伍和敌军在清水塘展开了一场激烈的战斗。由于敌强我弱，待群众撤上笔架山后，人民武装队伍不得不绕道向笔架山下的二十黄牛兀撤退。二十黄牛兀十分陡峭，易守难攻，但敌军一度攻破人民武装的三道防线，在危在旦夕的时刻，武工队和民兵正面集中力量阻击敌军，同时派人潜伏到敌人进攻的两翼外围连烧"土炮"，制造反包围的假象，由于松高林密，"土炮"声巨大，敌人只听见炮声，又看不见发炮的地点，以为人民武装有火炮，生怕进入人民武装伏击包围圈，才不敢前进。这场战斗从早上一直打到下午4时，敌军才撤出思怀。敌人的这次"扫荡"洗劫了思怀的几个庄，抢走财物一大批，烧毁民房两间，打死民妇一人，人民武装也打死敌军两人，伤敌多名。战斗结束当天武工队人员到竹仔排山头敌军的机枪点了解情况，发现大量子弹壳，村民拿来谷箩，足足拾了两大箩。农历七月初三，敌人对思怀进行了第二次"清剿"，这次兵力虽然比第一次少了很多，但敌人利用西江河水涨的有利时机，用船运兵进入思怀，起到了突袭的效果。好在人民武装有了第一次反"围剿"的经验，迅速组织群众转移，武工队和民兵迅速集结在清水塘和岗仔登山头进行还击。这一次敌人不敢恋战，抢了一些村民的财物就撤走，但是思怀附近的白云村有一名到思怀放鸭的村民被抓走，押回途中，当船行至羊山角时，这名村民跳水逃生了。

国民党保二师对思怀的第三次"围剿"是在农历七月十六日。这次"围剿"的兵力虽然比第一次少，但仍然兵分两路进攻，一路进攻思怀大围，另一路翻过山寮坳头进攻清水塘，人民武装组织群众撤往二十黄牛兀，武装队伍在二十黄牛兀设伏还击，敌人不敢妄进。当天下午敌军撤出思怀，撤到刘屋村背的两个山头时，两路敌军都怀疑对方是人民武装队伍，在刘屋村背的两个山头相互射击，射击持续了近一小时，但双方都没有伤亡。国民党保二师的第三次"围剿"，敌我双方都没有人员伤亡，但思怀附近几个村民的财物被抢走。

第八节

游击根据地的建设

云罗阳边区和云北区是粤中纵队第四支队、云浮党组织和三团的重要活动区及游击根据地。粤中纵队第四支队、云浮党组织和三团十分重视巩固和发展这两个根据地。

一、建立人民政权

1949 年 3 月，为适应形势发展，中共三罗总工委将三罗中心地带云罗阳、罗云郁两个边区合并成为云罗阳郁边区，直属三罗总工委领导，是粤中纵队第四支队设在四县边区的办事处，负责沟通四县联系，管辖范围包括阳春县的中南乡，罗定县的金鸡、苹塘、围底、华石，云浮县的富林、莲塘、白石、高村、镇安，郁南县的南江两岸。三罗总工委给边区的总任务是建立大范围比较巩固的根据地。成立中共云罗阳郁边区工作委员会，书记韦敬文，委员罗杰、陈云、冯月庭、黄平。设立云罗阳郁边区办事处，主任罗杰，副主任冯月庭、黄平，军事指挥员陈云。

云罗阳郁边区贯彻中共三罗总工委的指示，重点巩固四县边区游击根据地。为把群众切实组织起来，领导群众开展斗争，边区办事处成立一支地方工作队，由黄平任队长，队员有从香港、广州来参加三罗武装斗争的李波、郑文、曾元、汤章、蔡雄，有从部队到地方工作的李光，还有在边区地方工作的韦应铺、罗炳等人。他们活动于边区各地，从事惩顽打反，开仓济贫，为部队筹集给养，扩大民兵组织，向部队输送兵源等工作，对搞好边区建设起了重要作用。

为了扩大政治影响，号召全县人民进一步行动起来，同国民党反动派作斗争，争取云浮早日解放，经粤中分委批准，1949年4月20日，云浮县人民政府在富林莲塘宣布成立，县长麦长龙。云浮县人民政府的成立，在号召、具体动员、组织全县人民建设根据地、保护群众利益、改善群众生活、支持武装斗争中起到了重要作用，还建立区、乡人民政权。1949年5月，云罗阳郁边区党委根据上级指示，建立了双富、金鸡两个乡人民政府，在建立乡政府工作中，首先向人民群众广泛宣传解放军已经渡江南下、国民党反动派即将垮台、解放战争将在全国取得胜利、三罗武装斗争的形势以及《华南人民行动纲领》，号召人民群众行动起来，行使当家做主的权力，然后以联村为单位，召开群众大会，选举村长，再成立乡人民政府。

在建立村、乡政权和群众组织时，加强统一战线工作，争取地方开明士绅，利用他们的影响，发挥他们的作用。富林刘姓上层势力代表刘丹田，受武工队及富林战斗胜利的影响，倾向革命。双富乡人民政府成立时，选举刘丹田为乡长，黄柏泉为副乡长，中共党员李光任双富乡乡政督导员。9月26日成立东北区人民政府，区长麦冬生。同时建立都骑、杨柳、泽源三个乡政权，麦长龙、潘善廷、陈明华分别任乡长，麦裕滔、董培杰、陈国柱分别任政治指导员。各联村的村长，也都由支持革命斗争的原保长或地方上层人士担任。把乡村中的上中层人物调动起来，在边区建立起各阶层人民群众团结协作、推翻国民党反动统治的统一战线政权，起到了动摇国民党反动统治的作用。

二、发展农会和民兵组织

为了更好地把群众组织起来，1949 年 4 月后，云罗阳边和云北区普遍开始发动群众，组织农会。在云罗阳郁边区，组织农会与建立乡村政权同步进行。农会会长由群众选举产生，一般都是农民骨干，除村、乡农会外，还有联村农会，管辖范围相当于过去的一个保。在云北，首先建立农会组织的是都骑、杨柳，然后发展到泽源、河口、初城、夏洞一带，村有村农会，乡有总农会。9 月，东北区人民政府和总农会同时成立，总农会会长麦裕滔。农会组织，主要是发动群众，协助部队和武工队开展反"三征"斗争。

1949 年，在建立农会时，发展民兵组织。云浮党组织和三团在壮大主力连队的同时，在云罗阳郁边区和云北区广泛发展民兵组织。双富乡基本做到村有民兵小队，乡有中队，云北各乡村也有民兵组织，共有民兵 50 多人。民兵组织在建设和巩固游击根据地中，发挥了重要作用：一是在游击区站岗放哨，严防敌人、奸细的进犯；二是配合主力部队打击敌人；三是维持游击根据地的社会治安，打击地主、反革命、恶霸，向主力部队输送兵员。

民兵组织在解放战争中发挥了较大的作用，他们协同部队一起作战。对敌进行骚扰或直接打击敌人。1949 年夏天，国民党县政府纠集县警和自卫队、民团数百人，对云北游击队进行"扫荡"，游击队派陈国柱、何伟组织了都骑南山村武装民兵 7 人、泽源乡双上村武装民兵 11 人，开展对敌通信实施破坏，扰乱敌后方。他们把河口岗坳至马岗路段约 200 米的架空电话线路及线杆，全部毁坏，使敌通信中断，有力地配合了这次反"扫荡"。

1949 年农历六月三十日，云北区思怀武装民兵队在思怀武工队的带领下，在清水塘口伏击敌人。当时六都的"K 佬"（指保二师的一个营）在副营长的带领下直奔思怀。思怀民兵在清水塘村旁边的岗仔山头伏击敌人，毙敌 2 人，伤 1 人。这次伏击战开创了民兵以少胜多的先例，也鼓舞了群众的斗志。

1949 年 10 月 27 日，云城解放。11 月，南区国民党刘汉清残部在人民武装进剿压力下，逃窜到西山。在西山又被人民武装围剿，于是又窜回南区铁场。敌人从西山向东北经富林南部一带山地逃窜，富林民兵闻讯纷纷主动截击。与此同时，叶肇残部在西山被粤中部队围剿，四处逃窜，其中独立一营约 200 人逃到富林北部镀盖山山区，遭到富林民兵堵截。富林民兵一方面派通讯员前往留洞与西区中队领导陈云联系，另一方面加强民兵力量，分别通知六家冲民兵从东面、下坪岗和什埝村民兵从南面、林冲村民兵从西面包围，守住四面山头，前后动员了 200 多名民兵参加堵截，不让敌人逃走，当天从下午 1 时一直堵到 5 时。陈云带领西区中队赶来，做劝导工作，敌人见大势已去，缴械投降。这次富林民兵紧密配合西区中队围截叶肇残部，共俘营长以下约 200 人，缴获重机枪 1 挺，轻机枪 15 挺，长、短枪 100 多支，取得了歼灭叶肇残部的胜利。

云罗阳郁边区成立两个多月以来，已在边区建立两个乡政权、15 个联村政权、15 个联村农会、15 个民兵中队。民兵人数达到1500 多人。云罗阳郁边区接连在富林、阳三、界石、金鸡、苹塘、围底、镇安、白石等地组建了 4 个全脱产的民兵中队，配有轻机枪、步枪、手枪、手榴弹等武器装备。同时建立民兵大队，大队长兼教导员韦敬文，副大队长莫健如。

三、开展广泛对敌斗争

国民党的"三征"政策，到 1948 年年底，在县内大部分地方已无法实施。但反动派为了维持其统治，不断派出武装人员，四出活动。1949 年 3 月 12 日，云浮县保警二中队窜进河口圩，妄图催粮、催兵。这时，云浮县工委即发动附近民兵群众数百人，大部分登山鸣锣呼喊。一部分与三团辽宁连配合，围攻敌人，使敌人慌忙退入九堡甲龟缩起来，后来得到县城敌人增援，县保警才狼狈逃跑。

1949 年，云浮县工委继续发动群众打开国民党的乡镇粮仓，所得粮食大部分用于解决群众困难，小部分用于解决部队给养。4、5 月间，出现粮荒。在云北的都骑、杨柳一带，云浮县工委发动群众借粮度荒，有向地主借的，也有群众中的余粮户把粮食借出来的，借粮归还，而且给回利息。

开展减租减息、清债废债运动。这个运动在云罗阳郁边区、云北区搞得轰轰烈烈，深受广大群众的拥护。1949 年 4、5 月期间，云罗阳郁边区办事处在金鸡、富林举办了两期"双减"学习班，学习《华南人民武装当前行动纲领》和中共中央有关减租减息条例，并结合边区实际，定出《云罗阳郁边区减租减息条例》。该条例针对原边区三种地租形式作了三条规定：一是分收租的，在田中收割对半分后，从地主部分减两成五给回农民；二是定额租的，如租额减为对半分后，再从地主部分减两成五给回农民；三是和分租的，由农会与地主根据时年评定和分后，按租额减两成五给回农民。不论哪种形式，总的原则是，每块地收获的稻谷，佃户所得不低于 62.5%，田主所得不超过 37.5%。为减租减息和清债废债，该条例规定，所有债务利息不得超过三分，超过的，一律降下来；凡所付利息累计已超过本金两倍的，都予以废除。债务一经废除，即公开销毁契据，有实物抵押的，债主要立即退还。

为了保证减租减息、清债废债顺利进行，云浮党组织、三团和边区办事处采取以下措施：一是组织强有力的工作组，大张旗鼓宣传、贴标语、发传单、进入墟场演讲、召开群众大会等，逐村逐户发动群众，提高农民觉悟，努力打开局面；二是打击反对"双减"的特务分子，如召开军民大会，公开枪决了潜伏在革命队伍中破坏减租减息、密谋里应外合袭击三团部队和刺探情报的一个女特务；三是打击抗减的地主恶霸，为群众撑腰。这些措施，保证了减租减息、清债废债的普遍开展和顺利进行。农民群众在经济上得到了实际利益，在政治上长了志气，双富乡约有 667 公顷水田减了租，约减得稻谷 25 万千克。

配合南下解放军解放云浮

在广东即将解放的形势下，国民党云浮县当局做垂死挣扎，县长李少白部不断向粤中纵队第四支队及三团进军。在此情况下，三团决定回师云北，做好解放云城的各项准备工作。1949 年 10 月 27 日，云城和平解放，但盘踞在南区的国民党反动县长李少白及其武装人员还未被消灭。11 月初，三团配合南下解放军，把李少白部消灭，至此云浮全境解放。

一、三团会师云北，迎接南下解放军

1949 年 10 月上旬，国民党纠集反动武装在云罗阳郁边境，向粤中纵队第四支队司令部及三团作压缩围攻。在这种情况下，粤中纵队第四支队司令部率新一团挺进郁南，三团主力也突围，回师云北，只留下区队民兵与敌人周旋。三团回到云北麦州，召开领导干部会议，研究部队行动方案，这时因与粤中纵队第四支队司令部失去联系，仅有一台收音机也坏了，消息闭塞，对全省的形势也了解不多，但知道敌人正在撤退，解放军即将南下，因此，除派员到高要禄步联系外，还在西江边巡逻，以便判明情况与解放军取得联系。这时，接到云东武工组组长梁莹急报，南下解放军十五军四十三师一二五团于 18 日解放肇庆，19 日横渡西江，在腰古圩一举歼灭国民党军某部 1000 多人。捷报传来，云北军民欢呼雀跃。于是，云浮县委、三团召开紧急会议，决定由李东江、叶永禄留守都骑,负责支持进城接管和建政工作,麦长龙和郑毅、韦敬文带领部队到腰古迎接南下解放军,罗杰率云中武工组严密监视云城情况。21日,三团于途中接受了安塘、夏洞两乡自卫队投降后,到腰古迎接南下解放军,但南下解放军主力已过境,只留下部分人员负责后勤联络工作,麦长龙代表云浮县委、三团请求解放军协助解放云城,歼灭李少白反动武装。并要求留给一批武器。解放军表示,因主力部队要日夜兼程取道新兴、云浮、阳春追歼逃敌,未能协同进军云城,送给三团六○炮两门、重机枪2挺、轻机枪10挺,步枪一大批、子弹数万发,以加强装备。对解放军的帮助,麦长龙代表三团表示感谢,并特别通知东区工委书记梁锋继续发动群众,做好迎军支前工作。随后。麦长龙、郑毅带领部队回初城,做好力量的部署,为解放云城做好准备:一是部署队伍进攻云城之势,以胁迫李少白;二是筹粮筹款,赶制部队制服、标志、红旗,整肃军容,做好思想、物质准备;三是成立云浮县军事管制委员会,主任麦长龙,成员有郑毅、叶永禄、罗杰、韦敬文、麦冬生等。

二、云城和平解放

10月24日,在河口成立云浮县军事管制委员会(简称"军管会"),军管会的主要任务是消灭敌人残部,巩固新生的人民政权。在中国人民解放军南下的声威震慑下,敌人纷纷溃逃,省保警余敌原在境内最大的残敌刘汉清部逃往西山。

10月25日,中国人民解放军粤中纵队第四支队第三团集结河口整编为3个营9个连。团长兼政委麦长龙,副团长郑毅,副政委李东江,政治处主任叶永禄、罗杰、黄浩波(后),一营营长陈凤堃,教导员李行,二营营长雷之楠,教导员罗杰(兼),三营营长兼教导员韦敬文,副营长莫健如,副教导员陈明华。

1949年10月27日上午，三团部队及民兵800多人，高举红旗，雄赳赳，气昂昂，从河口开往县城。县城内秩序良好，云城中、小学生以及城镇工商界列队欢迎解放军。接着，在马坪举行了欢迎大会，云浮中学校长朱廷才致欢迎词，县长麦长龙讲话，宣布云浮县城和平解放。

三、配合南下解放军歼灭残敌解放云浮全境

云城和平解放后，李少白及其他残敌，按协议撤往南区料洞，等候处置。11月3日，李少白派李颂春等14人，返回云城向解放军报到，在解放军安排下开展工作，交接工作似乎顺利进行。但另一方面，李少白撤往南区料洞后，关于两个保安营和1个自卫队的整编问题，却以公文往来的手段一拖再拖。本来双方再次决定于11月1日整编部队，但李少白却行文称："今晨欲迅速实行有枪弹人员先后移交，但有数点可考虑。一是诚恐枪支机件难保完整；二是如此移交，诚恐汉清营发生疑虑，拟于明天12时将人员名册、枪弹呈送，请予指定整编地点。"但一直拖至11月6日，李少白仍不愿意接受整编，反而与逃到西山的反动头目叶肇密切联系，以致云城谣言四起，人心浮动。

11月7日，向西江进军的解放军十三军三十九师路经云城，该师刘副师长听取麦长龙的情况汇报后，同意派一个加强连配合三团行动，解决李少白拒不执行和平协议的问题，清除动乱的根子。

中共云浮县委和三团迅速作出部署，郑毅率三连协同南下解放军前往南区料洞执行任务；李东江、叶永禄、罗杰等分别负责逮捕李少白等反动头目；麦长龙和韦敬文负责主持召开县城知名人士以及各单位负责人会议，揭露李少白一伙拒不执行和平协议的罪行，申明中共云浮县委和三团的立场，要求全县人民行动起

来，推翻国民党反动政府。

上述工作规定在当夜行动。入夜，刘副师长和郑毅率领部队开进南区料洞，首先包围了敌人的驻地。至拂晓，南下解放军进行政治喊话，李少白一伙听说已被南下解放军包围，即宣布投降，所属残部400多人纷纷缴械。清扫战场后，刘副师长即率领他的部队继续向罗定方向行军。而郑毅则率领三团押着战俘回云城。此次军事行动，逮捕了李少白等一批首要分子，打垮了国民党在云浮县境内的残余部队，国民党云浮县政府也随即垮台。至此，云浮县全境解放。

第五章

社会主义建设发展时期

第一节 革命老区清匪反霸，巩固人民民主政权

一、清匪反霸

1949 年 12 月 23 日，云浮县军事管制委员会针对部分残留在云浮境内的国民党土匪和地方反动武装不甘失败，妄想策划搞反革命暴动的实况，发出通知：一切特务，奸细和暗藏的反革命分子，应于 12 月底前向军管会及各级人民政府投降自首，并交出武器、电台等军用物资及证件、文件等，办理自新登记手续。然而，坚持与人民为敌，不自量力，垂死挣扎的反革命分子，拒不执行军管会的通令，且变本加厉，1950 年春节过后，进行反革命暴动，向人民政府发起猖狂进攻，组织了血腥的高村暴乱。直接参加暴乱的人数达 1000 多人，杀害了区乡干部、征粮工作队员和公安战士 27 人，抢去粮食 5000 多千克，机枪 5 挺，步枪、手枪共 50 多支，财物一大批，成为震动西江地区的云浮土匪暴乱。组织高村土匪武装暴乱的匪首是刘汉清（绰号"水蛇仔"）。他是土匪流氓出身，曾任国民党云浮县保安二营营长，驻防云浮南区，其队伍多由成股土匪纠合而成。

高村暴乱最早发生的地点是高村乡白梅的北埇村，正月初四上午，征粮工作队区浩、吴润初、邓锐、陈云子、郑更生、黎其佳、高黄等 11 人到当地北埇征粮，动员群众挑粮到高村乡政府。当地土匪头目赖卓以征粮任务重为借口，拒不交粮，还阻止其他

群众交粮，煽动群众闹事，3 个征粮工作队员当场血洒北埇村，人称"北埇惨案"。

北埇惨案发生后，早有预谋策划杀害征粮工作队同志的土匪李伯茂，姚树荣等人又在高村司马吉地埇杀害了征粮工作队员蓝天。事件发展到后来，暴乱蔓延至前锋、南盛等地，土匪和反革命武装分子实施了最残暴的反革命暴乱，先后杀害乡干部、征粮工作队员、公安战士 27 人。该事件震惊了西江南岸，史称云浮"南区暴乱"。组织土匪武装暴乱的有白梅片的赖卓（即赖南泽）、司马片的李伯茂、石牛片的黄文轩等人。为首者赖卓，白梅片北埇村人，云浮解放前经营走私、贩毒、赌博，无恶不作，称霸一方，当地群众闻之丧胆。云浮的解放，对于他来说是一个沉重的打击。昔日那种称霸一方已成为历史，便对共产党产生敌对情绪，积极策划反革命活动，多次与盘踞云浮南部的匪首刘汉清秘密联系，商讨反革命暴乱计划，并串联司马、石牛、清水等地的国民党残余反动势力，组织反革命暴乱。

1949 年农历十二月底，征粮工作队征收赖卓粮食（他家有近 1 公顷田出租），赖卓拒不交。当工作队走后，他把粮食隐藏在山上，并与白梅、司马、石牛等地的反动头子和土匪骨干，以"征粮任务重"为借口，拒不交粮，还阻止其他群众交粮，煽动群众闹事，乘机抗粮。

1950 年 2 月 14 日（农历十二月二十八），司马片的国民党高村乡副乡长李伯茂，召开原保甲长和农会（当时的农会被国民党反动分子控制）委员会议。李匪在会上大造反革命舆论，作武装暴乱动员："叶肇、刘汉清军队将至，各地按兵不动，大家听从指挥，接到命令时，大家齐动手，把所有枪支拿出来，攻打高村的乡府和粮仓所在地，征粮工作队的蓝天、邓锐、陈源荣表现最凶狠，要杀他们一两个。"于是，秘密制订了杀害工作队的计划，商定谋杀的地点，时间，方法和凶手。

2月21日（农历正月初五），早有预谋的李伯茂，姚树荣（国民党高村农会会长），叶志民（保长），麦成澄（副农会长、坏分子）等人，以召开征粮评议会为名，通知蓝天到吉地埇开会。当蓝天到达时，被凶手姚镜，孙九两人用大刀砍死。当天下午，李伯茂和地主符周元，符星科等人，布置各村爪牙纠集匪徒。傍晚，近百名手持武器的匪徒集结三江村，符周元给匪徒打气壮胆，"叶肇，刘汉清军队于今晚赶到，同我们一起打高村"，后由李伯茂带队，夜窜高村。与此同时，活动在白梅的赖卓，在经过密谋策划后，磨刀霍霍，率匪暴乱。农历正月初五的中午，驻白梅征粮工作队区浩、邓锐、吴润初等11人，在北埇动员群众挑粮到高村。匪首赖卓、赖进泽等即纠集暴徒60多人紧急开会，做好袭击征粮工作队准备，下令陈四找工作队。陈四找到工作队时说："赖卓请你们到他家商讨减收征粮事宜。"工作队信以为真，便前往赖卓家，途中遭到匪徒袭击，赖卓首先开枪打死工作队队长区浩，接着工作队员邓锐也被暴徒杀害，另一队员吴润初在下北埇被匪徒捉去，拉到山上用锄头、木棍打死。在紧急关头，工作队边撤退边反击，打死匪徒一人。当晚，赖卓又派出匪徒200多人与李伯茂带领的匪徒会合高村乡人民政府。匪徒们高呼反动口号，大造攻打声势。因迟迟未见叶肇、刘汉清的匪军增援，才不敢轻举妄动。西江军分区和六区公安中队闻讯赶到，开展声势浩大的震慑活动，群匪才陆续退去。

通过开展强大的思想政治攻势和军事打击，一大批组织，煽动暴乱的为首分子和杀害工作队的凶手陆续被捕归案，受到严惩。胁从分子也纷纷自首登记。其中，金山、石牛、白梅等地自首登记的胁从分子达200多人，很快便平息匪乱，匪首赖卓逃到怀集县，1952年土改时被抓回交群众斗争，因其在监管中垂死挣扎，并打伤看守民兵，后被愤怒的民兵当场击毙，杀害工作队队长蓝天的两名凶手被处决，主犯姚树荣在暴乱后隐瞒罪恶，假装积极，混入革命队伍，1956年肃反时被揭露，被判处有期徒刑15年。

二、开展镇压反革命运动

1950年10月，云浮县委、县人民政府根据中共中央《关于镇压反革命活动的指示》，成立了云浮县镇压反革命指挥部，由县委书记赵本仁任主任，并设立办公室，成立宣传组、调查组、审讯组、执行组等机构，部署在全县范围内开展大张旗鼓的镇压反革命运动（称"镇反运动"），打击的重点是土匪、特务、恶霸、反动党团骨干，反动会道门头子。运动分三个阶段进行，到1953年8月结束。第一阶段：1950年12月至1951年10月，重点打击首恶分子，摧垮反革命组织体系；第二阶段：1951年11月至1952年5月，集中深挖暗藏较深，民愤极大的阶级敌人；第三阶段：1952年6月至1953年8月，重点以农村、集镇和水上、矿山的民主改革，给五方面阶级敌人以沉重打击，特别是1951年至1952年春耕期间整改后，在都骑、杨柳、镇安、白石等地，逮捕了一批反革命分子，取得了镇反运动的伟大胜利。

第二节 革命老区开展土地改革运动

　　民国时期是封建土地所有制，占人口极少数的地主，拥有大量土地。在县内中部地区的地主区擢岩就占有土地 10 多公顷，区宝年占有 20 多公顷，西部富林莲塘村的地主黄善初占有近 30 公顷。在封建制度的束缚下，土地等生产资料基本上都掌握在地主和富农手上。土地私有制是地主、富农剥削农民的主要手段。因此，中华人民共和国成立后，必须在农村进行土地制度改革，废除地主阶级封建剥削私有制，实行土地公有制，发展农业生产。

　　为了废除几千年来的封建土地私有制，使农民成为土地真正的主人，1949 年年初，粤中纵队第四支队驻云罗阳郁边区办事处广泛深入发动农民群众开展以减租减息为中心的农民群众运动。4 月，云浮县人民政府在富林莲塘宣告成立。5 月，双富乡人民政府成立，先后在各村成立了农会和民兵组织。夏收期间，结合边区具体情况，制定了《中国人民解放军粤中纵队第四支队云罗阳郁边区办事处减租减息条例》，按照租佃形式，实行"二五减租"，按照招租形式不同作了规定，总的原则是，不论哪种租佃形式，实行"二五减租"后，每十五分之一公顷田实际收获的稻谷，佃户所得不得低于 62.5%，田主所得不得高于 37.5%，田主不得以任何借口对佃户"揪耕"，确保佃户租耕权；佃户过去所欠的田租一律废除。整个乡的"二五减租"普遍开展，取得了显著成效。全乡约有 670 多公顷（约占水田的三分之二）实行了

"二五减租"，减租稻谷约 25 万千克。农民开始尝到了在共产党领导下翻身做主人的甜头。20 世纪 50 年代初，富林实行了土地革命，广大农民分得了土地。经过互助组、初级社、高级社和人民公社后，生产资料实行了集体所有，广大人民群众生活获得了改善。

1950 年 6 月，中央人民政府颁布了《中华人民共和国土地改革法》，确定了彻底废除地主阶级封建土地所有制的基本方针。县委、县政府根据上级党委、政府的部署，于 1951 年 2 月开始分 4 个区 15 个乡开展土地改革的试点工作，主要走群众路线，依靠贫农，宣传形势和开展"清匪反霸，减租退押"的八字运动，在非土改区开展"减租退押"的四字运动，取得了较好效果。9 月 4—9 日，县委召开了土改工作会议，县委书记赵本仁传达了华南分局干部扩大会议有关土改问题报告，中心内容是：组织路线，阶级观点、民主作风、斗争形式、部门工作与中心工作相结合。今后工作计划：为了使八字运动开展得顺利，使这场阶级斗争打得更漂亮，对土改队伍进行了整顿。同时，土改队能深入到群众中去，开展了以"依靠贫农、团结中农，中立富农，有步骤、有分别地消灭封建剥削制度"为总方针的土改运动。全县土改工作从 1952 年 1 月 9 日开始至 1953 年 6 月结束。土地改革运动分三个阶段进行：

第一阶段：访贫问苦，宣传发动，扎根串联，组织阶级队伍。

土改工作队进驻后，通过宣传，访贫问苦，与苦大仇深，关系单纯，劳动正派的贫农、雇农作为联络根子，并通过"三同"（同食、同住、同劳动）与他们结下了深厚的感情，从中宣传党的土改政策。这些贫农、雇农的阶级斗争觉悟得到了提高，认为斗地主、分田地，翻身做主人的时机已成熟，理解支持和配合土改运动，积极开展串联活动，组织以贫雇农为骨干的阶级队伍，成立农会。

第二阶段：斗争地主，划阶级成分，征收没收。

人民政府、土改队和农会骨干广泛发动农民揭发斗争地主，帮助农民查找在旧社会受剥削、受压迫的根源是什么，算一算农民受剥削、受压迫的程度，算一算是谁养活了谁，从而增强了农民积极参与斗争地主分田地，分果实的勇气和信心。在斗争中，广大农民反复诉苦，挖根，揭发地主的罪行，而且迫使地主低头认罪。

在发动群众进行阶级斗争的基础上，人民政府工作组因势利导，根据政务院《关于划分农村阶级成分的决定》和《广东省土地改革实施办法》等有关法令和政策，进行划分阶级。对地主阶级通过"两查一算"（查发家史、查罪恶、算剥削账），揭露剥削阶级的本质。对农民则开展家史和阶级教育，通过诉苦，挖根，让广大贫苦农民认识土地归人民的道理。各地划分阶级，均采取"三榜定案"的办法，在掌握政策方面，个别地方偏高或偏低的问题比较突出，群众反映强烈，最终通过"三榜"核实定案。

第三阶段：没收地主土地，分配斗争果实，进行土改复查。分配土地的办法是以行政村（今村民小组）为单位，采取填坑补缺，中间不动两头动，把没收地主的土地，征收富农的一部分土地以及祖尝、庙产等"公产田"。分配给贫雇农和其他劳动者，中农、富农自耕田部分基本不动，个别少田的中农分给一部分土地，按"肥瘦搭配"原则进行。果树、山林等也按原则进行没收，征收和分配。同时，把没收所得的耕牛、农具、房屋、粮食等生产、生活资料分给贫雇农和其他劳动者，没收到的金银上交国库。

同时，在土改运动后期，建立了乡政权，健全了农会、民兵等组织，培养农会、民兵骨干和积极分子。1952 年 11 月中旬，全县胜利完成土改任务，转上全面土改复查工作。土改复查主要是解决土改运动中遗留的问题。复查工作自始至终依靠农会和乡人民政府的干部开展，发动群众检查在划分阶级成分上是否漏划和错划，发现错误，立即纠正，同时对反攻倒算的地主进行斗争，分别发落，强迫劳动改造。在农民中进行民主团结教育。解决分配遗留的问题。复查结束后，进行查田定产，颁发土地房产证。

第三节 革命老区的发展

一、农业的社会主义改造

1952 年年底，中共中央提出过渡时期总路线。云浮县委、县政府根据总路线和总任务的要求，从 1953 年夏到 1956 年，逐步对农业进行社会主义改造。农业的社会主义改造，大体经历了三个阶段。第一阶段：以办互助组为主，并试办初级农业生产合作社（简称"初级农业社"）。1953 年夏，县委根据中共中央《关于农业生产互助合作的决议》精神，培训互助合作骨干，同时派出 1 名县委副书记带领工作组，到基层搞试点，9 月，办起全县第一个互助组。年底，县委召开第二次乡干部会议，要求全县立即掀起学习、宣传总路线的热潮，并要求农村党、团员要参加互助组。1954 年年初，县委组织大批干部下乡，发动农民走互助合作道路，全县发展了一批临时互助组和常年互助组。第二阶段：大力发展初级农业社。1955 年 9 月，县委召开三级干部会议，传达毛泽东主席《关于农业合作化问题》的报告及省委指示，批评在农业合作化问题上的"右倾保守思想"。会后，全县又以区为单位，集中全体党员学习、贯彻"加强领导，全面规划，书记动手，全党办社"的方针，全县掀起农业合作化高潮。第三阶段：以办全社会主义性质的高级农业社为主。1955 年 12 月，县试办了第一个高级农业社。1956 年 6 月，县委第一次代表大会作出决议，提出是年冬、次年春，全县实现高级农业合作化。秋收前夕，老区和全县一样铺开升社（初级农业社升高级农业社）、并社（小社并大社）、整社（整顿经济管理）运动。1956 年年底，基本完成对农业的改造。

实现对农业社会主义改造，使全县农村面貌焕然一新，生产关系从根本上改变了小农经济生产，消灭了富农经济，社会主义生产关系在农村占据主导地位，因而解放了生产力，带动了生产极大地向前发展。老区农业社显示了极大的优越性，人多面广，量力而用，各尽所长，劳动力利用率、劳动生产率及技术熟练程度得到极大提高，土地能因地制宜，地尽其力，农业社进行了一系列的改革，大量推广新式农具。特别是 1956 年在遭受到严重水、旱、虫灾的情况下，农业技术人员齐心协力，克服了重重困难，战胜了自然灾害，使 1956 年粮食增产 14.55%，其他许多经济作物都得到了增产，因而为人民物质及文化生活之改善创造了条件。农业合作化后，堵塞了农村资本主义道路，避免了两极分化。老区的"五保"（保吃、保穿、保医、保住、保葬）户也得到较好的照顾，使寡、孤、独都有所养。

二、人民公社的建立及农业的发展

1958 年 9 月 4 日，云浮县委根据中共中央《关于在农村建立人民公社问题的决议》精神，从有关部门抽调干部 10 多人，在云城乡开展创办人民公社试点。11 日，建立了云浮县第一个人民公社——东方红人民公社。9 月下旬，全县建立 10 个人民公社。由于受公社"一大二公越大越好"的影响，10 月上旬，县委对人民公社进行了调整，由初定的 10 个，调整为 8 个，即激流人民公社（今云城区的腰古、思劳镇），东方红人民公社（今云城区的云城街道、云安区石城镇的茶洞），云雾山人民公社（今云安县的富林、石城镇），幸福之路人民公社（今云城区的前锋、南盛镇），烘炉人民公社（今云安区的六都、高村镇），震西人民公社（今云安区的镇安、白石镇），惊天人民公社（今郁南县的东坝，宋桂镇），太阳升人民公社（今云安区的都杨镇）。全县 8 个公社平均 8731 户，31898 人，最大的激流人民公社 14898 户，45300 人。

人民公社实行党政合一，政社合一，军政合一，统管工农兵学商，农林牧副渔。实行"五统一"（统一领导、统一经营、统一核算、统一分配、统一排工）。实行以公社为核算单位，一切生产资料归集体，一切收入归公社，再由公社统一分配，并将社员自留地，家禽、家庭副业收归社有，消除生产资料私有制残余，社员天天为集体干活，在管理体制上，实行公社、大队、生产队三级管理。

人民公社时期，全县革命老区农业生产发展和全县一样，经历了人民公社和"大跃进"、贯彻落实"农业六十条"、开展农业学大寨运动三个阶段。

人民公社时期农业发展所经历的三个阶段：

第一阶段：人民公社及"大跃进"。时间：1958—1960 年。

1958 年 2 月，云浮县委根据肇庆地委提出"苦战一年，初步改变山区面貌，三年根本改变面貌"的发展山区、建设山区的总目标和要求，号召全县积极开展农业生产"大跃进"运动。为了实现粮食总产"大跃进"，1958 年秋，云浮各地掀起改造低产落后田，深翻改土高潮，提出"深翻尺半土，增产十倍粮"等口号。由于辖区大部分公社的农田多属低产田，改造任务特别繁重。秋收后，各公社抽调大量劳动力投入深翻改土工作。他们在田头安营扎寨，昼夜开工。农田普遍深翻一尺以上，具有一定养分的耕作层被深埋，把耕作层以下基本无养分的生土翻作耕作层，严重破坏了耕作层，无法为作物提供养分，致使低产田越改越低产。

由于浮夸风的出现，1959 年 1 月，各公社按照上级关于"少种，高产，多收"的部署，选择部分良田进行密度插植，违反了水稻生长习性，加上大量深翻改土，已不能进行水稻插植，导致 1959 年水稻插植面积和产量出现大减，大批土地被丢荒。

1960 年，辖区各地普遍出现历史罕见的自然灾害，农业生产失收，加上各公社大部分粮食交给国家，储备粮有限，从此进入生活困难时期。

第二阶段：贯彻"农业六十条"。时间：1961—1969 年。

1961 年，云浮县认真贯彻《农村人民公社工作条例（草案）》（即"农业六十条"），调整社队规模，把 8 个公社划分为 15 个公社，196 个大队划分为 584 个，生产队为 3512 个。其中，属县管辖的有 9 个公社，即六都、高村、白石、镇安、富林、托洞、茶洞、朝阳（今南盛）、前锋公社。1962 年 7 月，云浮县委在贯彻中共中央《关于改变农村人民公社基本核算单位问题的指示》中，把以生产大队为核算单位改为以生产队为基本核算单位，实行以生产队为基础的公社、大队、生产队三级所有制，生产大队对生产队实行土地、劳力、耕牛、农具"四固定"和"三包一奖"（包工、包产、包成本、超产奖励）的生产管理办法。生产队对社员进行定额管理，按件计工，按劳分配的管理，有效克服了平均主义，纠正了"共产风""浮夸风""命令风"，生产瞎指挥等错误倾向，并实现各尽所能，按劳分配制度。同时，开展生产自救，尽量增加农民收入，允许社员经营少量的自留地和小规模家庭副业，利用"五边田地（山边、河边、田边、路边、屋边）"开荒种植，允许在山上开荒种植杂粮，实行谁种谁收。与此同时，开拓集市贸易，提高农产品价格，降低农业税，增产不增税。这些措施，大大调动了社员生产的积极性，各生产队在抓紧粮食生产不放松的同时，因地制宜发展油、豆、烟、果、木薯、松脂等多种经济作物，社员家庭也充分利用开荒田地种植经济作物，1965年，县委还聘请潮汕老农（有耕作技术的农民）60人，分驻各公社搞潮汕式水稻高产样板田，传授疏播育壮秧、施肥方法和排水、露田晒田、防治病害、选用良种等一系列技术，使农业生产迅速恢复和发展，1966年稻谷产量比1958年增长了46%，群众度过了生活难关。

第三阶段：农业学大寨。时间：1970年至中共十一届三中全会召开前。

全国农业学大寨运动是1964年开始的，云浮县真正铺开是在1970年冬。1970年10月，县委提出用两年时间把云浮变成大寨式的县，号召全县人民学习大寨大队坚持政治挂帅、思想领先的原则，坚持自力更生，艰苦奋斗的精神，发扬爱国家，爱集体的共产主义风格；坚持以阶级斗争为纲，批判资本主义，批评怕苦怕累，怕困难的懦夫懒汉思想，从而拉开农业学大寨的序幕。老区人民和全县人民一样，在农业学大寨运动中，狠抓与农业生产有关的兴修水利，开山造田，办企业，养猪积肥，大搞政治运动、冬种、学校勤工俭学等工作，促进了农业大上快上。

第一，开展兴修水利、开山造田两大会战。辖区各公社提出了用1~2年的时间建成大寨式公社的目标要求，把兴修水利，开山造田作为实现大寨式公社的一项重要内容来抓。各公社各大队组织千军万马，胸挂毛主席像章，向兴修水利，开山造田进军。经过两年的两大会战，水田和地的耕作面积大增，农业发展的排灌问题也得到了有效解决，为发展农业生产打下了坚实的基础。

第二，加快社、队企业的发展，积极配合农业学大寨运动。各公社及有条件的大队根据自身的实际，办起农机维修厂，土制磷肥厂，炸药、雷管厂，氨水厂和小水电厂等与农业发展相关的工厂，大力支持农业生产。

第三，养猪积肥。1970 年，辖区按县委提出的发展养猪业的精神，走猪多，肥多的路子，把发展养猪业作为推进农业学大寨的一项重要任务来抓，办起大队、生产队集体养猪场，为农业生产提供了大量的肥料。

第四，开展科学实验活动。各公社一方面办好农业科研网，形成了公社、大队、生产队三级科研网。另一方面，领导蹲点抓示范片，抓典型，抓技术人员的培训，广泛开展科学种田活动。同时组建农科所。各公社划拨了一批农田、土地给农科所，从中学毕业生和从事科研工作的大队、生产队干部、社员中挑选一批素质较高的人作为农科工作人员，专门从事农业科研工作，为农业发展提供了实践、探索、总结经验服务，并全面推广。由于开展了科学实验活动，有效提高了农业尤其是水稻的产量，出现了农业连年丰收。

第五，"把小麦当作一造来抓"。1975 年，县委提出"把小麦当作一造来抓"，并加强了管理方面的引导，引进了新品种，各生产队都进行大面积种植小麦，一定程度上解决了粮食不足的问题。

有些革命老区还以多种形式种植粮食，促进了农业增产。如富林公社东升大队，1971 年，有农户 368 户，人口 2338 人，水田面积 98.8 公顷，人均 0.04 公顷，是一个典型的人多，山多，耕地少的地方。为改变山区落后面貌，该大队按照毛泽东主席"以粮为纲，全面发展"的指示，确立"向山要粮，向山要钱，大搞林粮间种，发展山区经济，加快山区建设步伐"的工作思路。大队党支部组织社员群众在搞好水稻生产的同时，大搞林粮间种。开出来的山地主要间种木薯，通过木薯换取稻谷，还套种番薯、芋头、花生等农作物。当年，全大队林粮间种面积 35.3 公顷。1972 年又发展到 103 公顷，木薯总产量 37.5 万千克。为增强群众发展林粮间种的信心，大队党支部组织干部、社员学习"农业六十条"，反复宣传和落实党的有关农村的路线、方针、政策。大队还结合实际作出了规定：凡是生产队在自己的山地经营林木和粮食的，一律归生产队所有；如本生产队的山地少，经协商同意后，可到山地较多的生产队开山种植，由山权所属生产队造林，开山种植粮食，谁种谁收，实现共赢，这些规定既解决了一些生产队山地不足的矛盾，又调动了群众林粮间种的积极性，从而掀起了大搞林粮间种的热潮。每年春节前后，该大队都开展全民性的炼山开荒，春耕前后种植树木和农作物，夏收前后进行 2 次除草培土，这样，既管好杂粮又保护好幼林，促进了粮食生产的发展。又如该大队的七塘山村，由于地处云雾山山腰，人多水田少，粮食产量低，一直以来，人们存在着"吃粮靠统销，用钱靠贷款"的思想。1971 年春节前后，该生产队组织群众开垦山地 16.3 公顷，在杉苗间种木薯，套种番薯、芋头、花生等作物，当年收获木薯 23500 多千克，番薯 2500 多千克，芋头 2000 多千克，花生 300 多千克，取得了林、粮、油三丰收，用木薯换稻谷 3000 多千克，平均每人 35 千克，一举摘除了统销帽，改变了落后面貌。

三、十一届三中全会以后的农业发展

（一）第一轮联产承包经营

1980 年春，托洞公社一些生产队，将生产队集体土地按人口划分到各户种植，公购粮任务按土地面积分摊到各户负担，耕牛农具折价归各户。生产队原有的集体财产、鱼塘、加工厂、仓库、碾米厂、茶场、果场、林场等仍旧保留集体经营，由农户投标承包。有的生产队还考虑到人口的变化，制定 3 年调整土地制度。1981 年春开始，各地开展推行联产承包制。1982 年春，县境内的农村已全部实行"大包干"到户的家庭联产承包责任制。林业开展"三定"（稳定山权林权、划定自留山、确定林业生产责任制）工作，至1982年5月，国营林场、社队林场、生产队和其他山林全部发给山权证、林权证。林业"三定"后，林业生产由过去的集体经营转变为专业户承包经营和农户经营。家庭"大包干"的家庭联产责任制，使农民生产积极性空前高涨，粮食连年增产，多种经营迅速发展，1992年，农村人均收入比1984年增长225%，1994年一些地方农民出现了卖粮难的现象。

1984年冬，根据《中共中央关于1984年农村工作的通知》的指示，继续稳定完善家庭联产承包责任制，对农民承包的土地进行小调整，并把土地承包期延长至15年，由人民政府发给土地使用证。

家庭联产承包责任制的建立，农业机械化逐步进入农家，科学种田技术也得到进一步推广，农业产量大幅度提高，大大地调动了农民的积极性，解放了大量劳动力，有较多的劳动力洗脚上田创办企业。例如：革命老区镇富林镇，民营石材加工业迅速兴起，成为当时云浮石材业加工业的发源地。1982—1992年的10年间，富林石材业空前繁荣，从民主村沿着托河公路沿线方向延绵10多千米，大小石料厂180多间，从业人数1万多人，并迅速辐射、带动了云浮国道324线沿线石材业发展，形成百里石材工业长廊，奠定了云浮以石材为支柱产业之一的基础。

为了进一步提高农民的生活水平，富林镇还大力推广农业产业化经营，加快发展特色农业。2000年，民主村委组织农民前往南盛镇参观种植沙糖橘基地后，引进并指导农民首先在蛮洞水库周围山地种植了130多公顷的沙糖橘，随后，政府通过举办培训班，邀请专家技术指导和加强与上级单位的沟通，使沙糖橘的种植在民主、寨塘、高二、东路等村广泛推广，农业的立体化发展在富林落地生根，种植户开始尝到农业产业化发展带来的甜头。

（二）第二轮联产延长承包经营

1996 年，云城区分设云安县。云安县自设县以来，各级党委、政府根据《国务院批转农业部关于稳定和完善土地承包关系意见的通知》和省、市关于稳定和完善农村土地承包关系的指示，县委制定了《关于稳定和完善土地承包关系的意见》和《关于稳定和完善土地承包关系工作有关问题处理意见》，明确了延长土地承包期的必要性、指导思想和原则要求，对延长土地承包期的形式、方针、步骤和有关政策的界定、问题的处理等作了具体的规定，使基层干部掌握了尺度，工作起来有依有据，更好地开展工作。

主要做法是：严格把好"四关"。一是土地权属关。强调需要开展土地小调整的地方，不得打破经济社（原生产队）和土地所有权；二是民主关。特别强调必须尊重广大农民意愿，不能少数干部、群众说了算；三是政策关。强调要不折不扣、严格执行土地承包期再延长 30 年不变的政策；四是发证关。土地承包期延长后，由各镇给每个承包户颁发县人民政府统一印制的《云安县土地承包使用证》。由于各级负责，层层把关，保证了党的农村政策的贯彻落实，克服了基础差、困难多等因素，把稳定和完善土地承包关系工作摆上重要议事日程，按照"明确所有权，稳定承包权，搞活使用权，强化管理权"的思路，加强领导，加大力度，狠抓中央、省、市有关政策的贯彻落实，有组织、有计划、有步骤地开展工作。一是落实了农村土地"延包""四到户"，即把承包田块、承包面积、承包合同、承包证书到户。全县 100%完成发放云安县土地承包使用证，承包水田面积 6787 公顷；二是按政策规定，土地延长承包期期限全部为 30 年（即从 1997 年 1 月 1 日至 2026 年 12 月 31 日）；三是规范土地承包管理工作，印发了《农村土地承包延长 30 年底册》300 本，详细登记户主的姓名、证号、承包面积等情况，镇政府、村委会各存档一份。

（三）完善农村土地承包确权登记颁证

根据上级有关农村土地承包经营权登记颁证工作的部署和安排，为了完善农村土地承包确权登记工作，全区农村土地承包经营权确权登记颁证工作分两个标段进行招标采购，第一标段为都杨镇，其余 6 个镇为第二标段，两个标段都是北京世纪国源科技股份有限公司中标，中标价⅟₁₅公顷 39.3 元，两个标段共约 8174.2 公顷，资金共约 481.87 万元。其中第一标段共约 1792.9 公顷，资金共约 105.69 万元；第二标段共约 6183.4 公顷，资金共约 376.18 万元。2016 年 4 月 18 日签订了项目合同书，并且启动了全区确权登记颁证工作，并严格按照成立机构、制订方案、宣传培训、收集资料、摸底调查、制作底图、外业调查、内业处理、审核公示、签印确认、审核颁证、归档建库、检查验收共 13 个工作流程开展工作。

四、农业机械逐渐进农村

（一）农业机械进入农村的雏形期（1949—1978 年）

在 20 世纪 50 年代，云安区革命老区和全区人民一样，使用的农具多为木犁、耙、木辘、锄、锹、铁鎝、铁齿耙、禾镰、镰刀、禾桶等传统工具。

1965 年，在县委、县政府的领导和关怀下，县老区镇下拨或购买了一些人力脚踏打禾机、电动脱粒机、水稻收割机、与手扶拖拉机配套使用的脱粒机。如革命老区富林公社到 1970 年约有10 台电动脱粒机、20 台电犁、100 台马拉车，脚踏打禾机基本各生产队都有 1～5 台，耕作条件得到了改善，初步解放了一些生产力，使农作物产量也得到了提高，人均年分配粮食 365 千克，提高了人民的生活水平。

随着人民生活水平的提高，农业的运输机械和农产品加工机械也逐步进入农村。各镇先后制造了人力大板车、手推车、独轮手推车，改变了用人力搬运的局面。1967 年，本县引进了丰收—35 型中型轮式拖拉机和工农—10 型手扶拖拉机等，老区镇各有两台，之后又有增加，农村逐步用拖拉机运输。

在中华人民共和国成立前本地的农副产品加工主要靠竹磨、石碓、水碓、木榕槽等。中华人民共和国成立后，农副产品加工机械发展较快。1962 年，N26 型、N34 型碾米机开始进入本地使用。N26 型碾米机每小时可加工稻谷 300 千克；N34 型碾米机每小时可加工稻谷 600 千克。1967 年，引进 PF－C330 型和 PF－C360 型饲料粉碎机，PF－C330 型配套动力 4 千瓦，每小时可粉碎谷壳 50～60 千克，粉碎木薯 250－400 千克；PF－C360 型配套动力 7.5 千瓦，每小时可粉碎谷壳 75～100 千克，粉碎木薯 500～750 千克，此后，陆续引进统糠机、榨油机、磨浆机、揉茶机等农产品加工机械。

随着农业机械进入农村，对农机工作人员的技术培训是关键。云浮县在 1964 年年初开始培训农机技术人员，由县农机科派出技术人员到各公社培训拖拉机驾驶员、内燃机手和农机操作手。1971 年开办农机培训班，为农村培训了第一批农业机械技术员，促进了农业机械在农村的推广。

（二）农业机械普遍进入农家（1978—2017 年年底）

十一届三中全会后，1981—1995 年，生产关系进一步调整，农村实行家庭联产承包责任制。国家开始允许农民自主购买和经营农机，农民个体逐步成为投资和经营农业机械的主体。适合当时农村小规模经营的小型农机具开始缓慢发展，而当时的手扶拖拉机因具备良好的运输载货能力，受到农民的青睐。

1996—2003 年期间，云安县政府制定了农业机械的发展目标与相应措施，开展了全县农业机械的组织登记、办理入户换发农业机械专用牌证工作；开展农业机械的管理、维修、销售、技术推广、人员培训工作；开展农机安全监督、零配件质量检测、农机统计和信息传递工作。拖拉机、农用运输车、旋耕机、榨油机、碾米机、水泵、电动打禾机等多种农业机械投入使用。1996 年，全县农业机械总动力达到 5.58 万千瓦。其中拖拉机 1716 台。1998 年各镇农机手续订机耕合同，实现全年农机耕作面积达 5180 公顷，占水田面积的 40%。

2004 年国家颁布实施《中华人民共和国农业机械化促进法》，标志着新一轮农机发展机遇的到来。2006 年，县农机管理总站迎来了第一台登记上牌的大型联合收割机，标志着农业生产方式开始真正转变为机械化生产，实现了水稻生产全程机械化的第一步。到 2006 年，农业机械总动力为 7.48 万千瓦，机耕面积达 4333.4 公顷，实现机械化收割面积 180 公顷。以科学发展观为指导，大力推进农业机械化发展，扎实推进农机购置补贴政策的实施，提高了农民购置新农机的积极性。2017 年年底，全区农机总动力达 6.9 万千瓦，拥有各类拖拉机 1512 台，联合收割机 41 台，插秧机 15 台，微灌设备 134 套，粮食烘干机 22 台，机耕面积达 20228 公顷，实现机械化收割面积 675 公顷。农业机械化的逐步推进，大大地促进了农业的发展、农民的增收，大幅度地解放了劳动力，使农民能自如发挥所长，加快了农民的致富进程。

五、水利建设

水利是农业的命脉。中华人民共和国成立后，云安革命老区的水利建设和全区一样，根据各个时期出现的不同矛盾和特点，进行部署建设和稳步推进。经过近 70 年的发展，水利设施建设得到不断完善和发展，有效防御了因洪水、旱情带来的自然灾害，

大型联合收割机正在收割水稻

改善了农田灌溉条件。

（一）人民公社建立前的水利建设

人民公社建立前，由于落实土改政策，土地归家庭所有，以家庭为单位进行自主经营。水利建设方面，由各乡政府组织发动农户，通过政府出一点、各受益农户出一点等形式筹措资金，利用农闲时节，受益农户投工投劳，组织人力主要对原有的小山塘、临时陂圳、竹筒水车、水圳等水利设施进行加固维修。六都、白石、镇安、富林、都杨、托洞等公社还加大对水库、水陂蓄水项目的建设。

在水库建设方面，共建设 3 座，均是小（二）型水库，量少质弱。第一座为镇安芋荚塘水库。该水库于 1955 年动工，1956 年建成，集雨面积 0.88 平方千米，总库容 18 万立方米、有效库容 10 万立方米，灌溉面积 21.2 公顷；第二座为镇安木公塘水库。该水库于 1956 年动工，1957 年建成，集雨面积 0.75 平方千米，总库容 14 万立方米，有效库容 8 万立方米，灌溉面积 17 公顷；第三座为六都大水塘水库。该水库于 1956 年动工，1957 年建成，集雨面积 1.25 平方千米，总库容 25 万立方米，有效库容 16 万立方米、灌溉面积 35.3 公顷。

在筑陂引水建设方面，上规模的水陂有 3 座。第一座为白石河水陂。该水陂位于白石河流域中游河段。该陂属永久性建设，1956 年冬建成，埧高 43 米、长 35 米、引水流量每秒 0.62 立方米，渠道分东西干渠，共长 13 千米，灌溉白石，西圳、东圳等农田 260 多公顷。1957 年成立白石引水工程管养所，有职工 12 人。第二座为保障陂。该水陂位于六都红星，1953 年动工，1954 年建成，埧长 22 米、高 1.5 米、引水流量每秒 0.4 立方米，灌溉农田 86.7 公顷。第三座为富林水陂（云雾山大圳引水工程）。该水陂于 1957 年竣工，位于富林河上游河段，陂高 2 米，长 50 米，引水流量每秒 0.4 立方米，渠道长 5 千米，灌溉东升、高二、民主、高一等农田 167 公顷，1957 年成立管养所，职工 4 人。这个工程是新中国成立后富林公社首个以互助组、合作社、农业合作化生产方式开展水利设施建设的项目。

（二）人民公社建立后至十一届三中全会前的主要水利建设

人民公社设立后，由于土地收归公社集体所有，劳动力由公社集体安排，具备集中大量的人力、物力、财力建设水利工程和水电建设工程的条件，水利工程和水电建设项目不断加强。期间，公社利用冬春季节，实施大兵团作战，开展水利、水电工程建设。

在水库及水利工程建设方面，动工兴建了以下几座比较具规模的水库及引水工程：

1. 东风水库。东风水库位于县境西部白石河支流东风河

（原秋风水河）下游托洞镇（今石城镇一部分）牛塭村附近。集雨面积 33.6 平方千米，总库容 1420 万立方米，其中有效库容 732 万立方米，垫底库容 120 万立方米，灌溉面积 666.7 公顷，是一个以灌溉为主发电为辅的水库。1970 年冬动工兴建，1974 年建成，完成土石方 128 万立方米，投放劳力 260 万工日，总工程费 437 万元，其中国家投资 328 万元，县自筹 109 万元。库区淹没耕地 35.2 公顷和村庄 12 个，迁置移民 787 人。

库区建筑物有大坝 1 座，放水涵管 1 条，泄洪洞 1 个，放水塔两座。大坝高 42.5 米，高程 170.5 米，坝顶长 180 米，是均质碾压式土坝；放水涵管是钢丝网混凝预制圆管，直径 1 米，全长 173 米；进口涵管底高程 146 米，最大放水流量每秒 7.2 立方米，放水塔高 26.5 米，是框架式钢筋混凝土结构；连接放水塔的工作桥长 55 米，宽 1.5 米，是双悬臂钢筋混凝土结构；放水塔室安装 20 吨涡轮螺旋杆启闭机 1 台；放水涵安装钢筋混凝土平板定轮闸门 1 扇，高 1.7 米；泄洪洞是压力隧洞，长 273 米，直径 2.5 米，进水口段宽 1.45 米，高 2.8 米，方形孔两个，洞底高程 137.2 米，安装钢板定轮闸门两扇，宽 2.1 米，高 3.3 米，最大泄洪能力每秒 73.2 立方米；放水塔高 35.4 米，是框架式钢筋混凝土结构，双悬臂钢筋混凝土结构，安装 30 吨涡轮杆启闭机两台。

灌区总干渠长 19 千米。主要建筑物有渡槽 6 条，共长 450 米；隧洞 1 个，长 120 米，渡槽虹吸管 1 条，长 394 米，其中虹吸管双管共长 592 米，直径 1 米；干渠 3 条，共长 60 千米。其中镇安圩尾跨河虹吸管长 980 米，直径 0.8 米，是云安最长的钢丝网预制虹吸管；白岩村浆砌石拱渡槽长 80 米，单跨 40 米，高 14 米，是云安单跨最大的浆砌石拱渡槽。总干渠最大过水流量每秒 3 立方米。

灌区渠道有水库总干渠和托洞干渠、白石干渠、镇安干渠，总受益面积 666.7 公顷。其中托洞受益 166.7 公顷，镇安受益 366.7 公顷。建成坝后一级电站和龙门二级电站，装机 4 台总容量 890 千瓦，年均发电量 135 万千瓦时。

该水库原设计是以 500 年一遇洪水校核最高水位，高程 168.8 米。1975 年 8 月河南省发生特大暴雨后，对蓄水工程提高校核洪水标准。经过计算，千年一遇洪水校核最高水位为高程 169.7 米。至 1987 年，大坝高程 170.5 米，仍需限制蓄水，汛期防限水位为高程 158 米。

1974 年 10 月，成立东风水库工程管理处有干部、职工 53 人，设立 7 个管理站、3 个管理所，实行分级管理。

2. 富林公社湖塘水库。该水库属小（二）型水库。1958 年动工兴建，1959 年建成，集雨面积 1.78 平方千米，总库容 60 万立方米，是一座集防洪、灌溉于一体小型水库，水库所在河流为莫阳河流域的上游马塘河，主要保护下游 13.3 公顷耕地、沿线 3 千米的富林至阳春公路及解决原来的寨塘大队（今南洋、寨塘、云舍 3 个村委）2500 多人饮用水问题及部分农田的灌溉。当时，乘着全国上下大兴水利建设的东风，上级决定修建湖塘水库。由于当时国家经济尚处于起步阶段，上级对于湖塘水库修建的财力支持有限，以最大能力拨了 8 包水泥到大队以示支持。在此情况下，公社、大队动员全体村民投入到水库建设中去，每家每户都出劳动力，用 4 年时间完成了湖塘水库建设。1959 年，湖塘水库竣工，长达 102 米的主坝横贯南北，涵洞全长 25 米（以花岗岩拱成），溢洪道 6 米，并配套建成"湖塘大圳"，灌溉面积 86.7 公顷，惠及寨塘附近 3000 多群众。

3. 富林公社（今富林镇）东升水库。该水库位于富林马塘河源头的东升大队，1964 年 12 月动工，1978 年建成。水库集雨面积 20.88 平方千米，总库容 634 万立方米，有效库容量 368 万立方米。该水库以灌溉为主，发电为辅，库区建筑物有大坝 1 座，放水涵道 1 条，放水塔 1 座，工作桥 1 座，利用库区水头和渠道落差兴建小水电站 1 座，渠道二级、三级水电站各 1 座，共装机 4 台，总容量 360 千瓦；东升水库建设共完成土石方 80 万立方米，投放劳动力共 90 万工日；总工程款 121.11 万元，其中国家投资 72.31 万元，县内自筹 48.8 万元。此后，修建了东升水库引水工程。该大圳全长 28 千米，干渠过水量为每秒 1 立方米，灌溉东升、高二、高一、民主、马塘等大队的水田 587.8 公顷。这个引水工程难度最大的是需要在 5 座石山悬崖峭壁上凿渠 18 千米，水圳砌设灰浆石基共 600 多万立方米。工作量大，工作难度大，资金缺乏，老区人民在当地党委政府的领导下，发扬自力更生，艰苦奋斗的精神，克服了一切艰难险阻，只用了一个冬季的时间把水渠修好。

4. 富林公社莲塘水库。富林公社莲塘大队（今界石村委），根据公社内兴修水利的成功经验，1969 年，时任大队党支部书记黄木积极响应上级号召，组织动员全大队 1000 多人的劳动力，以工分制的形式修建莲塘水库。修建期间以立方土记工分（按当时的工具计算约 30 担为一立方），一立方对应记 10 工分，多劳多得。至 1971 年，莲塘水库已建好。该水库占地面积 53.3 公顷，主坝长 82 米，灌溉面积 200 公顷，惠及界石 1200 多农户。

5. 富林公社蛮洞水库。富林公社民主大队（今民主村委）在 20 世纪 60 年代积极组织农民修建了蛮洞水库。该水库集雨面积 2.85 平方千米，坝高 16.8 米、长 80 米，总库容量 59 万立方米，坝顶高程 152 米，正常水位 116.3 米，最大泄洪量每秒 22 立方米，主要灌溉民主、高一两个村委农田 120 公顷。

6. 高村公社新坪路水库。该水库属小（一）型，1971 年动工兴建，1979 年建成，集雨面积 6.28 平方千米，总库容 164 万立方米，有效库容 124 万立方米，灌溉面积 167.1 公顷，装机 2 台，容量 320 千瓦。

7. 镇安公社深述尾水库。该水库属小（一）型，1970 年动工兴建，1979 年建成，集雨面积 4.2 平方千米，总库容 176 万立方米，有效库容 105 万立方米，灌溉面积 115 公顷。

8. 托洞公社杨梅坑水库。该水库属小（二）型，1971 年动工兴建，1973 年建成，集雨面积 1.19 平方千米，总库容 26 万立方米，有效库容量 18 万立方米，灌溉面积 28 公顷。

9. 白石公社旱坑水库。该水库属小（二）型，1975 年动工兴建，1978 年建成，集雨面积 1.16 平方千米，总库容量 17 万立方米，有效库容 10 万立方米，灌溉面积 21.2 公顷。

10. 白石公社路下水库。该水库属小（二）型，1970 年动工兴建，1974 年建成，集雨面积 1.06 平方千米，总库容 24 万立方米，有效库容 17 万立方米，灌溉面积 25.5 公顷，成为当地解决农田灌溉用水的主要水利工程。

11. 杨柳公社（今都杨镇一部分）大洞水库。该水库位于都杨蟠咀河上游的大洞村，1970 年动工兴建，1979 年建成，集雨面积 14.05 平方千米，总库容量 480 万立方米，其中有效库容 283 万立方米。该工程以蓄水灌溉为主，结合防洪及发电的小（一）型水库。大洞水库的建设凝聚了当时杨柳公社人民的智慧和力量，据有关资料记载，水库共完成土石方 75 万立方米，投放劳动力 80 万工日，总工程费 64 万元，其中国家投资 60 万元，地方投资 4 万元。灌溉泽面、石巷、大播、蟠咀 4 个村的农田 305.2 公顷，利用东渠道落差兴建小水电站两座，装机 3 台，总容量 375 千瓦，年均发电量 30 万千瓦时。

12. 白石公社引水工程。白石公社的民福大队是典型的苦旱区，有一首著名的民谣反映了当时的情景："民福水贵如油，穷人苦水没处流。纵有千斤好力气，苦难依然没尽头……"从1956年起，白石人民树立革命化思想，以奋发图强的精神，兴起了兴修水利战胜苦旱的群众运动。经过六七年的努力，共投放了45万多个劳动工日，完成土方46万多立方米、石方7万多立方米，投入资金37万多元，其中自筹31万多元，国家投资6.2万元，建起较大引水工程3宗，山塘53口。蓄水工程的建设，受到多座石山的阻隔，大批旱地无法变成水田，人均耕地面积远远少于其他地区，制约了农业的发展。为解决这一难题，白石公社从1964年开始，实行大兵团作战，广大干部群众发扬革命加拼命的精神，掀起了一场开凿石山引水的群众运动。经过9年的艰苦奋斗，克服技术落后、资金和物资严重不足的困难，共开凿了土方41万立方米，石方23万立方米，凿通了5个共602米长的石山隧道，穿过数十处石壁，开通了西圳水渠、云磴水渠、石底水渠、白石水渠、东圳水渠一部分及数十条支渠，配套开沟167条，全长2.5万米，初步解决了本公社333.4多公顷农田的灌溉用水。

就在这个时期，"水贵如油"的民福村也安装了水轮泵，使河水上山，灌溉了数十公顷农田。民福村民深有感触，谱写了一首新的民歌《幸福水》，还曾收录进广东省小学语文课本，至今当地人们仍能朗诵。这首民歌为：民福水日夜流，哗啦哗啦上山头，手捧田水望北京，心向毛主席报丰收……

在水利建设中，白石人民创下了许多在当地广为传颂的事迹：

事迹一：群众无偿投工建成价值数亿元工程。

事迹二：悬崖绝壁靠人工开凿。在民福段水渠建设中，有一处石壁，上下高达100多米，笔直平滑，连猫都难站得住，人们称"跌死猫"的地方。为了在这样的石壁中开凿水渠，民福大队老石工叶伙、何广、徐金妹等主动承担这一艰巨任务。他们与大队干部、青壮年沿着绳攀上石壁，用绳捆住身体，像"空中飞人"一样，在高悬石壁中凿石打炮眼，装炸药。经过一个多月的奋战，终于在"跌死猫"的石壁上开出了引水渠。

事迹三：用反光原理取光凿通隧道。有一处叫铜鼓石的大石山，挡住了灌溉水渠的建设，石工队下定决心穿山凿通隧道。山洞一寸一寸地往深处打，困难一个接一个而来。进了几十米的时候，隧道里黑黝黝的，辨不清方向，当时没有电灯，里面漆黑一片。由于要连续进行爆破，无法点灯，怎么办？人们抬来一块大光镜，安放在洞口，让太阳光反射进去，照亮山洞，100 多米的隧道终于凿通了。

事迹四：攻下爆破难关。在凿石爆破中，不少地方出现渗水现象，无法安装炸药。凿石工使用多种方法都无济于事。在关键时刻，凿石工与工程技术人员反复研究，最后采用避孕套安放炸药的方法，用这种方法解决炸药防水问题，攻克了爆破难关。

随着水利设施的不断完善，荒地变成了良田。粮食总产量比新中国成立前增加 6 倍；农业、林业、畜牧业、副业、渔业全面发展。1970 年，中央电台播放了白石事迹，成为全国的榜样之一。

（三）十一届三中全会后革命老区镇、村水利及农田基本建设

1. 蓬远河堤。蓬远河堤位于六都镇黄湾，始建于 1968 年，堤长 3.46 千米，其中石堤长 0.64 千米，捍卫面积 1033.3 公顷、人口 4.8 万人。防御标准 P = 2%（50 年一遇），堤顶高程 19.8 米。

1994 年 6 月 20 日，西江特大洪水六都站水位达到 19.37 米，蓬远河堤莲花山段决堤，决口长达 220 米，造成六都经济开发试验区经济损失 7.9 亿元。洪水过后，六都镇按省水利厅 1995 年《关于云浮市六都蓬远河堤围加固扩建工程可行性研究报告的批复》加固蓬远河堤土堤段。加固段全长 2.82 千米，加固后堤顶宽 12 米，堤顶高程 20.2 米，工程于 1998 年完成。整项工程投入资金3550万元，完成土方27.6万立方米，浆砌石1.23万立方米，砼8470立方米，投入4.05万劳动工日。1998年6月28日，蓬远河堤经受历史最高洪峰19.73米水位的考验。

2. 江滨路堤。江滨路堤位于六都镇旧城区侧，离六都大泵站约4千米，原为六都旧堤。六都旧堤始建于1968年，全长640米，为浆砌石堤，按20年一遇洪水标准设计。由于旧石堤设防标准低、施工质量差，并遭西江洪水频繁冲刷，致使高洪水位时堤身局部渗漏，多处堤基出现管涌，威胁着县城人民的生命财产安全。为提高县城防洪工程的防御能力，以适应经济的发展，县委、县政府通过多种渠道筹集资金，采用浆砌石堤加填土方法，把县城防洪堤建设成集防洪、交通、景观于一体的水利工程。县城江滨路堤防工程防洪标准为50年一遇，堤段总长936米，堤面宽21.5米，堤顶高程22米。堤身两侧为浆砌石挡土墙，墙间填筑防渗黏土，墙底采用砼灌注桩结合水泥搅拌桩加固基础，墙外为现浇砼防渗板，堤顶为砼结构路面，堤下设有自偶式防洪水闸和排洪泵站。工程于2000年6月完成，合计完成土方26.55万立方米，石方10.31万立方米（其中浆砌石4.21万立方米），砼9900立方米，工程总投资5377万元。该路堤与蓬远河堤、六都大泵站构成县城防洪排涝体系，捍卫人口4.8万人，土地1033.4公顷以及省、市、县、镇所属工矿企业1000多家。

3. 排涝工程六都泵站。六都泵站位于六都镇黄湾，站址设在蓬远河堤上，集雨面积159平方千米，排涝面积612.9公顷。泵站主体厂房宽12米，净跨11米，长15米，建筑面积180平方米，首层是电动机房，首层之下是水泵运行密封层。主厂房安装两台电动机和立式轴流泵。副厂房设有高压室及真空阀室两座，各为40平方米；300平方米试验室1座。泵站进水道长200米。出水流道采用虹吸式结构，流道出口安装了正逆水折形拍门，以防外江水倒流。泵站建设完成土方 13 万立方米，石方 7300 立方米，混凝土 4 万立方米，耗费水泥 1600 吨，钢材 150 吨。总工程费 329 万元，其中国家投资 179 万元。1976 年动工，1980 年建成。

泵站主要设备：主机为 1600 千瓦同步电动机 2 台，配套直径 2.8 米全调节立式轴流泵 2 台；供电变压器 2 台，容量各为 4800 千伏安；35 千伏输电线路 4 千米。泵站扬程 64 米，流量每秒 21 立方米，设计排水标值为两天排干。

1999 年，省水利厅、省计委批复同意六都大泵站进行技术改造，工程总投资 700 万元，其中省补助 400 万元。改造工程于 2000 年 10 月动工，改造的主要项目有：更换电子绕线，重新设置中控塞、高压塞，更换变电场电气设备，新建办公宿舍楼以及蓬远河堤厂房段除险加固和厂区环境整治等。

4. 2009—2010 年，镇安镇民强、民乐、河西、西安 4 个村委整治农田项目。该项目整治农田 266.7 公顷，新增耕地 8.46 公顷，总投资 880 万元，完成衬砌三面光硬底化灌溉渠 17 条，长 7444.3 米，排渠 9 条 3250.5 米，支渠 29 条 7209 米，斗渠 39 条 6219.8 米，修建机耕路 8 条 2525 米，便道 2 条 189 米，建渠系建筑物 320 座，平整土地 12.7 公顷，建标志牌 4 座。

5. 2011 年，高村镇水美村整治项目。该项目整治水美村门口垌农田面积 41.3 公顷，总投资 62 万元，完成衬砌三面光硬底化主干渠 1 条 417 米，支渠 4 条 822 米，排渠 2 条 439 米，修建水陂 4 座，建渠系建筑物 65 座，建标志牌 1 座。

6. 2012 年，富林镇北区的农田基本建设项目。该区的马塘、赛塘、南洋；南区的南甫、河邦、庙山；西区的界石、元眼围；东区的云利、云舍等村委的高标准基本农田建设，建设面积 1078.3 公顷，总投资 2136 万元，完成新修斗渠、农渠共 145 条

49.31 千米，新修建生产路 21 条 6.59 千米，新建桥，涵，闸等渠系建筑物一批，标志牌 3 座，新建水陂 5 座。

7. 2012 年，六都镇大河村农田水利基本建设项目。该项目位于大河村田围门口垌，整治面积 40 公顷，总投资 60 万元，项目完成衬砌三面光硬底化主干渠 3 条 1.42 千米，灌溉支渠道 6 条 1.51 千米，排渠 1 条 215 米，建渠系建筑物 51 处，建标志牌 1 座。

8. 2015 年，都杨镇东区高标准基本农田建设项目。该项目位于都杨珠川村委，项目建设面积 101.3 公顷，总投资 231.04 万元。项目完成新排、灌渠道 5.23 千米。其中，新修干渠共 10 条，全长 3.98 千米；新修支渠共 5 条，全长 1.25 千米；新修水陂 4 座；新修田间道路 2 条，全长 469 米，建渠系建筑物一批；2016 年，南山、大乐、珠川 3 个村委项目建设面积 94.7 公顷，总投资 217.26 万元。其中大乐新修排、灌渠道 4 条 1.3 千米，新建桥、

农田灌溉整治工程

涵、闸等渠系建筑物一批。

革命老区镇和村实施水利基础设施的整治，使项目区内的水利基础设施得到进一步的配套完善，区内耕地成为"旱能灌溉、涝能排"的高标准农田，耕地质级大部分提高了等级，而且，形成完善的田间道路系统和灌排系统，有利于推进规模化和专业化经营，促进农业结构的调整。另外，农民可利用完善的农业生产设施，发展多种经营，降低生产成本和风险，从而增加收入。

六、教育事业的发展

（一）改革开放前教育事业的发展

1949年10月，云浮县人民政府接管全部学校。1953年，全县贯彻"整顿、巩固、重点发展、提高质量、稳步前进"的方针，开展"整顿改造学校"工作，小学由私办一律改为公办，合校并班，调整布局，办学经费一律由财政划拨。1958年贯彻"两条腿走路"（官办与民办教育并举）的方针，大部分初等教育改为民办。1964年执行"两种教育制度"（全日制和半耕半读），在人口分散的边远山区，大力发展半日制耕读小学，小学教育迅速发展。

校舍的改造。解放初期，革命老区镇、村的校舍大部分都利用比较大间的民房、宗祠、庙宇等开办学校，校舍不足且多为危房。课桌、木凳都是学生自备，没有电灯，没有自来水，教师夜间用煤油灯照明，条件相当艰苦。1968年后，全区各大队小学都附设初中班、各公社办高中。各地掀起群众献工献料建校的热潮，但所建校舍多是泥砖松杂木结构平房，质量差，但也初步缓解了校舍不足的矛盾。

（二）改革开放后云安教育事业的发展

1. 校舍建设

1980 年，中央发出《关于普及小学教育若干问题的决定》，提出校校无危房，班班有课室，学生人人有课桌凳的要求，政府增加拨款，广泛开展集资活动筹集办学经费，开展危房改造，校舍逐渐改为楼房。云安县设立后，1997 年全县有急需改造的薄弱学校 42 所。12 月 26 日，县境第一所希望小学——镇安镇金源小学落成。1997—2000 年，全县共投入改造薄弱学校（简称"改薄"）经费 7129.3 万元，其中县财政拨款 786 万元，镇级财政投入 852.9 万元，其余通过学校自筹，社会各界人士及华侨港澳同胞捐赠解决。香港同胞陈华庭捐款 30 万元建革命老区高村镇水美小学教学楼；港澳同胞邱金源等捐资 20 万元建镇安镇幌伞金源小学；港澳同胞韩腾正捐资 22 万元建镇安镇民强小学教学楼；何金秀捐资 10 万元建托洞镇云星小学、捐资 3 万元建五星小学；曾锐坤捐资 5 万元建富林镇马塘小学；廖忠培捐资 5 万元建富林中学。至 2000 年全县实施"危房改造、教师住房建设、改造薄弱学校"三大工程。完成"改薄"的学校 22 所，扩建校舍 38107.6 平方米，改建校舍 3871.3 平方米。到 2014 年全区中小学校舍面积 372278 平方米，包括框架结构 243877 平方米，砖混结构 127561 平方米，砖木结构 840 平方米。

2. 幼儿教育

1996 年云安设县时，全县有幼儿园 7 所，分布在县城、镇安、富林、托洞、茶洞、南乡等地，在园幼儿 292 人，1998 年秋，六都镇、镇安镇办中心幼儿园。1999 年秋，高村镇办中心幼儿园。

2000 年 3 月，按照《关于办好乡镇中心幼儿园发展农村幼儿教育的意见》发展农村幼儿教育。2000 年全县有幼儿园 6 所，在园幼儿 556 人，幼师 55 人。到 2016 年，全区有幼儿园 42 所，其中民办幼儿园19所，公办幼儿园23所（其中镇中心幼儿园7所，附属幼儿园16所，分布在7个镇）。在园幼儿4928人，在班幼儿3809人，学前幼儿毛入学率94.8%。

3. 义务教育

1996年，全县有小学119所，1054个班，在校学生38485人，入学率99.2%；初中：学校11所，245个班，在校学生12534人。

2000年，全县有小学118所，1123个班，在校学生40214人，入学率达99.7%；初中：学校10所，教学班273个，在校学生14482人。

云安区与全市同步于2012年开展教育创强工作，并于2016年创建成为广东省教育强区。之后，又开展了创建广东省教育现代化先进区。

2014年，全区共有义务教育学校32所，小学教学点89个，共有中小学生25068人。小学适龄儿童入学率100%，初中阶段适龄入学率98.9%。初中结业生升学率99.46%，全区共有32所义务教育学校达到规范化标准，占义务教育阶段学校的100%。

2016年，全区共有完全小学23所，小学分教点73个，小学在校学生17563人，小学适龄儿童入学率100%，全区23所完全小学和73个分教点均达到标准化学校标准；全区共有初级中学9所，（其中2所为九年一贯制学校），初中在校生6833人，初中毛入学率99.1%，初中毕业率100%，初中升学率98.9%，全区9所初中学校均达到标准化学校标准。

4. 创立云安中学

1996年，云安设县时，没有高中，县委、县政府为解决全县没有高中的问题，1996年下半年，决定要以最快的速度建云安中学，解决全县学生读高中的问题。由于各方的努力，用了不到一年的时间建成了云安中学,并在 1997 年 9 月向全县招生。云安中学占地面积 9.2 公顷,建筑面积 2.9 万平方米。建有教学楼 1 幢,教室 24 个;综合楼 1 幢,48 个功能场室,包括办公室、会议室、多媒体专用室、语音室、电脑室、物理实验室、生化实验室等;单身教工宿舍楼 1 幢 66 套,教工家属宿舍楼 1 幢 14 套;能容纳 720 人住宿的学生宿舍楼 1 幢;能容纳 2000 人同时就餐的饭堂 1 座。还建有万人看台的标准运动场 1 个,水泥篮球场 4 个,排球场 1 个,羽毛球场 2 个。

2000 年有教职工 84 人,其中高级教师 9 人,18 个教学班,在校学生 1121 人。学校重视管理和教学质量,开展"规模办学条件下学校管理对策""整体构建师德评价体系""新课标与历史教学资源整合"等实验改革项目研究。是年,首届毕业生 236 人参加高考,115 人上省线,上线率达 48.7%。历史科、物理科、政治科平均分名列云浮市第二,英语科、化学科名列第四,数学科、地理科名列第五。1998—2000 年,连续三年被省授予中学团建先进单位和市、县文明学校、县文化建设先进单位、县先进集体、县先进基层党支部等荣誉称号,13 名师生获省、市各类奖励,有 30 多篇教学论文在国家级、省级、市级报刊发表或获奖。

2014 年,云安中学已经办成为广东省一级学校,广东省安全文明校园,广州中医药大学优质生源基地,岭南书香校园,广东省首批法治文化建设示范点,广东省交通安全文明示范学校。2014 年,学校开设 74 个教学班,在校学生 4500 多人;在编教职工 287 人。其中高级教师 30 人,硕士研究生 7 人;学校教师中先后参加省普教系统"百千万名师工程"培训以及省级骨干教师培训的有 20 多人;云浮市基础学科带头人 2 人;县基础学科带头人 6 人,有党员 96 人。是年高考,该校上本科线 359 人,超 2013 年 127 人;第一批上线 32 人,超 2013 年 19 人;本科增幅和第一批增幅均居全市首位，上本科线考生总数位居全市第六，取得了跨越式的进步。中考全区 700 分以上的 72 人中该校占 58 人，全区前 10 名的前 6 名考生以及各科状元均出自该校。

2016 年，在校学生 2697 人，高中阶段教育毛入学率 92.5%，高中升学率 91%。当年高考，云安中学上本科线考生 303 名，比 2015 年增加了 38 名，其中，上重点本科线考生 31 名。中考成绩同样喜人，囊括了全区前 10 名，前 50 名该校有 41 名，前 100 名该校有 73 名。

在学校管理上，云安中学通过多种方式强化学生的思想教育和管理，进一步优化育人环境。该校充分利用升旗仪式、班会、级会等，切实加强对学生进行感恩、安全、文明礼仪、爱国主义、理想前途、信心等教育，使学生既有良好思想、又有追求；以校园活动为载体，强化思想教育成效，如班级篮球赛、社团活动、手工制作、心理讲座活动等，让学生在参与过程中懂得做人做事的道理；加强对学生进行艰苦奋斗教育，形成了吃苦耐劳、勤奋努力、不甘人后的良好思想；组织学生学习《中学生日常行为规范》《中学生守则》《云安中学学生违纪处分条例》等，进一步强化纪律意识和自律意识。借助校讯通、微信群、QQ 群、家长会等平台，切实加强与家长的联系与沟通，强化学生的思想教育；强化宿舍和班级管理工作；进一步加强后勤队伍的思想教育和管理，有效地提高了服务水平；组织学生志愿者参与学生的管理，将管理工作的触觉深入到学生群体内部，有利于从源头上发现不良的思想和表现，防患于未然；坚持每周一次班主任例会制度，由级组对年级管理工作进行小结和部署，充分发挥班级和年级组的管理作用；坚持每周流动红旗评比和颁奖制度，促进班风、学风和校风建设。

5．信息化教育

2014 年，为进一步促进全区中小学信息技术教育工作，提高中小学生信息技能和信息素养，教育部门开展了各种各样的培训班：一是为提高农村完全小学远程可视互动电教平台使用效率，在石城中心小学、富林中学、镇安中学、高村中学等学校举办了"远程可视互动电教平台的使用和维护"的培训班，培训人数达 500 多人次；二是为提高全区课堂教学录像水平，便于各中小学制作视频课堂教学录像，举办了"教育装备统计软件、多媒体课堂录像摄影编辑"培训班；三是为贯彻落实广东省教育厅等八部门《关于加快教育信息化发展的意见》和全省工作电视电话会议精神，推进全区"三通两平台"（即宽带网络校校通、优质资源班班通、网络学习空间人人通、教育资源公共服务平台、教育管理公共服务平台）和广东省教育信息平台建设，全面提升教育信息化科学发展水平，在 5 月举办了"云安区教育信息化应用管理平台"培训班；四是为进一步提高中小学教师制作教学课件的水平，组织部分骨干教师参加了云浮市"微课的设计与制作"专题讲座活动；五是积极配合电信部门做好广东省教育视频网的接入工作。上半年，云浮市安排全区中小学校第一批接入教育视频网的学校 25 所。6 月已经全部安装完毕，并投入使用，为学校提供了海量和优质的教辅资源；六是为做好佛山市南海区教育局挂钩帮扶全区教育系统共享教学资源的工作，积极与南海区教育局信息中心负责人沟通，选好试点学校，做好共享南海区教育局自主开发的在线学习平台——"朝阳学堂"的各项工作。

6．建设广东药科大学云浮校区

2018 年 10 月 8 日是都杨人民难忘的日子。这天，广东药科大学云浮校区举行了标识揭幕及开学典礼仪式。这标志着云浮教育史上的一个重要时刻的到来，为云浮教育事业描绘了开创本科教育的新篇章。

广东药科大学云浮校区，选址云浮市云安区都杨镇，占地153.3公顷，总投资18.95亿元，建筑面积37.78平方米，终端规模本科生1万人，研究生1000人，目标定位为高水平应用型大学。2018年，云浮校区的招生专业包括：中医学、护理学、计算机科学与技术、电子信息工程、生物医学工程、健康服务与管理、康复治疗学、中药资源与开发、中草药栽培与鉴定9个专业。

广东药科大学云浮校区的建成，是学校与云浮市委、市政府共同落实国家创新驱动战略、"双高"建设（中国特色高水平高职学校和专业建设）战略和广东省振兴粤东西北发展战略的生动实践，是双方加强省、市共建，服务云浮社会经济、社会发展的现实成果。

随着广东药科大学云浮校区开学，当前和今后一个时期不仅能为全国尤其是云浮培养、聚集和输送大批专业人才，又必将助力云浮人文素质的快速提升，为提升云浮教育发展水平，为云浮健康亿元产业和医疗卫生事业发展提供强有力的人才支撑。它必将为云浮的建设增添新动力。

广东药科大学云浮校区一角

（三）云安区两个革命老区镇部分学校的发展变化

1. 革命老区都杨镇部分学校的发展变化

（1）都杨镇杨柳中学。杨柳中学创办于1969年，办学初期学校设在猫山顶，只有四间简陋的砖瓦房教室和四间破旧的师生宿舍，连生活用水都要从山脚下的西江河挑回来。到1982年后逐步搬到猫山山边，利用公社化时期废弃的厂房作为简易教学楼，到1997年政府将整个猫山移平作为杨柳中学建设用地，到1999年建成了一栋四层二十四室的教学楼。2008年，在校友潘志来的资助下又建成一栋四层十六室的综合实验大楼。中共十八大后，通过教育创强，学校配置完善了系列功能场室，并配备了各种现代化教学设备设施，使学校校舍、设备设施等日臻完善，充分体现了政府、主管部门、广大人民群众对教育的关心支持，同时也凝聚了学校历届师生共同努力的成果。目前，学校占地面积33216平方米，建筑面积4974平方米。

（2）都骑中学。都杨镇有着悠久的革命历史和光荣的革命传统，被誉为"西江小延安"，是云浮地区红色革命的摇篮，都骑的荣昌堂是当年"西江小延安"的"司令部"，曾是云浮抗日战争时期活动基地指挥中心。都骑中学离荣昌堂仅480米。妇抗会遗址原是麦州村麦英长的祖屋，建于民国初期，建筑面积50平方米，为泥砖瓦木结构，1956年被拆毁后扩建为都骑中学。都骑中学在1997年前后经过改建后，校舍为钢筋混凝土结构，共有教室两幢，综合楼1幢，学生宿舍、教师宿舍各1幢，2002年加建行政楼1幢。学校占地面积13332平方米，建筑面积6689平方米。都骑中学充分利用这些得天独厚的红色资源，结合时代的要求和学校的实际，丰富了红色文化的内涵，提炼出了"立德树人、红色传承、创新发展"的办学理念，遵循"严、勤、礼、爱"的校训和"具备良好行为习惯、会做人做事做学问"的校风，形成

"爱生、敬业、博学、善导"的教风和"勤学、善思、好问、乐辩"的学风。全体师生团结协作，不断发掘地方特色，丰富办学内涵，弘扬红色文化，传承红色精神，打造红色特色校园。近年来，通过教育创强，学校的办学条件不断提升，多媒体教室、图书馆、阅览室、运动场地、实验设施、体卫艺器材设备、设施等达到标准要求。校园绿树掩映，环境舒适和谐，文化氛围浓厚，处处充满着育人的气息。

都杨镇都骑中学

（3）都杨镇中心小学。都杨镇中心小学始创于 1929 年春，几度易名：麦州小学、都骑中心小学。2003 年，都骑、杨柳两镇合并为都杨镇后改名为都杨镇中心小学。

在上级的大力支持下，在香港工联会属下的港九劳工教育促进会和社会各界热心人士的共同努力下，都杨镇中心小学分别于1996 年、2005 年各兴建了一幢教学大楼，校园环境优雅，浓郁的人文气息和自然景观融为一体。学校设有计算机室、图书阅览室、多功能教育室、音乐舞蹈室、心理咨询室等，设备设施较为齐全，为学生的学习和教师的教学，提供了强有力的保障。

面对机遇与挑战并存的新一轮教育发展大潮，都杨镇中心小学以"育人为本，育德为重"为学校口号，继续坚持"办一方教育，造福一方学子"的理念，全面推进素质教育，着力开展好书法艺术教育特色，努力探索"以书启智、以书怡情、以书砺志、以书育德、以书健体"的途径，学校坚持把书法教学作为学校的特色，使每一个学生达到写字的基本要求，落实"面向全体、三字并举、整体联动、重在迁移"的基本策略。同时，学校每学期都会通过"师生现场即席挥毫"比赛来提高师生的书法兴趣，努力发掘师生书法潜能，把书法教学办成有生命力的、可持续的特色品牌。

正在蓬勃发展的都杨镇中心小学，取得了令人满意的成绩，焕发出更璀璨的光芒，受到了社会、家长的一致认可和赞誉，现正在向创建全市一流的新城区小学奋斗。

2. 革命老区镇富林镇的教育事业发展

1954 年，富林教育共有 4 间完全小学：云浮县九区小学、马塘小学、寨塘小学、培儒书院。初级小学有 13 间：山草、七塘山、高塱、塘尾头、冼村、什屯、鹿洞、云利、云舍、凌霄、庙山、河邦、南浦小学。那时候，全镇共有 51 个班，学生 1308 人，教师 59 人。1961 年，"九区小学"改名为"富林中心小学"。

1968 年，国家倡导"教师回原籍任教"，将教师的工资制改为"工分制"。在这种情况下，外地任教的教师都要回到原籍任教，学生也要回原大队就读。

1971 年，国家提出普及小学教育，但是很多农民送子女读书还是显得无能为力。当时，适龄儿童入学率远远未达到普及的要求，即使是花了"九牛二虎"之力，适龄儿童入学率只有 80% ～

85%。当时国家只提倡计划生育，计划生育还未认真抓。一对育龄夫妇少则生育三五个，多则七八个子女。所以，那个时候，很多农村女孩子留在家中带弟妹，失去了读书的机会。那时，为了让更多的孩子有书读，边远山区办起了简易小学、村教点。这些留守在家中的孩子，有的带着母亲的梳妆台，有的自制一张简单桌子，一张矮凳仔，集中一处，挂上一块小黑板变成了课室，由大校派老师上课，每天上课一个上午或一个下午，或者是大校放学后的一两个小时，上语文、算术两门课。这样的小学或村教点有山草的黄三坑、民主的上坪岗、高二的黄龙坳、马塘的下营等。通过多种办学形式，适龄儿童的入学率提高到95%以上。但这样的学校，充其量只能算是"扫盲"，入学率达到了要求，但升学率、巩固率、毕业率都达不到要求。这样抓了几年，既苦了教师，也苦了学生。这种简易小学"简"而不易，难以坚持下去，最终停办。

十一届三中全会后，实行拨乱反正，整顿教育领域中的混乱现象，执行"调整、改革、整顿、提高"的方针。1981年以后贯彻中共中央《关于普及小学教育若干问题的决定》，根据上级指示精神，从实际出发，办学形式因地制宜，教学形式灵活多样，在边远山区发展部分简易小学，把一批原来是初小的发展为完全小学。那时候，15个大队开办了17间完全小学，在边远山区开办了六间初级小学，尽量让学童就近入学。对小数确有实际困难的家庭。减免其学费，连续多年都是如此。到1984年秋，全镇在校学生，适龄儿童入学率达到99%；巩固率98%、毕业率98%。

（1）创办富林中学。1964年秋，贯彻"两条腿走路"的方针，县教育局会同富林公社（现富林镇）开办了"富林农业中学"（简称"富林农中"），校址设在富林民主大队大寨村"四元宗祠"，当年招收2个班，学生100人，教职工8人，其中2人是县教育局委派的公办教师，3 人是民办教师，3 人是职工。学校是半农半读性质，学生免费入学。公社划拨学校水田 1.4 公顷，旱地 1.4 公顷，以解决民办教师和学生的伙食问题。从此，富林人民有了自己的中学。

1965 年，省教厅在新会召开全省半农半读现场会，富林农中在大会上作了题为《炼山育人》的经验发言，这个经验介绍还在《广东教育》杂志上刊登，富林的办学经验，历史性地过了珠江。同年贯彻省委"农业中学原则上搬到山上去办"的指示，富林农中的校址又搬迁到老虎凹的响水坑。公社重新划拨给学校水田 4.6 公顷，山地 66.7 公顷。为了巩固，扩大发展富林农中的办学成果，公社党委书记带领全体公社干部、大队干部及生产队长，在划拨农中的荒山上打树穴。师生及时在这些山地上种上 5 万棵广宁竹及松杉一批，茶叶、菠萝 3.3 公顷，改造了响水坑的深办田。在师生共同努力下，实现了粮、油、蔬菜自给，还建起了 4 座土木结构的课室、宿舍。1965 年秋，富林农中招生一个班 50 人。

1969 年，国家强调发展普通中学的全日制教育。富林农业中学改为全日制富林中学。由于创办中学资金不足，经公社党委决定，征地全社负担。在人民群众的支持和在校师生的共同努力下，当时共建课室 6 个，学生宿舍 2 间，教师宿舍 14 间，双层大厅 1 个，厨房 1 个，合计 854 平方米，在完全没有资金的情况下，顺利地建成了中学平房结构的校舍。当年招生 2 个班，学生来源于白石中学富林籍回来就读的学生 90 多人。1970 年后每级招收 3 个班 135 人，2 个级共 270 人。

1975 年 8 月至 1977 年 2 月，富林中学附设卫生班，按高中办职业班要求，共办 3 期，每期招收 60 人，有 180 人学习期满毕业。

1982 年秋，根据中央关于"控制高中教育，巩固小学教育，提高初中教育"的指示精神，富林中学撤销了高中部，全社各小学也撤销了附设初中班。

富林中学成为面向全镇招生的初级中学，当年每级招生 2 个班。每级学生 112 人，教职工 26 人。

1993 年秋，根据 4 万人口以上的镇要办 2 间中学的要求，又开办了富民中学，校址设在民主高树尾村正北面。当年招生 6 个班，学生 336 人，教职工 20 人。

2002 年秋，为了统一领导，便于管理，富民中学并入富林中学，富林中学分为东西两个校区。

（2）富林第二中心小学（原民主小学）。新中国成立初期，富林第一小学叫"双富乡第一小学"，设在耀德书院。1954 年，因耀德书院课室不足，搬往大寨村廖氏宗祠上课，改为富林中心小学，1970 年又改为民主小学。2000 年民主小学被市授予"绿色

富林第二中心小学（原民主小学）

学校"称号，同年，通过县一级学校评估，成为云安县首批县一级学校，并被县教育局指定为素质教育实验学校，电化教育实验学校和小公民道德实践基地。学校有教学大楼 4 幢 51 个教室，8000 多平方米运动场一个，200 多平方米体育运动室和教师会议室各一个，同时设有科技劳作室、生物园、劳动实践基地、电教室、电脑室、队部室、语音室、实验室、仪器室、美术室、图书阅览室、音乐室、舞蹈室、软件资料室、卫生室、心理辅导室、文化园地、德育长廊和一个 300 多平方米的体育快乐园。各种场地器材均按市一级学校标准配备，各教学班配备"两机一幕"（投影机、录音机、银幕）。

七、文化事业的发展

（一）群众文化活动

1950 年，云浮县人民政府把原民众教育馆改为文化馆，有馆员 1 人，职工 1 人，馆址仍在孔庙。当时，县文化馆主要是组织县城机关干部开展象棋、幻灯放映、唱歌、图书阅览等文化活动，还油印一些革命歌曲等演唱资料辅导农村文化活动。1952 年，组织民歌创作和演唱，记录整理了百多首民歌，出版《云浮民歌》选集；组织起 10 多个农村业余话剧团。1953—1956 年，全县的群众文化比较活跃。县文化馆工作人员深入农村挖掘民间艺术，整理出小河乡的提线木剧《大闹青竹寺》、击乐《钹花》等民间艺术节目（击乐《钹花》参加粤中区业余文艺汇演获奖），组织起一批业余粤剧团。还在县城举办科学讲座、周末晚会、交谊舞训练班等群众文化活动。1964 年秋至 1965 年秋，县文化馆组织文化工作队深入农村，开展演唱和放映幻灯等宣传活动。"文化大革命"时期，县文化馆是"重灾区"之一，领导被批斗，工作陷入停顿。

粉碎"四人帮"后,群众文化工作逐步恢复。1978—1979年,先后在都骑、六都等公社建立文化站。

1996年7月11日,云安设县举行成立庆典,来自富林、白石、六都、高村的4个八音班参加庆典活动,分别在城区内各街道演唱庆贺。1996年11月,县旅游局在"龙宝舫"上举办"龙宝杯"歌咏比赛。1996年年底,县工交系统在影剧院举办卡拉OK比赛。

1997年1月25日晚、3月3日晚、3月7日晚分别举办"港都杯"卡拉OK大赛的初赛、复赛、总决赛。除本地歌手踊跃参加外,还有共103名来自市直单位、怀集、罗定、云城区的歌手参赛。

为了进一步活跃农村群众文化生活,营造良好文化氛围,县文化部门每年坚持开展送戏下乡活动,充分利用传统节日、庆典活动、农村民俗活动等形式,如春节、国庆、马塘庙会、云利礁会等节日,并围绕县委、县政府中心工作,结合"创平安"专项行动、法治、廉政教育等开展送戏下乡活动,大力宣传党和政府的方针政策。截至2016年,云安区有登记在册文化志愿者160多人,拥有广场舞队16支,曲艺社团8个。其中春风曲艺社和龙狮(武术)协会较为突出,醒狮运动和传统曲艺在全区推广普及。并且积极开展送文化下乡活动,充分利用传统节日和庆典活动等为契机,并结合创建平安云安、廉政法治教育、践行党的群众路线主题教育等活动,积极开展"送书送戏送影"文化下乡活动。每年送戏下乡达20多场,观众每年达2万多人次。积极打造各镇文化特色品牌。如富林唢呐、六都广场舞、春风曲艺社、石城曲艺社、六都醒狮、南盛醒狮、高村山歌、镇安八音班等农村文化品牌,促进了农村群众文化活动的开展。同时,积极组织和参加省、市、县(区)各种文艺演出和比赛,硕果累累。在全面推进群众文化活动中，还积极做好全面推进公益培训下基层系列活动。2016 年，县文化部门把"送文化"与"种文化"有机结合起来，针对群众的要求，积极深入乡镇、社区、学校建设公共电子阅览室，并组织举办"广场舞骨干培训班""少年舞蹈培训班""少儿书法培训班""醒狮培训班""基层文化队伍培训班"等各类公益培训班，全年累计举办 39 期，培训 1200 多人次。

（二）公共文化设施建设

1982 年后，云浮县建成一批文化场所并开展形式多样的群众文化活动。在县城，文化馆每年都开展书法比赛、书画展览活动，文化个体户先后办起一批桌球室、录像室、书报摊。1984 年建成文化大楼、文化广场和露天舞台。文化馆开设桌球、录像放映、电子游戏等文化娱乐项目；每逢节日都举办游乐活动和文艺晚会。1985—1986 年举办牧童吹奏培训班，有 200 多名少年儿童参加学习。在农村，自 1985 年六都公社谷塘大队办起文化室后，六都镇冬城建成文化楼。这些文化室（文化楼）都设有录像、电视、桌球、棋类、电子游戏、图书、科技墙报等活动项目，成为农村文化娱乐、信息传递、科技普及和思想教育活动的场所。1992 年，全县共有桌球室 26 间，投影场 22 间，书报摊 29 个，卡拉 OK 厅 7 间，舞厅 2 间，电子游戏机室 38 间，乡镇文化中心 4 个，农村文化室 68 间。1989—1992 年间，工矿企业、行业的群众文化娱乐活动尤为活跃。到 2015 年，根据省、市的任务安排，全区共改建、扩建图书馆、文化馆各 1 个；新建、改建乡镇综合文化站 7 间，覆盖率达 100%；改建、扩建村级文化室 147 间，农家书屋 149 间，建成公共电子阅览室 27 间，非物质文化遗产展示馆 1 个，乡村历史文化展示馆 2 个。2016 年，7 个乡镇综合文化站均已达到省三级以上综合文化站标准。乡镇综合文化站、行政村文化室均已建成全国文化信息资源共享工程公共电子阅览室。全区105 个行政村（社区）、村文化室、文化广场、公共电子阅览室、农家书屋已实现了全覆盖。

（三）文物与非遗项目的保护利用

2016 年，主要是对博物馆安防、消防设施进行升级改造；对省级文物保护单位按规定设置保护标志牌；做好文物保护单位的安全巡查，全年没有出现安全责任事故。完成可移动文物普查录入工作，共采集录入 1350 多件文物，完成率 100%，并于 6 月 16 日通过省验收。

积极参加"中国文化遗产日"等活动，"6·11 中国文化遗产日"期间，组织了非遗项目玲珑子母灯、擂茶粥、龙须席、托洞腐竹参加在郁南兰寨举办的"文化遗产日"展演活动，展示了云安区文化遗产的保护工作成果。11 月 3—6 日，云安区的省非遗项目"玲珑子母灯"代表云浮市参加 2016 广东（佛山）非遗周暨佛山秋色民俗文化活动，有效宣传推广云安区丰富多彩的地域文化。并继续开展文化馆、图书馆、博物馆、陈璘史迹展览馆及各镇文化站免费开放工作。在全区流动举办了省送专题"牵星过海"图片展、"东江纵队史实图片展"、"云安区纪念抗日战争胜利图片展"、"云安区 2016 年非物质文化遗产图片展"等群众性活动。

2016 年云浮市云安区非物质文化遗产项目表

项目分类	项目名称	等级
民俗	马塘庙会	省级
	云利醮会	市级
	鱼花节	县级
	诞日炮会	县级

（续表）

项目分类	项目名称	等级
民俗	石牛北帝庙炮会	市级
民间文学	陈璘传说	省级
传统美术	玲珑子母灯	省级
传统音乐	高村山歌	市级
	哭嫁歌	县级
传统曲艺	云安八音	省级
传统技艺	擂茶粥	市级
	木榨花生油技艺	市级
	龙须席制作技艺	市级
	迳心陈年桔柚茶制作技艺	县级
	托洞腐竹制作技艺	县级

2016年云浮市云安区各级文物保护单位与区登记文物保护单位一览表

级别	名称	地址	公布时间
省级文物保护单位	龙崖陈公祠（陈璘军营遗址）	六都镇南乡村委会大营村	2015年
区级文物保护单位	中共三罗总指挥部旧址	都杨镇六合村委会㙟寺村	2011年
	黄夫人墓	六都镇六都居委飞凤山	2011年
	阮氏宗祠	六都镇冬城村委会李瓜坳自然村	2011年
	大田古民居（敦伦堂、教行堂）	高村大田村委会	2011年
区级文物保护单位	东庆街牌坊	白石镇东圳村委会	2011年
	镇安寺文塔	镇安镇西安村委会上车岗自然村	2011年
	陈济坤故居	富林镇云利村委会	2011年
	马塘神庙	富林镇马塘村委会马塘自然村	2011年

（续表）

级别	名称	地址	公布时间
区级文物保护单位	耀德书院	富林镇民主村委会上坪岗自然村	2011 年
	东路石拱桥	富林镇东路村委会高塱自然村	2011 年
	云浮县人民政府成立旧址	富林镇界石村委会莲塘自然村	2011 年
	孔书家塾	富林镇民主村委会大寨村	2011 年
	龙泉井	石城镇燎原村委会水口村后山下	2011 年
	村头村北面陈氏宗祠	都杨镇桔坡村委会村头村	2011 年
	端仁里潘氏宗祠	都杨镇石巷村委会端仁里村	2011 年

八、卫生事业的发展

云安区革命老区卫生事业的发展，主要体现在乡镇卫生事业的发展。1958 年全县的卫生所改名为人民公社卫生院。

1969 年响应中央提出的"把医疗卫生工作的重点搬到农村去"的号召，创办农村合作医疗。翌年，各大队办合作医疗站，社员每月每人出资 1~2 角钱即可免收挂号费及诊费，只收药品成本费享受诊病的待遇，卫生员每日领取工分报酬。1979 年后，随着农村经济体制的改革，医疗体制也发生了变化，合作医疗站由赤脚医生承包。

1996 年云安设县后，各镇成立农村社保卫生保健委员会，下设办公室，由分管卫生工作的副镇长兼任社保主任，镇卫生院院长兼任副主任，负责全镇社保工作。社保工作纳入政府工作目标及社会经济发展规划。

（一）老区镇卫生事业的发展

1. 都杨镇卫生院

云安区都杨镇卫生院创建于 1958 年，当时命名为红卫卫生院。2003 年 12 月 1 日与杨柳卫生院合并，命名为都杨卫生院。都杨镇卫生院是一所集医疗、预防、保健、康复为一体，实现网络化管理的现代化综合性"一级甲等"非营利性公益一类医院，也是云浮市基本医疗保险定点医疗机构。卫生院占地面积约 6545 平方米，建筑面积约 3574 平方米，其中业务用房 2006 平方米，环境优雅，交通便捷。卫生院下设杨柳分院，位于都杨镇杨柳新街，负责杨柳片区群众医疗卫生服务。

都杨镇卫生院

卫生院同时负责管理和考核 20 个村委 31 间卫生站的卫生服务。村卫生站作为基层医疗网格服务的最前沿，承担起基本医疗服务和基本公共卫生服务的重要责任。近年来，随着国家惠民政策的落实，农村医疗卫生质量一年上一台阶，群众满意度和幸福感大幅提升。

2. 富林镇卫生院

20 世纪 80 年代初，富林镇卫生院兴建第一幢两层的钢筋混凝土结构的门诊大楼，基底面积 350 平方米，两层建筑面积共

700 平方米，第一层为医疗业务用房，第二层为部分职工宿舍。
1996 年云安县成立后，1997 年兴建第二幢四层门诊大楼，基底面
积 450 平方米，四层建筑面积 1645 平方米，第一层为门诊医疗业
务用房，第二层为公共卫生服务和办公用房，三、四层为职工宿
舍，2000 年 1 月正式投入使用。2010 年又兴建一幢住院综合楼，
为集妇产科、医技科、普通内科于一体的住院部。该综合大楼基

富林镇卫生院

底面积 700 平方米，第一层为妇产科、医技科业务用房，第二层
为普通内科住院部医疗业务用房，于 2012 年 1 月正式投入使用。
与之同时，拆除所有瓦房，平整地面，进行硬底化建设和院内绿
化建设。

（二）全区卫生事业的发展

　　云安 1996 年设县以来，县委、县政府十分重视农村医疗卫生
工作，不断增加财政投入，加强农村卫生事业的机构和队伍建设，

积极完善农村合作医疗制度，全面开展初级卫生保健工作，农村居民健康水平有了很大的提高，卫生事业稳步发展。

党的十八大以来，全县卫生事业再获跨越式发展。2014 年 9 月，云安县撤县设区，云安区辖 7 个镇、105 个行政村、9 个社区。各级各类医疗卫生机构 204 间。其中区直医疗卫生机构 4 间，镇级卫生院 8 间（含分院 1 间），村卫生站 189 间，医务室 2 间，诊所 1 间。

全区医疗卫生事业在区委区政府的领导下，全面深化医疗卫生体制改革，全力推进健康云安建设，医疗卫生事业得到长足发展。

第一，建立医联体。一是构建市、区、镇、村四级医联体。区政府与市人民医院签订了合作框架协议，将区人民医院建成市人民医院云安分院。镇卫生院、村卫生站与区人民医院建立医联体，按照"基层首诊、双向转诊、急慢分治、上下联动"要求，在全区开展分级诊疗工作，为群众提供分级、连续、节约、高效的医疗健康服务。二是积极推进"互联网＋健康医疗"医联体服务。搭建"云帕斯医学影像云平台"，分别在区人民医院、南海区人民医院设立远程影像诊断中心，有效消除了可能发生的医疗纠纷，同时提升镇卫生院影像医师诊断能力。

第二，开展家庭医生签约服务。一是制订《云浮市云安区推进家庭医生签约服务实施方案》，明确签约服务主体，建立激励和约束机制，强化绩效考核，二是家庭医生签约与基本公共卫生下乡体检同步推进。

第三，建设区级医疗机构。

一是建设云安区人民医院。2012 年，云安县人民医院新院建设首期住院门诊楼项目列入云浮市 10 件民生实事之一和云安县重点工作 10 项惠民工程中的卫生惠民工程，新院住院门诊楼项目按二级甲等医院标准建设，各类业务用房建设按规定比例规范，业务用房建筑总面积为 18876 平方米（含原教学楼 3542 平方米，计划改造为医技楼），规划病床 220 张，总投资 2966 万元。新院首期建设住院门诊楼项目投入 2454.83 万元，占计划总投资的 82.76%。其中项目施工进度款 2257 万元，占计划总投资的 76.1%。工程建设进度为：基建部分基本竣工，9 月 27 日在县委、县政府的主持下举行竣工仪式，并准备进入对新院进行二期建设，建设项目主要内容为对医技楼进行改造，对手术室、供应室、ICU（重症监护室）等专业装修及设备安装，中心供氧、中心负压系统安装，配置 CT（电子计算机断层扫描）彩超等医疗设备及进行室外整体围墙、地面绿化工程等建设。依托该院建设的急救中心项目，中央投资 64 万元已下达，地方配套资金 141 万元正向地方财政部门申请在计划预算中划拨。其中购置 2 台急救车的工作已由省卫生厅统一开展招标采购。

云安人民医院于 2013 年 5 月搬迁到行政综合区康云路的新院，是一所集医疗、科研、教学、康复、预防保健于一体的县级医院，承担全县 32 万多人口的医疗、康复、保健、诊疗任务及其他政府指令性任务。该院内设急诊科、住院部、内科、外科、妇产科、眼科、耳鼻喉科、牙科、中医科、理疗科、专家门诊等。新院按县级综合医院标准、规范建设，建有门诊楼、急诊楼、住院楼、医技楼、设备楼、污水处理站等，配备各诊疗业务科室功能用房，设有大型停车场，院内环境优雅；医疗设备主要配置有 CT、数字化 X 光摄影装置（DR）、牙科综合治疗机、全自动心电图机、全数字化彩色、黑白超声诊断仪、心腹两用 B 超、眼科 AB 型超声诊断仪、鼻内窥镜、除颤起搏监护仪、脑电图仪、心电监护仪、血球计数仪、尿液分析仪、800 速全自动生化分析仪、微波治疗仪、呼吸机、麻醉机等。该医院配置全市先进的大型医疗设备有：全新的 6 层 6 排西门子 CT（全新 X 射线计算机体层螺旋扫描装置）、原装日本东芝 DR（数字化 X 光摄影装置）、1200 速原装希森美康全自动生化分析仪；全数字化彩色、黑白超声诊断仪、心腹两用 B 超、全自动心电图机、血球计数仪等。该医院以骨伤外科为重点专科，微创外科为特色专科。

在行风建设中，切实加强行业建设。医院紧扣"医德医风建设年"活动主题，紧密结合创建"廉洁诚信医院""平安医院"，开展"三好一满意"（服务好、质量好、医德好、群众满意）、"正风肃纪"等活动，通过组织学习有关纠风工作文件和观看暗访片、自查自纠等形式，坚决遏制收受药品回扣和杜绝"庸懒散贪"等现象。并在全院大力弘扬高尚医德的宣传力度，完善了院务公开工作，牢固树立"大医精诚、救死扶伤"的卫生核心文化价值观和"廉洁行医"的意识。

在学术横向联系方面，医院与多家上级医院建立业务、技术联系，成为广东省人民医院双向转诊定点医院和中山大学附属第五医院、中山眼科医院等对口支援的定点单位，通过与上级医疗单位和乡镇卫生院及村卫生站开展"双向转诊"合作，为全县人民群众就医架起了"绿色通道"，减轻人民群众的医疗负担，使患者得到了更经济、便捷、综合连续的基本医疗卫生服务，有效解决群众"看病难、看病贵"问题。规范化培训医院对毕业五年内的医学专业人员全部实施住院医师规范化培训，并根据开展医疗安全年活动的部署，建立健全医疗质量安全责任追究制及医疗质量核心制度。

二是建设区中医院。在云浮新区建设区级中医院，项目总投资 8000 万元，占地面积 2.3 公顷，业务用房 1.5 万平方米，床位 200 张。

（三）建设镇、村医疗机构

一是建设标准化卫生院。制定《云浮市云安区乡镇卫生院标准化建设项目实施方案》，成立项目领导机构，指定专人具体负责项目的实施。二是建设公建民营规范化村卫生站。制定《关于印发云浮市云安区村卫生站公建民营规范化建设实施的通知》，全区 105 个卫生站任务分 2 年完成，2017 年已建设完成 39 个。

九、交通事业的发展

地处山区的革命老区，交通比较闭塞，中华人民共和国成立前，只有人行古道山路，没有公路。中华人民共和国成立后，特别是改革开放以后，革命老区的交通事业得到长足发展。1996 年云安设县。云安县所管辖的 9 个镇是原云浮县比较偏远的山区镇，交通仍然比较落后。在基础差，起步迟的情况下，为了解决群众行路难的问题，县委、县政府决定大办交通，并取得了可喜的成绩。

（一）富林镇交通事业的发展

革命老区富林镇，是一个四面环山的镇，中华人民共和国成立前，只有几条人行古道，交通闭塞。1958 年 8 月，县政府发动群众，兴修通往富林的主干线托洞镇的留洞至富林河邦线。县政府在西片公社抽调社员，无偿献工，没有机械，就以大兵团作战的方式施工，没有水泥钢筋架桥，就用木材架桥，仅用了两个多月的时间，就在大山中修出了一条 20.9 千米的路。并且还建成简易停车场及一些站用建筑物。1959 年上半年，将富林桥、涩塘桥、什屯桥、马塘桥、河邦桥改建为水泥钢筋桥，5 座桥总长 125.9 米。1970 年开通云雾山支线。富林镇在 1958—1969 年开通了富林至东升、富林莲塘至罗定金鸡的两条公路，至此，富林境内主要交通大道开通。

富林镇在 1990 年 7 月至 1991 年 1 月，投入资金 104 万元，将留洞至富林的 11 千米路段改造为简易沥青路，而且还在所有行政村和部分自然村设有客车上落站。此外还开筑分支线通到其他农村，到 1998 年，全镇 15 个行政村全部通车。2001 年 3 月，云安建县第一条乡村水泥路、云利"爱乡路"动工，全长 3.3 千米，总投资 70 万元，由云利外出乡贤捐资集资，云安县政府、省老区建设促进会（简称"老促会"）拨款 15 万元，陈喜棠（富林云利人，中国著名电子专家、国务院科学技术干部局评定批准的工程师、高级工程师和教授级高工、中华人民共和国第四机械工业部直属第 777 厂总工程师、中华人民共和国国防科学技术工业委员会可靠性专家小组成员）题词"爱乡路"。

（二）白石镇交通事业的发展

白石镇在 20 世纪 90 年代以前，只靠省道镇（安）白（石）公路作主要交通线路，交通条件极为落后，圩镇及镇企业得不到快速发展，边远村委的发展更加缓慢。1996—1999 年间，白石镇投资 300 多万元将白宋公路白石路段的四级沙土路，改造为路基宽 12 米，路面宽 9 米的柏油路。2002 年，白石镇对横迳村委到横迳自然村路段，采取群众自愿捐资一点，外出乡亲支持一点，争取上级扶持一点的方式，筹集了 10 万元修通了一条长 4.5 千米，宽 3.5 米的砼道路。为进一步改善交通状况，白石镇在 2003 年筹集了 20 多万元对圩镇过境公路进行维修，并于该年 6 月维修完毕并顺利通车。

2011 年投入 95 万元建成东圳田心大桥，大大方便了群众生产生活的出行；投入 270 万元完成 81 千米的村道硬底化建设。2012 年至 2013 年，白石镇通过村级公益事业"一事一议"项目，全镇共完成村道硬底化 11.36 千米，桥涵 2 座。

2014 年，白石镇采取上级专项拨款和镇自筹资金等形式，共投入 298.8 万元对东圳小学至新村公路等 9 个项目共 8.5 千米的道路实施水泥硬底化建设，进一步改善了群众生产生活环境，提高了道路交通承载能力。另外，还投入了约 800 万元对全镇共 7 个村委的村道进行了水泥硬底化建设及拓宽工程。

2015 年，镇政府结合扶贫"双到"（规划到户、责任到人）的任务，共投入 300 多万元新建了 6 条共 6.7 千米的四级农村公路：一是帮扶投入 59.5 万元对民福村主干道整体拓宽 1.5 米，改善了整个民福村民出行的条件；二是投入 1.91 万元为征久塘建设了 500 米村道；三是投入 98.9 万元建设了征久塘、麻子田 2.1 千米的村道；四是投入 80.5 万元，为上、下新民村建设了 2.59 千米的村道；五是投入 21 万元帮助天窝村拓宽 10.6 千米的主村道；六是投入 90 万元修建了磨刀坑、十二坑、杉木塘村道、寨次涵洞桥和扩宽东星村主干道等。

2016 年，镇政府采取"争取交通部门补助资金、当地自筹和帮扶单位帮助"相结合的方式筹措资金，解决了石底村至莲塘村、水鸭塘村的出行难问题，建成了长 1.2 千米、宽 3.5 米水泥硬底化村道，实现了村委至全部自然村道路硬底化，极大方便了村民出行和农产品的运输。

2017 年，镇政府筹集资金 90 多万元对白石南街道路进行了初级改造，解决群众出行难问题；同时，投入 190 多万元对西圳至石底全长 7.8 千米的道路进行拓宽改造，大大方便群众的出行及农产品的运输，受益人口 1 万多人。

（三）都杨镇交通事业的发展

在 20 世纪 50 年代，"都骑垌"这个名词，指的就是现在的都杨镇六合村委、桔坡村委、联合村委、山口村委等村所在地，是都骑人口最密集的地方，又是都杨镇政治、文化的中心。

都骑垌的北边以西江为界，与德庆县悦城镇隔江相望；西边与河口街毗邻，中间却有大石岭这座"屏障"阻隔；南边的猪笼岭，它的岭顶是都骑与思劳镇的分水岭，东边与石巷、大播村委相连，被一条名叫公仔岭的山脉间断。都骑洞的地形就是东南西都是高山环绕，只有北边是西江，比较平坦。过去大多数外出谋生的村民只有从西江搭船。

都骑圩几乎是都骑垌与邻近的杨柳、泽水和隔江相望的悦城镇居民农副产品的集散地。从麦州挑东西去都骑赶集，步行最快要90分钟。麦州到都骑圩建有三间凉亭，让来往的人们雨天能避雨，暑天能乘凉，第一个凉亭的柱子上还镶嵌着"愿天常生好人，愿人常做好事"的善言。

麦州到洞坑的交通十分崎岖。新中国成立前有个女子怨恨她爹把她嫁到洞坑，在出嫁前唱的两句新娘歌颇为流传："九道大河十道圳呀，亚爹，你娇儿脚板未干又过河呀……"

从麦州到洞坑村这条羊肠小道是沿着由洞坑到都骑西江边这条河"之"字形走的，需要渡过七次河水才能到达。如果遇到大雨河水泛滥，则无法通行。直至新中国成立后的1950年，在政府的发动和群众大力支持下，洞坑村、罗马村和云彩营村等群众修建了一条由麦州通往洞坑的路，建了一座"永坚桥"，改写了"九道大河十道圳"的历史。

六合、桔坡两村及联合村委的罗坝村、吉庆村也是隔河相望，遇到大雨，河水泛滥的时候，村民同样挨饥抵饿等到河水消退才能回家。20世纪60年代初，云城到杨柳开辟了一条公路，兴建了一座都杨大桥。这座大桥是云浮当时跨度最长的拱桥。2010年以来，又先后新建了几座桥，两岸群众才来往自如。"等到河水消退才能回家吃饭"已成为历史。1958年动工修建河口至都骑公路，1965年通车，全长21千米，结束了交通闭塞的历史。

2012年5月召开的省第十一次党代会，提出了支持粤东西北地级市城区"扩容提质"的战略部署。这犹如一场"及时雨",为云浮提质,产业升级带来了前所未有的发展机遇。同年5月,云浮市委、市政府在广泛征求各方意见和充分讨论的基础上,正式宣布将在现有城区东北面革命老区都杨镇靠西江边较开阔的地区规划建设一座西江新城。这一决定,给革命老区带来了新的发展机遇。

要建新城,交通建设是第一要务。西江新城定位为云浮的交通枢纽中心,规划以其为核心,向外辐射形成"五纵五横"路网,使云浮中心城区每个组团方向至少有2条以上道路在10分钟内快速通达。

经过这几年的发展,西江新城交通设施建设日臻完善,已初步构建"一条黄金水道,两条高速公路、两个码头、三条铁路、四条公路"的对外交通水、陆、铁快速便捷的交通网络:一条黄金水道是指西江黄金水道,西江常年通航3000吨级货轮,其中新城西江岸线长达38千米,云浮新港就坐落在上游距新城仅15分钟车程的六都镇。云浮新港是广东省内河第一大港,该港的集装箱年吞吐量有望翻一番,超过20万标箱。两条高速公路指广梧高速公路和汕湛高速公路。三条铁路是指已经建成的三茂铁路云浮支线、南广高速铁路以及规划建设中的肇云轻轨。两个码头是指云浮新港、西江旅游和客运码头。四条公路是指国道324线、河杨公路、园区直达云浮新港的沿江公路以及新城快线。到2017年年底,西江新城建成道路63.17千米,连接新老城区和新城内部主要道路建成通车。

以新城快线和南广高铁为主动脉的交通基础设施建设加速推进,水、陆、铁快速便捷的交通网络形成,不仅拉近了云浮"二园两区"(即循环经济园、产业转移园,旧城区、新城区)的距离,而且为云浮新区培育"四新一特"(云计算及信息服务业、先进的制造业、生物医药业、健康养生旅游产业以及现代特色农业)产业,加快发展奠定了坚实的交通基础,为云浮全面融入"珠三角一小时核心经济生活圈"创造了条件。

新城快线

革命老区都杨镇,由原来东南西三面环山,北临西江的闭塞山区,现在就凭借西江的地理优势,拔地崛起一座西江新城,隧道、新城快线、河杨公路、沿江公路、高铁轻轨及汕湛高速公路,改变了都杨交通闭塞的状况,成为四通八达的交通枢纽,不仅解决了老区人民的行路难的问题,而且还带动了老区人民发家致富,使老区人民过上了幸福、富裕生活。

(四)老区村道硬底化建设情况

到 2017 年底,全区 7 个镇(含 2 个老区镇)234 个老区自然村,已建成硬底化村道 282.03 千米,总投资 7229.28 万元。其中上级补助资金 3334.27 万元,还需要硬底化建设的老区村道131.165 千米。

1. 六都镇

(1)富强村委:思怀村建 2 千米,投资 32.6 万元;五槟村建

2.2千米，投资35.86万元；禤屋村建0.2千米，投资3.26万元；刘屋村建1.5千米，投资24.45万元；浦西村建0.3千米，投资4.89万元；清水塘村建0.3千米，投资4.89万元；白屋村建0.8千米，投资13.04万元；同合村建0.3千米，投资4.89万元；田心村建0.5千米，投资8.15万元；梁屋村建0.6千米，投资9.78万元；红阳村建0.4千米，投资6.52万元；榕树坑村建0.8千米，投资13.04万元；坳仔村建1千米，投资16.3万元；蓝坑村建2千米，投资32.6万元；磨刀坑村建2千米，投资32.6万元。

（2）大河村委：河口村建2千米，投资44万元；田围村建2.5千米，投资55万元；大东村建3.5千米，投资77万元；小东村建8千米，投资176万元。

2. 高村镇

（1）大田村委：东埇村（2015年）建0.98千米（下东埇村口—下东埇），投资34.3万元。

（2）金山村委：石狗村（2014年）建0.9千米（石狗村—村委），投资31.5万元。

（3）水美村委：水美村（2015年）建9.5千米（谭翁—水美），投资332.5万元。

（4）白梅村委：灯心洞村（2011年）建1.54千米（白梅—灯心洞片），投资53.9万元。

3. 白石镇

（1）东圳村委：牛肚湾村建2.5千米，投资50万元；田心村建3.5千米，投资70万元；大围村建2.5千米，投资50万元；粉电村（2007年）建0.6千米（粉电—郁南），投资21万元；粉电村（2015年）建0.47千米（粉电村口—粉电），投资16.45万元；连塘墩村（2012年）建0.35千米（连塘墩路口—连塘墩），投资5.25万元；横埇村（2005年）建9千米（横埇—东圳），投资 315 万元；横埇村（2016 年）建 1 千米（婆髻脚—横埇），投资 35 万元。

（2）西圳村委：枫木塘村（2007 年）建 2.3 千米（枫木塘—枕塘），投资 80.5 万元；枕塘村（2007 年）建 3.5 千米（枫木塘—枕塘），投资 87.5 万元；丹山村（2007 年）建 2 千米（旧围—丹山），投资 70 万元；丹山村（2013 年）建 1.25 千米（枕塘—丹山），投资 43.75 万元；崩岗村（2010 年）建 1.5 千米（枫木塘—崩岗）投资 52.5 万元；崩岗村（2012 年）建 0.97 千米（石门路口—崩岗），投资 33.95 万元；圳下围村（2006 年）建 1.8 千米（西圳—圳下围），投资 63 万元；石门村（2014 年）建 0.51 千米（石门村口—石门），投资 17.85 万元；石门村（2016 年）建 0.37 千米（西圳石门村口—石门），投资 12.95 万元。

（3）民福村委：征久塘村（2015 年）建 2.1 千米（征久塘—麻子田），投资 73.5 万元。

（4）云磴村委：沙朗村（2013 年）建 2.3 千米（维修云磴村—大岭头村道），投资 80.5 万元。

4. 镇安镇

（1）民强村委：新兴围村（2009 年）建 0.8 千米（新兴围—梨埇），投资 28 万元；竹围村建 1.3 千米，投资 39 万元；山仔头村（2013 年）建 0.31 千米（镇民路—山仔头），投资 10.85 万元；上马岗村（2016 年）建 0.48 千米（上马岗村口—上马岗），投资 16.8 万元；梨埇村（2009 年）建 0.8 千米（新兴围—梨埇），投资 28 万元；燕子岩村（2014 年）建 2.68 千米（燕子岩—麻塘），投资 93.8 万元；狮子脚村建 1 千米，投资 30 万元；东塘村（2007 年）建 1.7 千米（民强小学—东塘），投资 59.5 万元；东塘村（2016 年）建 0.74 千米，（东塘村口—东塘），投资 25.9 万元。

（2）河东村委：墩头村（2009年）建1.1千米，投资38.5万元；迳口村建0.6千米，投资18万元；进庄田村建0.3千米，投资9万元；白石塘村建0.2千米，投资6万元；大车迳村（2014年）建1.26千米，投资44.1万元；山塘村建0.5千米，投资15万元；江咀村建1.1千米，投资33万元；背岭村建2千米，投资60万元；牛根树村建0.9千米，投资27万元；岗坪村（2012年）建1.84千米，投资64.4万元；岗坪村（2016年）建0.51千米，投资17.85万元。

（3）民乐村委：狮岗村建0.25千米，投资7.5万元；连塘村无建；花坪村建0.55千米，投资16.5万元；葛麻社村（2016年）建1.31千米，投资45.85万元。

（4）河西村委：枫树湾村建1千米，投资30万元。

5. 富林镇（老区镇）

（1）东路村委：高塱村、石龙村、塘尾头村、长排腰村、营下村、高排村、小茆村均无建；半山螺村（2015年）建2千米（石龙—半山螺），投资70万元；崩岗村（2015年）建0.54千米（崩岗—瑶坑），投资18.9万元；七塘山村（2014年）建1千米（东路—七塘山），投资35万元。

（2）庙山村委：江屋村（2015年）建0.37千米（庙山村委—江屋），投资12.95万元；刘屋村、水圳头村、上围村、下围村、洋岸村、大匣村均无建；下云利村（2009年）建1.6千米，投资56万元。

（3）河邦村委：乌谭角村（2010年）建0.5千米（河邦—乌谭角），投资17.5万元；六月塘村（2013年）建0.3千米（河邦—六月塘），投资10.5万元；龙骨村（2011年）建0.5千米（河邦—龙骨），投资17.5万元。

（4）寨塘村委：寨塘村（2010年）建2千米（什屯—马

塘），投资 70 万元；倒流水村（2014 年）建 0.58 千米（白蓝墩—倒流水），投资 20.3 万元；石迳村（2007 年）建 1 千米（石迳—立仔树），投资 66.5 万元。

（5）云利村委：云利村（2004 年）建 3.5 千米（富林—云利），投资 122.5 万元；河东村（2012 年）建 0.49 千米（云利—河东），投资 17.15 万元；河西村、墩仔村均无建；曾屋村（2007 年）建 0.5 千米（曾屋—电站），投资 17.5 万元。

（6）马塘村委：马塘村（2006 年）建 2.3 千米（什屯—马塘），投资 80.5 万元；下营村（2015 年）建 0.53 千米（下营—X461），投资 18.55 万元；大坪村（2014 年）建 0.74 千米（马塘—大坪），投资 25.9 万元；埲冲村、金村村均无建。

（7）界石村委：莲塘村（2014 年）建 0.62 千米（莲塘路口—上莲塘），投资 21.7 万元；中和村、细围村、大围村、坑尾山村、白兰冲村、大陂头村、大松树脚村、大湖村均无建；菱角塘村（2005 年）建 3.5 千米（界石—菱角塘），投资 122.5 万元；冬花岗村无建。

（8）民主村委：冯屋村无建；半岭村（2015 年）建 0.44 千米（迳村—半岭），投资 15.4 万元；迳村村无建；鹿洞村（2010 年）建 2.23 千米（富林—鹿洞），投资 78.05 万元；东山脚村（2014 年）建 0.83 千米（东山脚—枫木角），投资 29.05 万元；石排营村、洞口村、枫木角村、婆岩村均无建；塘窝村（2010 年）建 1.23 千米（富民中学—塘窝），投资 43.05 万元；大寨村无建；上坪岗村（2014 年）建 1.8 千米（民主—上坪岗），投资 63 万元；城内村、荔枝墩村、高树尾村均无建；蛮洞村（2016 年）建 0.5 千米（蛮洞—蛮洞水库），投资 17.5 万元。

（9）高一村委：下坪岗村（2012 年）建 0.55 千米（富林圩—下坪岗），投资 19.25 万元；泮塘村无建；旧所村（2012 年）

建 1.85 千米（富林—旧所），投资 64.75 万元；什屯村（2006年）建 2.3 千米（什屯—马塘），投资 80.5 万元。

（10）云舍村委：云舍村（2012 年）建 0.9 千米（云舍—黄沙），投资 31.5 万元；黄沙村无建；秧地岗村（2014 年）建 1.16千米（山尾—秧地岗），投资 40.6 万元；秧地岗村（2017 年）建 0.32 千米（秧地岗—鸭场），投资 11.2 万元。

（11）高二村委：黄龙坳村（2014 年）建 1.07 千米（高二小学—黄龙坳），投资 37.45 万元；黄龙坳村（2016 年）建 0.4 千米（黄龙坳村口—黄龙坳），投资 14 万元；深桥村（2008 年）建0.6 千米（深桥—岗仔顶），投资 21 万元；庙角坑村（2012 年）建 0.31 千米（高二—庙角坑），投资 10.85 万元；冼村村、三家村、白石坪村、斩坑村均无建。

（12）山草村委：佛仔洞村、丹竹坑村、山草坪村、田坳村、横坑村、大山顶村、黄沙坑村均无建。

（13）南蛇洋村委：南蛇洋村（2012 年）建 1.15 千米（南蛇洋—日字号），投资 40.25 万元。

（14）元眼围村委：元眼围村（2009 年）建 1.3 千米（元眼围—陂头），投资 45.5 万元。

6．石城镇

（1）云星村委：塘步村无建。

（2）根围村委：竹子排村（2008 年）建 2 千米（根围—竹子排），投资 70 万元。

（3）高潭村委：杨梅坑村无建。

（4）迳心村委：迳心村无建。

7．都杨镇

（1）洞坑村委：桃仔坪村建 4.5 千米，投资 99 万元；扶南村建 2.1 千米，投资 46 万元；罗马村建 0.33 千米，投资 7.26 万元；金岗村无建；古洲村建3千米，投资57万元；洞坑村建5千米，投资112万元。

（2）六合村委：麦州村建2.6千米，投资108万元；新围村建0.16千米，投资2.4万元；替治村、教村村、岗咀村、木化山村均无建。

（3）联合村委：罗坝村建1.7千米，投资25万元；吉庆村建1.4千米，投资21万元。

（4）桔坡村委：替邦村建1.3千米，投资24万元；兰塘村建1.3千米，投资24万元；板村村建0.8千米，投资30万元；桔榄村建0.5千米，投资10万元；坡圩村建0.4千米，投资9万元；村头村建1.2千米，投资25万元；替香地村建0.3千米，投资6万元。

（5）泮水村委：蓝坑村无建；羌坑村建1.02千米，投资15.3万元；箩塘村建0.24千米，投资3.6万元；上咀村建2.7千米，投资40.5万元；泮水村无建；泮面村建0.6千米，投资15万元。

（6）仙菊村委：仙菊村建9千米，投资135万元；旧寨村建0.4千米，投资6万元；大坑冲村建0.8千米，投资12万元；友塘村建0.7千米，投资10.5万元；汉洞村建0.6千米，投资9万元；半迳村无建；大塘尾村建0.53千米，投资8.5万元；菊洞村建1.3千米，投资22万元；大塑则村建1.2千米，投资28万元；长磅村建1.1千米，投资9万元；龙河村建1.2千米，投资11万元；仙鸡坑村无建。

（7）山口村委：山口村建1.2千米，投资25万元；东山村建0.5千米，投资15万元；南山村建0.3千米，投资7万元。

（8）替容村委：替容村建1.23千米，投资18.45万元；新围岗村无建；江瓦咀村建0.72千米，投资8.5万元。

（9）三合村委：四合村建 4 千米，投资 79.6 万元；都骑圩建 6.06 千米，投资 125.9 万元。

（10）蟠咀村委：蟠咀村建 3.65 千米，投资 116.5 万元；河坑村建 0.5 千米，投资 12.5 万元；新地村建 0.33 千米，投资 7.28 万元；旧圩村建 0.59 千米，投资 13.02 万元；湾底村建 1.02 千米，投资 22.5 万元。

（11）金鱼沙村委：金鱼沙村建 2.3 千米，投资 68.5 万元。

（12）官坑村委：大榄坑村、八步梯村、银仔坑村、熨平坑村、牛㟽降村、沙帽石村均无建。

（13）降面村委：降面村建 18.7 千米，投资 331 万元；古竹村、山塘村、岭头村、乌泥村、大洞村、搭桥村、飞鹅村、大幌村、降底村、亚婆䃜村、圣房坪村、方塘口村均无建。

（14）西坑村委：西坑口村建 2.5 千米，投资 55 万元；西坑尾村建 0.9 千米，投资 13 万元；杨山田村建 0.7 千米，投资 10 万元；新村村建 0.5 千米，投资 9 万元；向阳村建 0.3 千米，投资 4 万元；小东村建 0.7 千米，投资 10 万元；老塘村建 3.27 千米，投资 49.05 万元；土田坑村建 0.3 千米，投资 4 万元。

（15）南山村委：黄茅咀村建 4 千米，投资 135 万元。

（16）大乐村委：大乐村建 7.8 千米，投资 157.6 万元。

（17）石巷村委：石巷村建 7.6 千米，投资 153 万元。

（18）大播村委：大播村建 2.3 千米，投资 46 万元。

（19）珠川村委：珠川村建 2 千米，投资 40 万元。

（20）都友村委：都友村建 10 千米，投资 210 万元。

十、林业发展促进老区经济发展

（一）改革开放前的林业发展

山林权属沿革：中华人民共和国成立后，全县的山林权属历经土地改革、合作社、人民公社、"四固定"、林业"三定"、换发山林权证和集体林权制度改革等多个时期，受各个时期政策变动影响，山林权属体制多有变动。

1951—1953年土地改革时期，人民政府没收地主占有的山林，征收宗族、公尝山林及富农部分山林，统一分配给农民。1955年农村建立农业合作社，将农民的山林折价入社，原属私有山林转为农业合作社集体所有。

1958年建立人民公社，生产队、大队的山林统一归人民公社集体所有。1962年，实行以生产队为基本核算单位的公社、大队、生产队三级所有制，土地、劳力、耕畜、农具固定到生产队，山林大部分属生产队集体所有，小部分公社、大队集体所有。辖区范围内西江林场、仙菊林场、大云雾林场等属国营林场所有和经营。1975年起，全区大部分的公社开办林业采育场。林业采育场把全公社林业的造、管、采、用统一起来，实行公社、大队、生产队三级联营，连片规划造林，林地属原生产队所有，林木属采育场所有。

（二）改革开放后的林业发展

1. 乡村林场建设

1979年后，采育场停办或下放给大队、生产队管理，恢复大队或生产队办的社队林场。1981年6月17日，省委、省政府印发《关于稳定山权林权和落实林业生产责任制的决定》，在全县范围内开展以稳定山权林权、划定自留山和确定林业生产责任制为主要内容的林业"三定"工作，明确规定稳定山权林权，以"四固定"时的权属和经营范围为基础，确定林地所有权和集体统一经营的林木归集体所有，在集体林地中划出部分作为自留山、责任山，林地所有权属集体所有，种植的林木归农户所有。全县的林业"三定"工作到1982年秋基本结束，全县大部分山林的权属得以确定。全民和集体所有的森林、林木和林地，个人所有的林木和使用的林地，由政府登记造册，核发证书，确认所有权和使用权，其间调处了大量的山林纠纷案件，林业"三定"后，山权属分国有和集体两种；林权属分国有、集体、国合、联合体、个体5种。林业生产责任制的初步确立，为全县林业的发展奠定了坚实的基础。1981年林业"三定"后，社队林场普遍建立了以承包为中心的双层经营承包责任制，规定社队对所属的林场实行定、包、奖责任制，定人员、定任务、定投资、定报酬，由林场实行包干，超产奖励或比例分成。许多林场在营造杉林、松林等林业生产的同时，开展多样化的经营项目，发展经济价值高的肉桂、油茶、茶叶、果树等经济林，开展茶叶、药材、薪炭等林副业生产。除种植农作物和经济林外，还培植香菇、木耳，饲养蜜蜂、家禽，养殖水产等。

党的十一届三中全会后，林业发展和建设端正了方向，1981年林业"三定"后，全县各地农村开始建立了林业生产承包责任制，调动了广大农民群众造林护林的积极性，全县林业改革和建设取得突破性发展，各地掀起了耕山造林的热潮，形成了全社会办林业，全民搞绿化的局面。国家、集体、个人、部门和各种联合体共同造林绿化，集体林业经营形式改革稳步推进，以多种方式有偿流转集体宜林"四荒"（荒山、荒沟、荒丘、荒滩）地使用权，调动广大群众兴林致富的积极性，兴办股份合作林场，推进林业适度规模经营。经过20世纪90年代的改革和发展，初步建立起既适应社会主义市场经济又反映林业特点要求的林业经济体制，建立起分类经营、科学管理的营林体制；调整林业产业结构，完善林业产业政策；建立森林资源林政管理和森林资产监管、运营并重的机制。

2. 封山育林

云安地处广东省西部，西江南岸，高温多湿的气候环境有利于林木的自然繁衍和生长。20世纪80年代以前，受资金、种苗等因素限制，林区群众大多采取封育措施培育林木资源，通过封护山林，促进林木的天然更新和生长，这是林区群众保护和发展森林的传统，林区中流传着"松树靠飞花，杉树靠萌芽"的说法。1982年后，政府大力开展封山育林工作，要求各地把封山育林作为中心任务来抓，对山林普遍采取护林措施，全县各地根据实际情况作出封山育林规划，具体落实到山头地段，分别实行全封、半封或轮封，加强抚育管理，保证封育成林。至1988年年底，全县封山育林考核情况结果为大部分措施基本落实，效果较好，基本实现郁闭成林的效果。

3. 人工造林

20世纪80年代后，全县造林事业迅速发展，取得了巨大成就，20世纪80年代开始实施的工程造林发展迅猛，造林绿化成效显著，尤其是1985年省委、省人民政府作出"五年消灭荒山，十年绿化广东"的决定后，更加有力地推动了全县造林绿化的开展，造林规模不断扩大，造林质量稳步提高，1991年，全县绿化荒山任务通过省检查验收，提前两年实现了绿化荒山的目标，其间每年人工造林5334公顷，种植四旁树5万多株。随着农村经济体制改革的推进和林业"三定"的实施，单纯的社队集体和国营林场造林的格局被打破，随着农村经济体制的变动，绝大部分的社队林场实行各种形式的承包制，家庭林场迅速发展，林业"三定"后，农民在自留山、责任山上造林、种果，涌现了一批批林业种植的专业户，形成了以户为单位经营茶、果、药、竹为主的小果园和小山庄，经营面积2267公顷。

随着社会主义市场经济的确立，集体林区取消木材统购，实行议购议销的政策出台，20 世纪 90 年代木材市场开放，木材价格上涨，耕山造林的效益显著提高，进一步激发了广大群众造林营林的积极性，各种形式的所有制参与造林，除了原有国家和集体造林模式以外，专业户承包、林业部门与乡镇、乡镇与个人，以及个人之间联合办场等各种联合造林形式纷纷出现，20 世纪 90 年代起，木材购销政策的进一步放开，非公有制林业得到长足发展，吸入大量社会资金投资造林，承包租赁山场营造速生丰产林非常普遍，种植湿地松、尾叶桉等速生丰产林的面积明显增加，涌现了一大批造林种植专业户，承包经营林地面积少则几公顷，多则几十公顷。林业部门组织实施的工程造林大范围实施，全县兴办了各类林业建设基地，比较突出的有高村镇的双马基地，富林镇界石村的龙眼基地和白石镇石底村的荔枝基地等。

4. 林地林权登记换证

2002 年，全县开展林地林权登记换发证工作，对林业"三定"时期颁发的山林权证进行登记，重新换发林权证，至 2005 年年底基本完成此项工作，全县换发林权证 2546 本，核定林地 6638 宗，其中核发确认林地所有权的林权证面积 74667 公顷，占全县林业用地面积的 94.2%；核发确认林地使用权的林权证面积 72534 公顷，占全县林业用地面积的 91.4%。

5. 林地林权流转

随着集体林权流转机制不断规范，林地产出效益的提高，林地林权流转日益活跃，以转让、承包、转包、出租等形式流转林地林木的现象十分普遍，截至 2015 年年底，全区林地流转面积 7667 公顷，签订流转合同 4200 份，流转金额 9500 多万元。全区林业专业合作组织逐步完善，行业管理水平不断提升，为农民增收致富做好生产、销售各个环节的服务。全区成立林业专业合作社 27 个，注册资金总额 852 万元，遍布林果、肉桂、松树、油茶等种植业，参加合作社农户1100多户，经营林地面积2054公顷。建立林业专业协会5个，遍及家禽、牲畜、水产等养殖业，参与农户300多户。

2009年，根据省委、省政府关于推进集体林权制度改革的部署，2010年在全县各镇开展集体林权制度改革，2011年基本完成集体林权制度主体改革任务，其间全县确权集体林地76334公顷，其中自留山、责任山2334公顷，集体统一经营7407公顷，核发林权证书2941本，其中自留山、责任山1230本；发证面积76000公顷，其中自留山、责任山2334公顷，发证户数2230户。林权制度改革完成后，全县逐步建立起产权归属明晰、经营主体落实、利益分配合理、流转程序规范、监管服务有效、配套机制完善的现代林业产权制度。

国有大云雾林场景色

十一、民政事业促进老区和谐发展

（一）优待抚恤

1950—1956年，农村是分散的个体农业经济，群众对烈军属的优待采取帮耕代耕的方式。1956年以后，个体生产改为集体生产，收益按工分分配，群众对烈军属优待形式由帮耕代耕变为优待劳动日，即优待工分。1963年农村由生产队提出补助对象，经大队民政小组评议，公社审查，报县民政部门批准后补助。临时补助发放一般先由个人申请，生产大队评议，公社审查核准，30元以下由公社批准，30元以上的报县民政部门批准。1979年10月，贯彻民政部、财政部《关于改进优抚对象定期定量补助工作的规定》，把孤老烈属和病故、失踪军人家属，无亲属抚养或虽有亲属而无力抚养的烈士、病故、失踪军人的未成年子女，丧失劳动能力而其子女又无力供养的烈士、病故、失踪军人的父母和配偶，带病回乡不能经常参加生产劳动、生活特别困难的复员、退伍军人，完全丧失劳动能力、生活困难的复员军人列为优抚对象。

1982年起对烈军属的优待改为派发现金。县直单位的军属由县直机关单位统筹解决，城镇街道居民中的军属由城镇统筹解决，农村优待的资金由社队企业收入中提留或向农民分摊负担。优待金均在年初评定，一年分两次兑现，每年240元/户，随着经济的发展逐步提高。1994年起，按《军人优待抚恤条例》进行评定，优待户每户一年平均领优待金1419元。

1996年，全县评定烈军属优待户407户，优待金额58.46万元。其中烈属、义务兵家属337户，户平均优待1436元，优待面100%。其中优待孤老复员军人、生活有困难的病故军人家属、伤残军人、带病回乡长期不能参加劳动的复退军人60户，发放抚恤补助款40.5万元，烈属每人每月定恤130元，复退军人每人每月定补55元。全县用于解决优抚对象医疗费5.8万元，全县统筹烈军属优待款50.1万元。八一建军节期间，全县共组织拥军优属慰问团（组）131个，支出慰问经费12万元。

1997年，全县评定烈军属优待416户，优待金额63.31万元。其中烈属、义务兵家属324户，户平均优待1820元，优待面100%。同时，优待孤老复员军人、病故军人家属、伤残军人、带病回乡的复退军人 92 户。1998 年，全县共有优抚对象 422 人，发放优待款 72.71 万元。是年 4 月，全县在镇二等以上的伤残军人 6 人，孤老烈属 3 人，孤老复员军人 35 人，共 44 人全部享受公费医疗，全年开支医疗费 20 万元。全县各镇组织了拥军优属慰问小组 262 个，解决生活困难的优抚对象 53 户，金额 6500 元；解决治病困难的 28 人，金额 3050 元；解决修建住房困难的 5 户，金额 6500 元。

　　1999 年，按省民政厅、财政厅要求，提高优抚对象的优待标准，制定《云安县抚恤补助标准自然增长机制》，下半年实施。自然增长机制定为每人每月增加 5 元。是年全县共评定烈军属优待 423 户，优待金额 72.55 万元。其中烈属、义务兵家属 39 户，户平均优待 1950 元，优待面 100%；优待孤老复员军人、病故军人家属、伤残军人带病回乡复退军人 84 户。同时，在全县开展"爱心献功臣"活动，共组织 102 个单位与 148 名优抚对象结对。扶持解决"三难"问题，解决生活难 78 户，投入 2.86 万元；解决住房难 47 户，投入 15 万元；解决治病难 32 户，投入 0.8 万元。全县在春节和"八一"期间开展优抚对象慰问，慰问经费共 13.5 万元。2000 年全县 350 户烈军属、孤老复退军人、伤残军人、义务兵家属，共发放优待金额 649 万元，户平均优待款 1843 元。同时还对 378 名复退、伤残军人发放定期定量补贴 50.49 万元。至 2016 年 12 月底，全区有各类重点优抚对象 1656 人，全年共发放抚恤补助资金 618 万元。10 月 1 日起，烈士家属抚恤补助标准提高到每月 1934 元，病故军人家属抚恤补助标准提高到每月 1646 元，复员军人生活补助标准提高到每月 1309 元，参战涉核军队退役人员生活补助标准提高到每人每月 671 元，带病回乡退伍军人生活补助标准提高到每人每月 792 元，"五老"（老地下党员、老游击队员、老交通员、老接头户、老苏区乡干部）人员生活补助标准提高到每人每月 531 元，农村籍 60 岁以上退伍军人按每年兵龄每月 25 元发放。

（二）低保救济

1996 年设云安县后，农村居民最低生活保障线统一为每人每月 80 元，六都镇最低生活保障线为每人每月 130 元。是年，对全县城乡困难居民的生活状况进行调查，确定全县低于城镇居民最低生活保障线的困难居民有 82 人，年需救济经费 31.12 万元；低于农村居民最低生活保障线的困难居民有 6530 人，年需救济经费 231.17 万元。救济资金由县、镇两级财政各负责 50% 予以解决。1997 年 7 月 1 日起，实施"两线"（城镇居民最低生活保障线、农村居民最低生活保障线）保障制度，救助城乡居民最低生活保障对象 205 户 501 人，月救助金额 10280 元，每人每月平均救助 20.5 元。其中，城镇居民 12 户 21 人，月救助金额 680 元，每人每月平均救助 32.4 元；农村居民 193 户 480 人，月救助金额 9600 元，每人每月平均救助 20 元。

1998 年，云安县按云浮市的要求，"两线"救助在原有基础上提高标准、扩大救济面。全县救济城乡困难居民最低生活保障对象 240 户 552 人，月救助金额 15456 元，每人每月平均救助 28 元。救助对象比 1997 年增加 35 户 51 人，救助标准比 1997 年每人每月平均提高了 7.5 元。

1999 年，贯彻省委、省政府有关"两线"救助标准普遍提高 30% 的要求，城镇低保救助金额由原来的每人每月 32 元提高到 73 元，农村低保救助金额由原来的每人每月 20 元提高到 54 元。同年，将部分在职、失业、下岗、离退休困难人员纳入保障范围，共有 3 户 5 人接受救助。2000 年全县共有低保对象 482 人，其中城镇低保 8 人，农村低保 474 人，下拨低保资金共 31.4 万元。至 2016 年年底，全区有低保对象 3617 户 8377 人，其中城镇低保 93

户 124 人，农村低保 3524 户 8253 人。全年新增低保 578 户 1241 人，核减低保 328 户 966 人。全年共发放低保金 1887.24 万元，发放春节慰问金 33.42 万元。同年 1 月 1 日起，城镇低保标准由 420 元提高到 485 元，补差水平由 380 元提高到 418 元，其中城镇"三无"（无生活来源、无劳动能力、无法定抚养义务人或法定抚养义务人丧失劳动能力而无力抚养的公民）人员的救助标准按农村散居"五保"586 元供养水平救助；农村低保标准由 280 元提高到 335 元，补差水平由 180 元提高到 190 元。

2016 年 12 月底，全区有"五保"对象 1908 人，其中，集中供养 185 人，散居供养 1723 人。全年共发放"五保"供养经费 1524.54 万元。同年 1 月 1 日起，集中"五保"供养标准由月人均 650 元提高到 700 元，分散"五保"供养标准由月人均 541 元提高到 586 元。

2016 年 12 月底，全区有孤儿 71 人，其中集中供养 11 人，散居供养 60 人。全年共发放孤儿基本生活保障金 81 万元。同年 1 月 1 日起实施孤儿供养新标准，集中供养孤儿由月人均 1240 元提高到 1340 元，分散供养孤儿由每人每月 760 元提高到 820 元。2016 年，全区住院医疗救助比例达 70%，全年共落实医疗救助 4369 人次 614.24 万元，其中门诊救助 2203 人次 117.27 万元，住院救助 2166 人次 496.97 万元，资助购买合作医疗保险 10462 人 151.73 万元；全年开展临时救助困难家庭 256 户 20.8 万元；全年共发放老年人津贴 137 万元，核发老人证 400 多个，为 70 周岁以上老年人和低保对象购买人身意外伤害保险 19.6 万元；事实无人抚养儿童从 2017 年 1 月 1 日起，建立了事实无人抚养儿童基本生活保障制度，事实无人抚养儿童基本生活保障金发放标准为每人每月 500 元。全区纳入事实无人抚养儿童 25 人，全年共发放救助金 9 万多元；全区纳入低保、"五保"救助的严重精神障碍患者共873人，临时救助严重精神障碍患者15人0.8万元；接送回乡的外出流浪乞讨的精神障碍患者（疑似）6人。全年共救助流浪乞讨人员93人。

（三）特困供养人员的救助

新中国成立初期，县境鳏寡老人主要靠群众帮助和国家救济。农业合作化后，实行"五保"，鳏寡老人或入住敬老院或由生产大队供养。

1985年建立"五保"基金会，"五保"人员每人每年生活费不低于108元。1987年六都镇冬城村建敬老院。1988年白石镇、六都镇建敬老院，共供养老人52人。1990年全县开展敬老院建设和为"五保"老人购买丧葬保险，组织机关干部、中小学生和社会群众参与关心"五保"户的社会福利服务。1991年全县各镇敬老院全部建成。

镇安镇敬老院

1996年云安县设立后，实行由镇统筹"五保"救济款，把任务落实到管理区。当年，共筹集"五保"粮款65万元，解决全县 759 名"五保"老人的生活费用。其中集中供养的 168 人，年人均供养费 1668 元，每人每月发零用钱 25 元；分散供养的 591 人，年人均供养费为 1276 元，每人每月发零用钱 10 元。全县各级党政部门、社会各界开展"五保"老人慰问活动，共送上慰问金、慰问品（折款）6.24 万元。

1997 年，县党政领导以及县直九大系统负责人组成节日慰问团，分赴全县九个镇，对居住在敬老院的"五保"老人和分散居住的"五保"户、特困户、革命老区人民进行慰问，赠送慰问金和慰问品（折款）10 万元；各级团组织、中小学校发动学生为五保老人做好事 876 件（次）；县委办、县府办、民政局、老干局的领导到高村、白石、富林、南盛等镇慰问 9 名百岁老人，并赠送慰问金共 900 元，慰问品折款 2200 元；云浮市总商会、硫都国际有限公司刘百杰敬老基金会以及中山籍 3 位港胞慰问六都敬老院；刘百杰敬老基金会在"九九"重阳节期间向云安县老人赠送了优质大米 1.5 吨和现金 1200 元，向六都镇敬老院赠送了慰问金 2000 元和优质大米 500 千克，另给 9 名百岁老人各赠送 25 千克优质大米、现金和 1 枚镶玉石金戒指。1998 年全县有"五保"老人 754 人，年人均生活供养费为 1402 元，比 1997 年提高 50 元。其中敬老院集中供养 147 人，年人均供养费为 1718 元，比 1997 年提高了 50 元，每人每月发零用钱 75 元；分散供养"五保"老人 607 人，年人均供养费为 1306 元，比 1997 年提高了 30 元，每人每月发零用钱 35 元。2000 年全县共有"五保"对象 739 人，其中集中供养 151 人，分散供养 588 人。是年共发放"五保"经费 105.2 万元。到 2015 年末，全区有农村"五保"1498 人，其中集中供养 134 人，散居 1364 人。全年共发放"五保"经费 1106.97 万元。同年 1 月 1 日起，农村散居"五保"供养标准由 496 元提高到 541 元，农村集中"五保"供养标准由 600 元提高到 650 元。

（四）灾民救济

新中国成立初期，大规模兴修水利、植树造林、综合治理，抵御水旱灾害。各级成立"三防"（防洪、防旱、防风）指挥机构、气象局（站）及农作物病虫害测报站等机构，开展灾前预测、预报，积极进行防灾、抗灾、救灾，灾害损失大为减少。灾后，政府积极组织灾民实行生产自救，改种、扩种各种作物，发展副业生产。同时，政府给予救济，并组织社会救济活动。商业、供销部门对灾民的农副产品实行预先收购、预支款物；财税、水利、银行、信用社等部门分别向灾民投放资金发展生产、兴修水利，发放抗灾、治病贷款；林业、物资部门供应抗灾救济物资；民政部门发放救济款，并积极发动社会各界人士向灾区捐赠款物。云安县设立后，1996年7—8月，由于受台风暴雨的袭击，全县普降大雨到暴雨，40个管理区60个村庄共11510人受灾。全县下拨救济款23万元，其中购粮6万千克，救济灾民2371户共9784人。是年，全县累计建立救灾扶贫储金会36个，入会农户1.2万户，储金总额29.1万元。全县共投放储金20万元，帮助了330户灾民解决生产生活困难。1997年5月中旬，受台风雨影响，各镇普降大雨到暴雨，各种农作物及部分群众的房屋受到不同程度的损害，灾情较严重的有镇安、托洞（现石城镇一部分）两镇。全县遭受水浸及沙泥覆盖的农田有62.5公顷，不能复产和失收的约40公顷；经济作物被毁约33.4公顷；倒塌和被山泥滑坡摧毁房屋6间；损失稻谷约2000千克以及蚊帐、被、席、衣物一批。灾情发生后，县委、县政府立即部署各项救灾工作，及时下拨了救济款3.8万元，救济灾民374户1296人，稳定了灾区人民的生产、生活秩序。是年，全县累计下拨救灾款40多万元，帮助9843名灾民度过灾荒。1998年6月下旬，西江洪水暴涨，六都遭受超百年一遇西江洪水袭击，许多地方受到了不同程度的损失。

全县受灾村庄 76 个，受灾户数 3342 户，受灾人口 18032 人，成灾人口 15482 人；受灾农作物面积 384 公顷，其中粮食作物 251.5 公顷，经济作物 132.5 公顷；损坏房屋 45 间，面积 2660 平方米。其中倒塌 12 间共 685 平方米，属损坏的 5 间共 383 平方米，属危房的 7 间共 593 平方米，直接经济损失 1017 万元。灾情发生后，县领导亲临灾区一线参加和指挥抢险救灾工作，先后深入到重灾区六都镇黄湾管理区大坑村，慰问受灾的"五保"户、孤儿、重灾民，给他们发放了慰问金 4200 元，棉被 6 床。广州石化总厂给云安县捐赠柴油 10 吨，尿素 10 吨，帮助灾民恢复生产。是年，全县共下拨救灾款 38 万元（其中生活安排 22 万元，重建家园 16 万元）帮助灾民 1038 户共 4587 人解决生活、治病等困难，为 8 户共 22 人重建住房，为 40 户共 105 人维修房屋。1999 年受旱灾、暴风雨及低温霜冻等自然灾害侵袭，全县有 470 个村庄受灾。其中 5580 公顷农作物受灾（粮食作物 2333.3 公顷，经济作物 1646.7 公顷，其他农作物 1600 公顷）；房屋被损坏 87 间 7440 平方米，经济损失达 51356.75 万元。全县各级党政领导深入灾区第一线，开展抗灾救灾、复耕复产工作。全县下拨救灾款 36 万元，救济灾民 3780 户共 22430 人。2000 年 7—8 月，受连续大暴雨袭击，全县 23 个村庄、192 户、48.9 公顷农作物受灾。县拨款帮助群众救灾复产。是年全县共下拨救灾、救济款 29.5 万元，共救助灾民和困难群众 590 户共 2411 人。

2006 年 5 月中下旬至 8 月上旬，云安县境内普降暴雨到特大暴雨，全县各地受到不同程度的洪涝灾害。全县累计受灾人口 93677 人，紧急转移安置 3757 人，死亡 1 人；全倒房屋 392 户，损坏房屋 1601 间，1782 人无家可归；全县直接经济损失 6926 万元。灾情发生后，云安县迅速成立了以县民政局、县水务局、县国土资源局等相关单位组成的救灾工作领导小组，县委书记、县长分别作出重要批示，县委、县政府召开了救灾复产工作紧急动员大会，要求各级党政领导、各有关部门全力以赴做好抢险救灾和灾后救济工作，县四套班子成员分别带领各有关部门负责同志到各镇开展抢险救灾工作。全县各单位、各部门协调联动、通力协作，充分发挥各自的职能，一方面迅速疏散转移、安置好受灾群众，组织人力开展排洪，将被冲毁的水圳、公路等设施修复，并设置临时监管区；另一方面，迅速下拨救灾款187万元开展救灾复产工作，并在全县启动了"百局扶百户"房屋全倒户重建行动，各单位积极深入到各自挂点扶持的全倒户开展调查，制定家园重建的工作方案，落实重建房屋的选址，多方筹措资金开展家园重建工作，各镇也采取各种可行的激励措施，全面加快重建工作的进度。中秋节前，全县第一期173户全倒户全部建成入住。县委、县政府针对第二期重建工作存在的一些问题，于10月25日在高村镇召开了救灾复产重建家园加温鼓劲现场会，要求各镇各部门要加快救灾复产、重建家园工作进度，再次掀起了救灾复产重建家园的工作热潮。第二期219户重建户在12月20日前全部竣工，完成任务的时间比省市要求提前了10天。

2008年5月7日，云安县普降大雨到特大暴雨，多个镇受灾。全县受灾人口54689人，倒塌房屋224户，损坏房屋253间，紧急转移安置人口6272人，因灾死亡3人，失踪1人。直接经济损失14158.36万元。全县开展了紧急的救灾工作，使损失降到最低。

2012年成立云安县减灾委员会，进一步加强救灾减灾工作。积极应对自然灾害，保障受灾群众基本生活。年内，全县先后遭受冰雹、暴雨和台风"杜苏芮""韦森特"等影响，全县受灾人口52502人，紧急转移安置人口1558人。农作物受灾面积2297.4公顷，倒塌居民住房20户，直接经济损失4116.01万元，农业经济损失 2546.31 万元。全年共投入救灾救济资金 139.2 万元，救助受灾困难群众 6400 人，及时解决受灾困难群众口粮、衣被等基本生活急需品。全年有 32 户农户获得农房保险理赔，赔付金额 10.9 万元。至 12 月底，全县已完成 20 户全倒户重建家园任务。全县发放冬令救济物资（棉被、冬衣、保暖内衣、蚊帐、暖水袋等）1.03 万件，确保困难群众御寒保暖和安全过冬。

2015 年，受暴雨、台风等天气影响，全区 7 个镇不同程度受灾，受灾人口 32422 人，因灾导致农户住房倒塌的有 9 户。全区共发放救灾款 95 万元，其中落实 9 户全倒户重建家园资金 19 万元。至 12 月底，9 户全倒户房屋建设已全部竣工，其中 5 户已入住。此外，修订完善了《云安区自然灾害应急预案》；开展防灾减灾宣传日活动，举办了"5·12"防灾减灾知识现场咨询活动，发放各种宣传资料 1200 多份；加强救灾物资仓储代储工作，公开招标采购棉大衣、毛巾被、蚊帐、夏装衣服等救灾物资一批，并与相关商店签订了救灾应急物资委托代储协议；由政府出资为全区常住人口 282872 人购买 2015 年自然灾害公众责任保险，保费 33.94 万元；11 月，建成云安区福利服务中心应急避难场所，总投资 30 万元。

十二、上级的大力支持，促进革命老区大发展

云安县设立后，上级政府及有关部门对云安的扶贫开发及精准扶贫工作支持很大，使扶贫工作得到扎实推进并取得较好的效果。

2004 年投入资金 30 多万元，扶持镇安镇修建河东岗坪至南安村老区 2.5 千米的村道；石城镇修建根围村至竹子排老区村道路桥一座，帮助老区村民解决"行路难"问题。2005 年，投入资金 50 多万元，扶持白石镇西圳村，富林镇界石村和富林镇革命纪

念亭修路以及镇安镇民乐村修建路桥；扶持老区分散村庄富林镇云舍村委秧地岗实施 14 户 69 人搬迁工作；省财政扶持资金 30 万元，综合治理白石镇云磴村农田面积 30 公顷、修建挡水陂 1 座、衬砌排灌渠道 2950 米；综合治理石城镇迳心村农田面积 41.3 公顷、修建拦水陂 3 座全长 36 米、蓄水池 3 个、修建机耕路 1330 米、砌涵洞 6 个、开垦天梯作业道 182 米。

2006 年投入资金 8 万元，扶持石城镇迳心村完成 3.6 千米、白石镇西圳村 5 千米村道硬底化建设；扶持老区分散村庄石城镇高潭村委杨梅坑老区村 1 户及高村镇水美村委桐油冲老区村 5 户完成搬迁工作。

2007 年投入资金 14 万元，发动四村群众筹集资金 87 万元，维修扩建富林镇高一村至莲花村、白石镇西圳崩岗至圳下围村、征久塘至麻子田以及六都镇富强村村道，解决了四村村民的"行路难"问题，带动老区经济发展。

2008 年，投入资金 13 万元，扶持富林镇南洋村石江巷至立仔树 1.2 千米、高村镇水美村委至双洞 1.9 千米村道维修扩建工作；省财政扶持资金 15 万元，综合治理富林镇云舍村农田 14.7 公顷，修建水陂 2 座，衬砌排灌渠道 1100 米。

2009 年，投入资金 8 万元，扶持富林镇东路村高排至小茆 1.2 千米、白石镇东圳村田心自然村 1 千米村道维修扩建工作；省财政扶持资金共 38 万元（其中山草村 15 万元、水美村 15 万元、大河村 8 万元），综合治理富林镇山草村农田 13.3 公顷，修建水陂 2 座，衬砌排灌渠道 920 米；综合治理高村镇水美村农田 18.7 公顷，修建水陂 1 座长 8 米，衬砌排灌渠道 690 米，修建机耕路 1 条长 1400 米；综合治理六都镇大河村农田 18.7 公顷，衬砌排灌渠道 850 米。

2010 年投入资金 5 万元，扶持富林镇民主村塘窝自然村 1.3

千米村道硬底化建设，解决了该村村民"行路难"问题。

2011年，省财政扶持资金30万元，综合治理富林镇云舍村农田21.3公顷，砖砌排灌渠2000米，修建引水陂2座总长11米，修建机耕路200米。

2012年，省财政扶持资金50万元，综合治理高村镇白梅村农田70公顷，修建引水陂1座长8米，建混凝土灌渠2600米，修建渡槽2座共长15米。

2013年，投入资金8万元，扶持白石镇云磴村和富林镇元眼围村2个老区村修建硬底化村道共3.8千米，解决了两村村民"行路难"问题；扶持白石镇东圳老区村建设紫心番薯种植示范基地。该基地总投资30万元（其中老区建设扶持资金5万元），采取"公司＋基地＋农户"的形式，由市级龙头企业白石镇裕兴农业有限公司牵头引进广东省农业科学院作物研究所最新培育的"广薯87"品种的种苗，由群众出土地6.7公顷进行种植，公司负责技术指导、统一收购销售。经过几年的种植实践，每年每1⁄15公顷纯利润可达7200元，扶持了老区发展特色经济，带动了老区群众增收。2013年省财政扶持资金50万元，综合治理六都镇富强村农田24公顷，修建三面光引水渠700米；河堤挡土墙60米；引水陂1座长18米；引水涵管26米。

2014年，省老促会下拨老区村道建设补助资金8万元，扶持白石镇东圳村和富林镇云利村2个老区村加固维修村道共2.6千米；市级财政下拨扶持老区村道项目建设资金5万元，用于扶持镇安镇民强村委山仔头村1.23千米村道建设；区财政扶持老区建设资金30万元，扶持六都镇富强村委榕树坑村至红阳村村道改造0.5千米、高村镇大田村委东冲自然村村道改造1千米、白石镇云磴村委沙塱至大岭头村道扩建1.5千米；扶持镇安镇河东村委背岭自然村安全饮水工程新建150立方米蓄水池、新装供水管

2500 米；扶持富林镇东路村委高塑自然村村道 0.6 千米与桥梁改造；扶持富林镇河邦村委六月塘自然村 0.8 千米村道改造。省财政扶持资金 50 万元，综合治理富林镇马塘村农田 30 公顷，浆砌石水渠 423 米。

2015 年，区财政扶持老区建设资金 30 万元，扶持六都镇富强村委禤屋村新装 4150 米供水管安全饮水工程；高村镇金山村委石九自然村新建 30 立方米蓄水池与新装 1500 米供水管安全饮水工程；白石镇东圳村委田心村至西圳移民新村村道改造 2 千米；富林镇界石村委界石村新建 80 立方米蓄水池与新装 2000 米供水管安全饮水等工程；富林镇寨塘村委上麦村新建 60 立方米蓄水池与新装 1500 米供水管安全饮水工程；石城镇迳心村委红卫自然村新建 15 立方米蓄水池与新装 2500 米供水管安全饮水工程；白石镇云磴村委大岭头自然村打水井与新装 1500 米供水管饮水工程；都杨镇珠川村委珠川自然村村道改造 0.6 千米；都杨镇降面村委大幌自然村村道改造 0.5 千米。省财政扶持资金 40 万元，综合治理镇安镇民强村农田 22 公顷、三面光引水渠 99.2 米、水陂 1 座长 8 米、挡土墙 4 段总长 245 米、机耕路基础 554.2 米、机耕路硬底化 217.2 米。

2016 年，省财政扶持资金 90 万元（其中降面村 50 万元、庙山村 40 万元），综合治理都杨镇降面村农田 23.7 公顷，修建水陂 3 座共长 36 米，建设排灌渠 850 米；综合治理富林镇庙山村农田 18.7 公顷、砖砌排灌渠长 450 米、浆砌石排洪渠道 200 米。

2017 年，区财政扶持老区建设资金 30 万元，扶持白石镇民福村委下新民自然村村道改造 0.4 千米；白石镇云磴村委山下自然村新建 50 立方米蓄水池与安装水管 5500 米安全饮用水工程；白石镇西圳村委石门自然村村道改造 370 米；富林镇云舍村委山尾至秧地岗村村道 300 米；富林镇庙山村委庙山小学门口路段扩建及维修路长 0.6 千米；富林镇寨塘村委上麦自然村至寨塘小学道路建设 0.19 千米；镇安镇民强村委沙子岗自然村安装供水管共 2500 米安全饮用水工程；镇安镇河东村委墩头村道改造 0.2 千米。

十三、做好扶贫工作，力促人民群众脱贫致富

（一）改革开放前的扶贫工作

中华人民共和国成立后，云浮县对农村中因家庭人口多、劳力少、缺乏资金和生产技术，或遇天灾而致生活困难的贫困户，实行"扶志扶本"，教育他们增强脱贫志气，扶助他们发展生产，摆脱贫困。

1957 年，全县有 23 个农业社遭灾，县拨出 5000 元扶助贫困户发展生产，增加了收入。

1978 年，全县有一般困难户 1952 户、8976 人，占农业户的 2.45%，占总人口的 3.01%。县评出扶贫户 666 户、3373 人，占农业户的 0.83%，占总人口的 0.91%，对这些贫困户，县从七方面扶持他们：一是生产队在排工时，照顾安排工作；二是业务部门优先供应种苗、饲料；三是对病困者减免医疗费；四是减免学费并优先补助助学金；五是优先发放公益金贷款和救济款；六是优先帮助修理住房；七是优先发放统销粮。是年全县拨出救济款 2.25 万元、农具 662 件、衣服 1637 件、蚊帐 243 床、床板 95 副，发放贷款 1515 元，生产队补助 1.2 万元，大队补助 1887 元，学校减免扶贫户儿童 941 人学费 2299 元。

（二）改革开放后的扶贫工作

1980 年，全县发放扶贫粮食 2.26 万千克，发放各种贷款 6170 元，供应饲料 6.21 万千克，生产队减免扶贫户超支款 1.49 万元，减免扶贫户医疗费及饲料加工费 1.37 万元，学校减免扶贫

户儿童 941 人学费 4705 元。通过扶贫，有 529 户增加收入共 3.37 万元。1982 年，据 11 个公社的调查，原有的困难户生活上有明显提高的有 112 户 596 人。至 1986 年，全县贫困户已脱贫的有 731 户，进入富裕行列的有 90 户。至 1992 年，全县共扶持贫困户 1362 户，已脱贫的有 941 户，进入富裕行列的 369 户。

1985 年 3 月，成立云浮县扶贫服务中心，试办扶贫经济实体。是年，全县投资 113.5 万元（县民政局投资 72 万元，区、乡和私人自筹 41.5 万元），办起 14 个民政福利厂场（其中县办 1 个，县与专业户联办 1 个，区办 6 个，乡办 4 个，区乡联办 2 个）。至 1988 年，全县民政福利厂场共安排贫困人员就业 263 人、退伍军人 45 人。至 1990 年，投资 73.1 万元，办起乡镇扶贫经济实体 22 个，实现年总产值 323.5 万元，创税利 44.71 万元。全县有 863 户脱贫。

1991 年 3 月，在农村开展建立救灾扶贫互助储金会的试点工作。5 月 5 日，首先在河口镇布务管理区建立救灾扶贫互助储金会。是年年底有 47 个管理区建立救灾扶贫互助储金会。至 1992 年年底，全县建立救灾扶贫互助储金会的管理区 86 个，入会农户共 1.7 万户，入股总数 35 万股，股金 70 万元。县民政部门拨垫 14.3 万元，镇政府资助 4.3 万元，管理区资助 9 万元，社会各界捐资 5 万元，共有储金总额 102.6 万元。是年储金投放 40 万元，其中，救灾 19 户、1 万元，扶持生产 600 户、7 万元，解决生活临时困难 1200 户、15 万元，治病应急 500 户、7 万元，支持办经济实体 10 个、10 万元。

1993 年后，主要通过以下几种形式进行扶贫：

第一，移民扶贫。云安县的革命老区，大部分都在山区。有的边远山区自然村人口较少，交通闭塞，办学条件差，要使村民致富奔小康难度较大。政府根据各地的实际情况，动员一些人口较少的边远山区群众搬迁到圩镇附近居住，为他们脱贫致富创造条件。如富林镇规划一些地皮作为边远山区村民的落户用地。革命老区都杨镇把坐落在西江中的小岛村庄——金鱼沙村搬迁。金鱼沙村委就在金鱼沙小岛上。这个小岛四面环水，有村民600多人，耕地较少，人均耕地面积不足0.04公顷。村民以打鱼、从事船只运输作为经济补充。岛内没有水源，接对岸的自来水难度很大，村民只有饮用西江水。每年汛期，西江水比较混浊，村民只能饮用经过沉淀的西江水。到20世纪80年代，市面有了明矾出售，村民用明矾处理取回的西江水，水质稍有改善。到20世纪90年代，有条件的村民到对岸取水用于煮饭、烧开水，其他村民仍使用西江水。金鱼沙村是有名的无电村，直到20世纪80年代，村民才购买柴油机发电，解决碾米和照明问题。每天晚上照明时间仅有2~3个小时，一旦柴油发电机坏了，村民只能点煤油灯照明。因没有公路通往小岛，村民出行或到对面耕作全靠小船，村民出入相当不便且存在安全隐患。针对金鱼沙村的实际情况，政府决定把整个金鱼沙村搬迁。1993年，整个搬迁工作得到了广东省军区后勤部的大力支持，并且要求做到高起点规划、高标准建设、配套设施完善的标准建设新农村。1994年，村民梦寐以求、令人羡慕的新村落成了，整个金鱼沙村搬迁到新村，村民过上了美满幸福的生活。

第二，挂钩扶贫。1996年6月，全球开展"国际消除贫困年"募捐活动，广大干部、职工、教师积极参与，争相捐款扶贫，云安县共募集捐款41万元。是年，共投入扶贫资金53万元，帮扶80多户贫困户脱贫，县获省"四个层次、五项指标"脱贫达标一等奖，省委、省政府发给奖杯一个，奖金10万元。1997年开展"百局扶百区，千干扶千户"活动，全县共派驻434个工作队员进驻30个经济基础较差的管理区。1997年5月，全县累计建立救灾扶贫储金会 36 个，入会农户 1.2 万户，储金总额 29.1 万元，帮助 330 户贫困户解决生产、生活、治病、入学和发展种养业等实际困难。

1998 年，全县共组织 1549 名干部职工对贫困户进行结对扶持，共办起扶贫种养项目 629 个，种植水果、肉桂、笋竹、蚕桑等 320 公顷，饲养家禽家畜 13.5 万头（只），经营鱼塘 12.4 公顷，结对扶持的贫困户平均年纯收入达 6390 元，比 1997 年增加 880 元，人均纯收入 1278 元，比 1997 年增加 250 元。142 户贫困户实现脱贫。

1999 年，跟踪帮扶的 579 户贫困户平均纯收入达 3585 元，比 1998 年同期增长 21.6%，人均纯收入 862 元，比 1998 年同期增加 147 元，其中重点挂钩帮扶的 109 户贫困户人均纯收入比 1998 年同期增加 202 元。全县参与挂钩扶贫的干部 1652 人，其中处级干部 27 人，科级干部 425 人，为贫困户共筹措资金 60 多万元。每个贫困户获得扶持发展生产资金千元。全县共帮助贫困户落实经济发展项目 2027 个，其中新发展经济项目 753 个，平均每户新发展项目 1.3 个。同时加强科技扶贫力度，高村镇专门邀请了省农业科学院果树研究所专家欧良喜、市高级农艺师廖国銮为贫困户开展科技培训，现场为贫困户解决技术难题。是年，全县共为贫困户举办科技培训班 15 期，参加培训的贫困户 920 人次，印发科技资料 1800 多份，聘请组织科技人员授课 50 多人次。是年，"千干扶千户"挂扶活动结对扶持贫困残疾人的干部 256 人，扶持贫困残疾人家庭 128 户，发动社会力量助养贫困残疾人 48 人。

第三，开展扶贫两大会战。2000 年 8 月，县境开展以行政村通机动车为主的村级"四通"（通机动车、通电话、通邮、通广播）和以解决贫困户人均半亩"保命田"为主的"四个一"（贫困农户人均半亩"保命田"、每户挂上一个龙头企业、输出一个劳动力、掌握一门实用技术）扶贫两大会战。9 月 4 日，云安县政府在茶洞镇召开扶贫两大会战工作现场会议，总结了前段两大会战的情况，要求全县各级要加强领导，加大力度加快进度，按时、按质完成村村通公路任务。至 12 月 4 日，全县共投入两大会战资金 836 万元，其中投入公路建设资金 668 万元；投入劳动工日 26.3 万个；完成土石方 585 万立方米，砼方 1.65 万立方米；完成通村公路路基 47.5 千米，沙土路面 37.2 千米，水泥路面 10.3 千米；完成贫困农户"保命田"造地 21.3 公顷、改造地 32 公顷；原未通机动车的南盛镇枫木咀—枧岭和七洞—大围、高村镇石牛—金山、茶洞镇茶洞—蕉坪、前锋镇簕蓬—珍竹、托洞镇托洞—东风公路已全线通车；高村六马、茶洞蕉坪的通村电话在 9 月 30 日前正式开通；未通邮的托洞东风、茶洞蕉坪、高村金山、富林山草 4 个村在 10 月 31 日前全部落实转捎、代捎点。

逕心村是县扶贫开发重点村。全村有 7 个村民小组、108 户 478 人；有山地 540.2 公顷，耕地 7.3 公顷。改革开放前，村民主要靠种植水稻和杂粮维持生活。1990 年全村 90% 的农户仍然居住泥砖瓦房，人均纯收入不足 100 元，管理区（村委会）集体经济收入只有 800 元。20 世纪 80 年代初期，实行联产承包责任制，农民的积极性提高，1997 年年底基本解决了温饱问题，村委会兴建了办公楼。1998 年起，村委会办起茶场、果场，全村种植茶叶、沙糖橘 133.3 公顷。大部分自然村开通了硬底化村道，用上了自来水。2000 年村集体经济收入 1.8 万元，全村年人均纯收入 3120 元，已有八成农户住上了水泥钢筋结构的楼房，大部分家庭有电视机、摩托车，有个别农户购买了汽车，生产生活条件显著改善。

第四，智力扶贫。从 2003 年起，智力扶贫主要做了以下几项工作：一是对贫困户学生开展免收义务教育阶段书杂费，到 2015

年共免书杂费共 6000 多人次，230 多万元；二是开办农村科技培训班，免费发放农科书籍 2.4 万册，其他资料 5000 多份；三是开展学历培训班，输送贫困家庭子女 1770 多人免费到技工学校培训。

第五，大力扶持贫困农户发展种植业。2005 年，县扶贫办向上级争取资金 15 万元，培育优质砂糖橘苗 6 万多株，免费发放给 150 户贫困户，种植砂糖橘 80 公顷。

第六，扶贫开发"规划到户、责任到人"工作。自 2009 年扶贫开发"双到"工作至 2012 年的 3 年时间，全县先后投入扶贫资金 18170.46 万元，实施帮扶项目 1020 个。帮扶工作改变以往单纯"给钱给物"的扶贫方式，通过干部驻村专抓扶贫，实施"一村一策、一户一法"帮扶措施，为帮扶村和贫困户"出点子、出资金、改面貌、转观念、教技术、保就业、找销路"，使村民得到了实惠，大大改善了帮扶村的生产生活条件，持续增加了贫困农户的收入。2012 年全县受帮扶的贫困人口人均年纯收入 6585 元，与帮扶前相比，人均增收 5023 元，增收 321.6%，实现全县有劳动能力的贫困户 4287 户 100% 达到人均收入 2500 元以上的脱贫标准。2013 年，新一轮的扶贫开发"规划到户、责任到人"工作开始，5 月 30 日，云安县召开全县扶贫开发工作会议，动员和部署新一轮扶贫开发工作，将 70 个非重点帮扶村共计有劳动能力贫困户 1459 户 6052 人的帮扶任务细化分解到云安县 97 个部门实施帮扶。这一年，白石镇贯彻落实县扶贫开发工作会议精神，以"重特色、强基地、增效益、促转型"为目标，大力推进农业产业化发展，增强特色农业的引领示范作用。到 2014 年，已在石底村委果仔坑村建成万亩西瓜、木薯基地，并辐射周边村大面积种植，基地种植的西瓜品种主要有"科农九号""西瓜八号"等优良品种，木薯主要是"华南 205 号"，据统计，2014 年西瓜种植总面积达 494.2 公顷，全镇总产量达 1 万吨；木薯总面积 600 公顷，总产量达 2.3 万吨。到 2014 年，全区 70 个非重点帮扶村考评平均成绩为 91.89 分。2015 年，全区共投入 8699.92 万元，实施帮扶项目 792 个，取得阶段性成效，实现了如期目标。

第七，实施农村安居工程建设。从 2004 年起，全区完成新建安居房及危房改造 5106 户，具体情况见表。

云安区历年危房改造完成情况统计表

年度	完成危房改造任务（户）	危房改造补助资金（万元）	老区村完成危房改造（户）	老区村危房改造补助资金（万元）	备注
2004 年	106	48.7	13	5.5	
2005 年	170	65.4	38	14.9	
2006 年	309	12.4	102	41.2	
2007—	300	120	48	19.2	省扶持 300 户
2008 年	309	123.65	39	15.6	市、县扶持 309 户
2009—2010 年	214	164	68	51	
2011 年	700	835.6	211	263.5	
2012 年	550	682	166	225.2	
2013 年	480	847.2	172	302.2	
2014 年	545	1051.6	191	363.2	区住建局组织实施
2015 年	523	968.4	250	481.2	区住建局组织实施
2016 年	649	2322.3	257	925.2	区住建局组织实施
2017 年	251	948	121	451.4	区住建局组织实施
合计	5106	8189.27	1676	3159.3	

（三）2016年、2017年精准扶贫工作

1. 基本情况

（1）贫困人口和对口帮扶情况。至2017年年底，全区有相对贫困人口6825户17873人（其中一般贫困户有2220户8917人、有劳动力低保户1468户4910人、"五保"户1695户1727人、无劳力低保户1442户2319人），贫困发生率5.2%。全区有22个相对贫困村，84个非贫困村（含1个居委会）。22个贫困村内有贫困户2453户7809人（其中有劳动能力贫困户1714户6843人）。佛山市南海区对口帮扶19个贫困村，云浮市直单位帮扶云安区3个相对贫困村，其余84个非贫困村（含1个居委会）有16个非贫困村由16个市直单位帮扶，剩余的68个非贫困村由云安区各镇和区直共88个单位挂钩帮扶。有驻村扶贫干部共165名（其中佛山市南海区25名、云浮市直单位40名、云安区直有关单位100名）。

（2）资金投入和减贫情况。自开展精准扶贫脱贫攻坚工作以来，至2017年年底，共统筹下达各级财政专项扶贫资金1.5亿元（其中：省级财政专项资金8554万元，市级财政专项资金6022.58万元，区级财政专项资金1231.35万元），其中已使用到项目资金1.4亿元，资金使用率89.2%，组织实施精准扶贫户项目71153个，到村项目295个，取得了阶段性成效。两年来已累计实现脱贫5699户12925人（其中2016年3795户6078人；2017年1904户6847人）。剩余还有1358户5280人还需要实现稳定脱贫（占比29.5%，其中有一般贫困户721户3120人、有劳动力低保户564户2017人、"五保"户12户12人、无劳力低保户61户131人）。

2. 主要工作亮点

（1）领导重视，示范带动。区主要领导带头抓落实，以点带

面推动工作开展。在其挂点联系的都杨镇降面村，大力发展贫困户增收项目（种植笋竹46.7公顷2万多株；户光伏发电站33个共119千瓦，单此项年收入约12万元；养殖水牛42头）；抓好基础设施建设（硬底化村道3050米、修建引水陂3座、建设农田排灌渠道820米、安装太阳能路灯60盏）；建设老人公寓，帮助贫困老人实现"安居梦"，首期8套共350平方米已竣工，春节可入住；发展村集体经济（建设光伏发电站61.6千瓦，每年增加收入约6.2万元）。整村推进工作成效良好，示范带动其他村工作的开展。

（2）大力发展特色农业产业。云安区结合农业产业实际，以"公司＋基地＋农户"模式，大力推进发财树、麻竹笋、无患子等特色农业产业扶贫。如：白石镇石底村利用山地资源优势，引进云浮市绿趣农林科技有限公司，引导全村42户有劳动能力贫困户以集中种植和分散种植方式灵活统筹用地，创办发财树种植基地16.7公顷，公司负责技术指导和保底价回收产品。云安区政府因势利导，在白石镇全镇推进发财树种植。到2017年年底，全镇已种植发财树366.7公顷，全区种植达400公顷，参与种植的贫困户有450多户。为进一步推动该特色产业的发展，建设了6.7公顷的发财树交易市场，逐步打造形成一个集农户培训、产品收购加工、生产销售于一体的综合型园区，并计

云安区白石镇石底村产业（发财树）扶贫基地

划搭建网络销售平台，与全国一级花卉市场形成无缝对接，做到网上选货、物流全国、走向世界，将发财树打造成云浮的特色品牌。同时，麻竹笋、无患子种植也初见成效，其中麻竹笋已种植200公顷、无患子种植1333公顷（其中示范基地433公顷）。

（3）创新开展电商扶贫。发挥云安区供销社下属企业鲜绿公司优势，开展农副产品电商扶贫。在销售端，采取"实体店＋加盟店＋网点"开展线上线下经营模式，并配备足够的配送团队，还利用南海区对口帮扶机遇，在佛山市中南批发市场创办鲜绿百家鸡门店驻珠三角市场，并在南海区创办"云浮市鲜绿农副产品有限公司佛山分公司"。在生产端，让加入合作社的农户开展多种形式、灵活的种植和养殖，涵盖蔬菜、豆类、水果、畜牧等，有四成多的贫困户加入了合作社。鲜绿公司实行有计划生产，年初及每个季度发布生产计划，让贫困户根据自身情况勾选，有计划种养，并按不同生产时期，指导农户按技术规程和标准开展生产，保障农产品质量和产量，产品实行保底价回收，解决农户后顾之忧。

（4）对革命老区富林镇5个贫困村的整治。富林镇共有5个省定贫困村，分别是高二、界石、寨塘、庙山、云利村。共有4330户20139人，其中20户以上的自然村有53个。2017年以来，根据省、市、区的工作部署，富林镇党委、政府将省定贫困村创建社会主义新农村示范村工作摆上重要议事日程。自开展"三清三拆三整治"工作以来，累计投入资金60万元，共清理村巷道及生产工具、建筑材料乱堆乱放3847处共约429吨；清理房前屋后和村巷道杂草杂物、积存垃圾4321处，共约218吨；清理沟渠池塘溪河淤泥、漂浮物和障碍物66处，共约412吨；拆除危、旧、弃房685处，共约9.7万平方米。通过开展整治行动，改善了村内"脏、乱、差"的村容村貌，提升了人居环境。此外，5 个省定贫困村均已按设计进行项目建设，各村委会的建设除财政资金投入外，村民自筹资金（含投工折款）投入已达 200 多万元，建成水泥硬底化村道 15.3 千米，粉刷居民房屋外墙立面 309 幢，共约 1.1 万平方米；建成党群活动中心 1 个，休闲公园、广场 5 个、标准垃圾屋 15 个，污水处理站 12 个，铺设雨污分离管网约 9000 米，暗渠化管道约 7000 米，文化楼 3 幢，康乐活动中心、路灯、安全饮水等基础设施一批。

全区的发展情况

一、乡镇企业的发展

1956 年，云浮境内农业社始办工业企业，但企业规模小，设备简陋，生产能力低，只能进行一些小农具生产和食品加工。1958 年秋，为壮大人民公社工业，县境的二轻系统手工业转为人民公社企业，1961 年把原二轻系统部分企业从公社企业划回二轻系统管理。同时，对原材料供应困难、消耗大、生产成本高以及与国营企业争原料的公社企业进行裁减。1970—1977 年，社办企业利用本地矿产和水力资源建立起一批骨干企业。1974 年，富林镇文锋大队办石米厂，带动了当地集体企业的发展。1977 年，高村、白石、富林、镇安、托洞等公社先后建起一批小型水电站。是年，把分布于乡镇的二轻企业转为公社企业。1978 年后，乡镇企业逐步发展，六都、茶洞、富林等公社建立起一批以石料建材为重点的企业。1988 年后，茶洞镇水泥厂、六都镇西江水泥厂、华都陶瓷厂、镇安粤西铝材厂等企业先后建成投产。以生产花岗岩和大理石板材为主的石材加工企业在茶洞、托洞、镇安及富林等镇的工业小区涌现，形成了镇村集体企业和个体私营企业比翼双飞的发展局面。乡镇企业异军突起，成为县域经济的半壁江山。1992 年，各镇积极参加肇庆市组织的"百镇亿元冲线"大会战，是年六都、富林、镇安、托洞、茶洞等镇实现工农业总产值超亿元。

1990 年，镇级工业产值达 2.51 亿元，创税利 405 万元。是年，全县镇办企业 106 家，涉及 11 个行业，在职职工 2356 人。主要企业 61 家，企业资产总额 2.91 亿元，固定资产总值 2.11 亿元，资产净值 5851 万元。2000 年，全县新办乡镇企业 25 家，其中投资 100 万元以上的有 11 家。托洞镇利用本地资源，提供厂房、场地、吸引外商兴办森茂林产化工有限公司，占地面积 1.2 万平方米，总投资 300 多万元，设计年加工松脂 1.5 万吨，年创产值 5000 多万元。白石林兴化工厂、白石变压器厂，年新增产值 8000 多万元。是年，全县乡镇企业 2591 家，其中新办企业 50 家，转制和复产企业 105 家，从业人员 15339 人，实现总产值 115746 万元，缴交税金 2022 万元，其中镇级企业工业总产值 2.28 亿元。

1996 年、1997 年白石镇磷酸氢钙化工厂获市"十佳乡镇企业"称号；1997 年茶洞镇获市"乡镇企业十佳镇"称号；1998 年、1999 年亨达利水泥厂获市"十佳乡镇企业"称号。1996 年后逐步推行股份制、股份合作制，改革乡镇企业的产权制度。通过股份、承包、招租、出售等形式转变乡镇企业的体制。

1996—2000 年云安县乡镇企业状况表

年份	企业个数	从业人数	总产值（万元）	上交国家税金（万元）
1996	6371	38905	263031	1193
1997	5033	32875	267584	1178
1998	5068	33066	299511	1435
1999	4367	31376	317214	1467
2000	2591	15339	115746	2022

二、云安县设立后各项事业的发展

1996 年 1 月 9 日，经国务院批准，云浮市从云城区分设云安县，并于 7 月 11 日正式挂牌成立，云安县开始了艰苦创业的新里程。"云开三泰载史入册立新县，安定九镇策马扬鞭展宏图"。设县伊始，百事待举，百业待兴。面对"总量小、基础差、财政弱"的困境，历届县委、县政府坚持因地制宜科学决策，先后确立了"两年打好基础、三年初见成效、五年具规模、十年实现腾飞"的发展目标；探索了"大水泥、大石材、大电力、大化工、大港口"发展循环经济的发展路子；坚持以科学发展观统揽全局，围绕"打造青山绿水家园，建设美丽幸福新云安""建设科学发展新云安、实现富民强县新飞跃"的总体目标，创新"错位竞争、借城发展、产业强县"的发展理念，确定"三城一县一区一排头兵"的发展定位，确立"五年再造'两个云安'"的奋斗目标，以组织"两大会战"（"百亿云安"与社会主义新农村建设）和实施"两轮驱动"（循环经济与农村改革）战略为载体；组织"项目攻坚年"活动，统揽全县经济工作；尤其是党的十八大以来，云安区委、区政府贯彻习近平总书记系列重要讲话精神和党中央治国理政新理念新思想新战略，统筹推进"五位一体"总体布局、协调推进"四个全面"战略布局，围绕广东"三个定位、两个率先""四个坚持、三个支撑、两个走在前列""四个走在全国前列"和云浮"建设现代生态城市"目标要求以及云安"跨越发展"目标，团结带领全区广大党员干部群众坚定信心、抢抓机遇、乘势而上、锐意进取，全面加强经济建设、政治建设、文化建设、社会建设、生态文明建设和党的建设，为实现与全省全市同步全面建成小康社会奠定了坚实基础。

经济快速增长的同时，全区社会各项事业也全面推进。全区把改善民生作为从政之本，着力构建宜居安居环境，稳步推进各级各类教育协调健康发展，着力扩大养老等各类社会保险覆盖范围，逐步扩大基本医疗保障覆盖面，扎实推进基本公共卫生服务均等化等。全县的教育、文化、医疗卫生、城乡环境、社会保障、就业、扶贫等各项民生事业取得了长足进步，人民群众幸福指数得到显著提升。

面对撤县设区的大好形势，云安将把握当前珠江—西江经济带上升为国家战略以及云浮行政区域调整，做大做优中心城区，提升城市辐射带动力的机遇，主动融入云浮市区发展，坚持"工业立区、城乡统筹、循环经济"的发展理念，为实现云浮市委、市政府提出的"一江四组团""两区带两园"的城市发展格局作出应有的贡献；同时，致力改善民生，不断提高政府公共服务的能力和水平，让群众切实感受到设区之后带来的新变化，让群众分享经济社会发展的丰硕成果。

（一）聚焦"特色工业"，促经济快速增长

1996年，云安县委、县政府实施"农业稳县、工业立县、第三产业旺县"的发展战略，确立工业的主导地位。1997年，制定《关于加快发展非公有制经济的决定》，以石料加工为主的私营企业蓬勃发展，全县有石料加工、水泥建材、工业陶瓷等各类工业企业2141家，其中石料建材企业1000多家，年产石料板材217.8万平方米，年产水泥30.09万吨。是年工业总产值10.64亿元，其中国有企业产值2334万元，集体企业产值6513万元，以"三资"企业（中外合资企业、中外合作企业、外商独资企业）为主的其他企业产值9.75亿元。全年轻工业产值1.78亿元，重工业产值8.86亿元。1997年，全县工业生产总值稳步增长，全年完成工业总产值11.5亿元，比1996年增8.3%。其中：轻工业为1.85亿元，重工业为9.67亿元，比1996年分别增长8.4%和9.1%。全县发电量7382万千瓦时，生产大理石板材35.7万平方米，花岗岩板材198.9万平方米，水泥33.36万吨。2000年新发展工业企业96家，其中投资100万元以上的有11家。是年全县

有工矿企业 1361 家，主要是水泥、石材、陶瓷、水电等行业，年产水泥 130 万吨、石板材 353.1 万平方米，年发电量 1.73 亿千瓦时。年内实现工业产值 15.81 亿元，比 1999 年增长 15%。全年规模以上工业企业实现利润 1275.4 万元，国有及国有控股企业全部盈利，实现利润 259 万元，增长 43.9%。云安区以石材、水泥、硫化工为主导产业，大力发展绿色日化产业。2017 年，全区规模以上企业石材产业完成工业总产值 73.7 亿元，硫化工行业完成工业总产值 17.7 亿元，水泥制造业完成工业总产值 23.1 亿元；三大主导产业实现产值 114.5 亿元，占全区工业总产值的 58.3%。2017 年，全区规模以上工业企业 122 家。

1. 石材产业

全区工商登记在册石材生产企业共 700 多家，主要集中于国道 324 线和省道 368 线的两旁，石材企业年产各类板材近 2000 万平方米。其中规模以上石材企业有广东传奇岗石有限公司、云安区智胜石材有限公司、云安区利机石材有限公司、广东远景石材有限公司、云浮市新联益石材有限公司等 44 家。全区石材加工企业主要分两类，一是传统天然石板材加工类，年产能 1000 万平方米，主要集中在石城镇，生产天然大理石、花岗岩、石工艺品等，以经营白石、封开花、西丽红等传统低档石材为主。二是新型石材类，规模以上企业有 10 家，年产能 1000 万平方米，生产人造石、岗石、复合板等，主要集中在六都镇循环经济工业园。

2. 水泥产业

云安区是广东省规划发展的三大水泥熟料生产基地之粤西基地的重要地区，是广东省火炬计划特色水泥产业基地，六都镇是广东省水泥特色专业镇。全区共有已投产水泥生产企业 6 家，分别是中材亨达水泥有限公司、中材天山（云浮）水泥有限公司、云浮市亨达利水泥制品有限公司、青洲水泥（云浮）有限公司、云浮市力泰水泥有限公司、云浮市新云鹰水泥厂。已形成年产水泥熟料 700 万吨、成品水泥 840 万吨的生产能力，拥有省级企业技术中心 2 个。

3. 硫化工产业

截至 2017 年，全区有硫化工企业 7 家，分别是广东惠云钛业股份有限公司、云浮市业华化工有限公司、云浮市金泰化工有限公司、云浮市创东化工有限公司、云浮市联发化工有限公司、云浮市宝利硫酸有限责任公司、云浮市银利化工有限公司。已形成年产硫酸 138 万吨、钛白粉 6 万吨、过硫酸盐 2 万吨的生产能力。云安被认定为"广东省火炬计划硫化工特色产业基地"和"省市共建先进制造业硫化工产业基地"，设有"广东省硫化工工程技术研究开发中心"。

（二）聚焦"促增长"，经济发展总体向好

云安区委、区政府坚持以"促增长"为目标，牢牢把握粤东西北振兴发展战略，主动适应经济发展新常态，全力以赴加快云安经济发展。

经济运行平稳向好。2016 年，全区完成地区生产总值 82.7 亿元，同比增长 8.1%，与 2012 年相比增加 25.14 亿元；规模以上工业增加值 49.7 亿元，同比增长 8.9%，与 2012 年相比增加 28.3 亿元；一般公共预算收入 3.53 亿元，与 2012 年相比增加 0.23 亿元；税收收入 5.11 亿元，与 2012 年相比增加 0.81 亿元。其中，国税收入 3.35 亿元，同比增长 1.3%，与 2012 年相比增加 1.15 亿元；地税收入 1.76 亿元，与 2012 年相比减少 0.34 亿元；固定资产投资总额 63.1 亿元，与 2012 年相比减少 24.21 亿元；实际利用外资 192 万美元，增长 17.3%；外贸进出口总值 3.37 亿元，增长 18.2%，与 2012 年相比增加 2.34 亿元；社会消费品零售总额 18.02 亿元，增长 12.7%；与 2012 年相比增加 8.12 亿元。

项目建设拉动明显。2012—2016 年，全区共签约项目 136
个，计划总投资 391.12 亿元。其中，已竣工（投产）项目 61 个，
总投资 96.3 亿元，年均完成投资 19.26 亿元。区委、区政府以云
浮循环经济工业园为主战场，加快项目建设，园区内投产骨干企
业由 2012 年的 29 家增加到 2016 年的 54 家，总投资由 55.2 亿元
增长到 100.68 亿元；依托水泥、石材、硫化工等几大支柱产业，
经过几年的努力，在工业生产上保持持续增长，全区规模以上工
业企业由 2012 年的 55 家增加到 2016 年的 110 家，规模以上工业
总产值由 2012 年的 78.7 亿元增长到 2016 年的 201.69 亿元，完成
规模以上工业增加值从 2012 年的 21.4 亿元到 2016 年 49.7 亿元。

（三）聚焦"强产业"，发展后劲逐步增强

紧扣供给侧结构性改革，加快推进新型工业化、农业现代化
和旅游品牌化，提升产业发展层次，做强云安经济实力。

1. 大力推进绿色日化产业集聚区建设

云安区绿色日化产业集聚区建设于云浮循环经济工业园内，
是广东省经济和信息化委员会认定的第一批广东省循环经济工业
园之一。为贯彻落实新发展理念，进一步优化产业结构、提升产
业素质，云安区因地制宜，利用现有硫化工产业基础和丰富的硫
资源、生物资源，与佛山市南海区共建云浮循环经济工业园绿色
日化产业集聚区，着力发展绿色日用化工产业。绿色日化产业集
聚区位于云浮循环经济工业园东部的硫化工地块，项目定位是
"以硫资源和生物资源为基础的绿色日化产业集聚区"，围绕日化
产业的上下游延伸配套，引入上游基础原料、表面活性剂等中间
体和终端产品生产商，按照产业园的集聚化、专业化、市场化的
思路，建设日化原料园区和日化终端产品（日用品）工业城，打
造完善的日化产业链。同时，云安区与华南理工大学共建云浮循
环经济工业园协同创新研究院，促进产学研合作成果在本地转化，

强化日化产业集群发展的科技创新支撑。集聚区首期开发面积66.7 公顷，并已进驻了项目，目前仍在加大征地扩园力度，计划再扩展 66.7 公顷，能容纳 50 家以上日化原料企业进驻。区政府将继续加大绿色日化下游终端产业招商引资力度，计划建设日化终端产品（日用品）工业城，将整个云安日化产业集聚区发展到拥有 30 家以上日用品企业的规模，形成 50 亿元产值规模的新产业。

立足云安现有三大产业（石材、水泥、硫化工）与绿色日化产业之间的"合纵连横"，以政、产、学、研合作共赢模式，构建"一园、八区、六院、三体系"规划，向高技术、高价值的有机化工领域延伸，远期规划 333.3 公顷，打造 500 亿元日化产业集群，建设云安区新的经济增长点。截至 2017 年，集聚区各项建设进展顺利。一是基础设施建设方面，污水厂（一期）已竣工验收；云硫大道路面及绿化景观工程已全部完成，南安路已完成路面工程；供水、供蒸汽、供电、供天然气等工程计划 10 月竣工；创研中心综合楼计划 10 月动工建设；与华南理工大学化学与化工学院成立的协同创新研究院已完成设备安装调试。二是项目建设方面，已有 6 家企业落户（含创研中心），首批进驻企业计划总投资 3.4 亿元，其中美华、顺天然、椰林、创研中心中试车间项目已动工建设，翰博、御禾田项目正进行环评，已动工企业计划年底试产。

2. 大力推进云雾山旅游度假区建设

云雾山旅游度假区项目以海拔 1140 米的云雾山为依托，建设集休闲旅游居住和商业于一体的创新型多元化的旅游度假区，入选全国优选旅游项目。项目位于云安区石城镇与富林镇交汇处大云雾山脉，规划建设面积 466.2 万平方米，占地约 78.95 平方千米。项目包括云雾山景区、云雾湖景区、菩提谷景区、云雾山度假基营综合体、云雾山田园乡村综合体、康养山林国学养生综合体、脉动山岭户外运动综合体、凤凰秘镜乡村生活综合体、云雾栈道慢行系统、野奢乡村民宿系统、五彩田园农业系统等。该项目规划构建"一带三环四区"，内有云雾山栈道慢行系统，云雾山、云雾湖、菩提谷三大景区，分别以度假、养生、乡村生活及户外运动为主题的四大综合体。以"观光＋特色小镇＋度假要素"呼应旅游度假区的"引客、迎客、留客"发展体系，分别落实云雾山旅游度假区国家 AAAAA 级景区建设、珠三角度假首选目的地、国家新兴宗教文化旅游名山、云浮旅游发展核心引擎及旅游产业龙头的发展目标。该项目入选全国优选旅游项目，已完成景区公路及景区交通连接的立项工作，已通过财政承受能力论证以及物有价值论证，PPP 项目招标工作推进中。项目计划投资 10 亿元。其中度假区景区概念总体规划及景区形象设计已完成，正在进行项目总体规划工作，同时对位于风景区西侧和东侧进行控制性详细规划；已经取得项目备案证。景区内石城镇至富林环大云雾山公路已经完成立项及公路设计勘探招投标工作，深罗高速南盛出入口南盛至富林（云安段）公路改造工程已完成立项工作，富林镇过境公路新建工程项目的相关工作正在推进当中；正对云雾山旅游综合开发项目周边的历史文化和自然风光项目进行整合，并对这些项目的基础设施进行升级改造。2017 年计划投资 5000 万元，已完成投资 2647 万元，完成年度计划的 52.9%。

3. 大力推进现代特色农业发展

云安区粮食作物播种面积 16286.7 公顷，年总产 9 万吨左右；经济作物播种面积 6733.3 公顷，年总产约 10.39 万吨。在养殖业方面，主要发展肉猪和肉鸡养殖，年出栏肉猪约 17.2 万头、家禽饲养量约 236.3 万羽。全区共有畜禽规模养殖场 96 个，发展水产养殖面积约 666.7 公顷，水产品总产量 1.1 万吨。全区发展农业产业化基地 25506.6 公顷。其中水稻 9633.3 公顷，柑橘 7920 公顷，蚕桑 1526.6 公顷，其他 10.59 万公顷。

在稳定柑橘、腐竹、油茶等传统产业发展的基础上，大力培育新兴产业，推动云安区现代特色农业发展。一是在发展优势产业方面，通过科学规划，推进各镇优势产业加快发展。已形成以高村镇为中心的油茶、工艺榄产业区，以白石镇为中心的西瓜产业区，以镇安镇为中心的蚕桑、咖啡产业区，以富林镇为中心的农业生态旅游、优质稻、生猪养殖产业区，以石城镇为中心的腐竹、柑橘产业区，以都杨镇为中心的"大冬瓜"产业区，以云雾山、大金山为依托的茶叶产业区。截至 2017 年上半年，农业产业化组织 259 个，其中建立农业龙头企业 32 家，农民专业合作经济组织 203 个；省级现代农业园区 2 个，省级"一乡一品"项目镇 4 个，获国家级地理标志保护产品 2 个，国家 A 级绿色认证产品 3 个，地方知名品牌 6 个。二是在培育新兴产业方面，通过大力发展南药，促进产业发展。其中，与广东南岭药业有限公司签订合作框架，在云安实施南药推广种植项目；与广药集团、三九集团等企业合作建设特色中药材产业化订单种植示范基地和优良种苗繁育研究中心；与广西邦尔药业有限公司对接，在石城镇发展 33.3 公顷的虎爪豆种植基地；与广东药科大学和新兴中药学校对接，通过学校科研平台与知名药企进行合作发展"订单南药"；与广州白云山制药厂合作，在石城镇投资 1000 万发展种植小叶榕项目；在镇安、都杨两镇大力发展肉桂种植，建设 433.3 公顷以上的种植基地；在高村镇建设无患子良种繁育基地和无患子原料林基地。

4. 聚焦"治环境"，环境质量持续改善

（1）花大力气巩固国家卫生城市。区委、区政府坚持把巩固国家卫生城市作为重要政治任务来落实，明确责任分工，细化工作措施，全力抓好巩卫各项重点工作。具体落实"三个三"措施：做到硬底化、绿化、净化"三个化"，做到上设备、上监控、上新能源"三个上"，做到治超载、治矿山、治码头"三个治"。工作开展以来，投入 3320 多万元完善城区的硬件设施，投入 900 多万元进行网格化环境卫生综合整治。在宣传发动方面，召开动员会、推进会及各类专项会议 40 多个，增设户外广告牌 20 多个、宣传标语 240 多条、健康教育宣传栏 80 多个，派发宣传小册子 1.3 万份，开展宣传活动 20 多场。在问题排查方面，对照《国家卫生城市暗访评价表》逐项内容摸底排查存在问题，逐一落实整改。在整治工作方面，全面开展城中村和城乡结合部整治、市容环境卫生整治、农贸市场及周边整治、城区"十乱"整治、环境污染整治、五小行业整治、重点场所卫生整治、健康教育整治、医疗卫生整治和病媒生物防制整治等各类专项整治。通过全面整治，区容区貌焕然一新，各行各业管理水平明显提升。

（2）全力创建国家园林城市。2017 年开始，云安区认真贯彻落实云浮市委、市政府关于创建国家园林城市的指示精神，积极开展创建国家园林城市工作。投资 2395 万元，实施 9 个增绿提质的工程项目，抓好防护林补植和矿山弃置地的复绿工作。一是以主道路绿化为基础，打造云安入口形象。投入资金 1518 万元，抓好云安主道路入口绿化景观工程，打造良好入口形象。其中建设云安高速公路出口至云六公路高架桥导流岛的绿化景观工程投入 475 万元，云硫大道绿化工程投入 493 万元，东安大道 4 个路口花坛绿化工程建设投入 100 万元，升级改造东安大道绿化投入 450 万元。二是以公园建设为抓手，提升公共绿地面积。投入资金约 600 万元，新建崖鹰山公园、富山湖路口公园、三墩文体公园，公园服务半径均在 500 米内，人均公共绿地面积 13 平方米。各公园建设项目 2017 年年底均已完成。三是以创建园林单位为关键，推进增绿提质。积极发动区内的单位、企业申报园林式单位，投入200万元对区政府林荫停车场、区保障房、区住建局等重点申报单位进行绿化升级改造，并动员怡源污水处理厂、市自来水厂取水口、中材天山水泥厂等单位进行绿化升级改造，确保绿地率、绿化覆盖率符合"园林式单位"的创建标准。到截稿时，区人民政府、区国家税务局、区消防大队、区住建局、中材天山水泥厂等5个单位已被评为"园林式单位"。四是以提升绿量为重点，深化补植复绿。一方面强化防护林种植，到截稿时，已对供电局后背龙塘山一带、崖鹰山等防护林补植20多公顷。另一方面抓好矿山弃置地的复绿工作。投入30多万元对供电局后山崩岗进行平整，修砌挡土墙和周边修建排水设施等；投入5万元对冬城力联泥场矿区进行复绿，种植速生桉、秋枫、橡草等共2万多株；投入10万元对白庙山泥场矿区进行复绿，种植速生桉、秋枫，橡草等共6万多株，平整场地5000平方米。

（3）全域推进农村人居生态环境综合整治和社会主义新农村示范村建设工作。按照省、市关于农村人居生态环境综合整治和社会主义新农村示范村建设的一系列工作部署，云安区抓好有关工作的落实。一是搭建工作架构。加强对新农村示范村建设工作的领导，成立了以区委书记为组长，区长任第一副组长，区分管领导任副组长，各镇党委书记和相关职能部门主要负责人为成员的农村人居生态环境综合整治和社会主义新农村示范村建设领导小组。二是制定和落实规划。提升规划的村庄有57个，其中已编制完成32个云安区社会主义新农村示范村（22个为省定贫困村）提升规划初稿。三是整区推进新农村示范村建设。一方面，重点抓好22个省定贫困村创建新农村示范村建设。另一方面，通过PPP模式同步推进35个一般行政村的新农村建设。

5. 聚焦"惠民生"，社会事业日益进步

区委、区政府坚持以人为本，加大民生支出力度，切实保障改善民生，社会事业建设取得了新成绩。

（1）推进了教育事业发展。教育强镇强区、义务教育均衡区顺利通过省检。教育创强共完成 1863 个项目，投入资金 2.1 亿元，云安区被广东省教育厅授予"广东省教育强区"称号。开展创建广东省推进教育现代化先进区工作，全区"全面改薄"工作已完成，义务教育阶段中小学已全部通过市级认定为标准化学校。青少年科技教育活动蓬勃开展，参加第 31 届广东省青少年科技创新大赛的 4 个项目全部获奖，成功举办云安区第一届中小学科技节暨首届师生创客作品大赛，成功承办 2017 年广东省青少年科学教育特色学校组织工作者培训班。山区和农村边远地区义务教育学校教师生活补助制度进一步完善，2017 年全区农村学校教师生活补助月人均 900 元。

（2）推进了医疗卫生事业发展。实施医疗卫生强基创优工作，提升医疗机构综合服务能力。探索构建市区级和区镇级医疗联合体，区政府与市人民医院签订框架协议将区人民医院建成市人民医院云安分院，同时以区人民医院为龙头，与各镇卫生院、村卫生站组成医联体。启动村卫生站公建民营规范化建设，全区共 39 间建设任务已全面动工。建立基本药物制度，在镇级以上公立医院优先配备、使用基本药物，逐步在村卫生站配备、使用基本药物。基本公共卫生服务均等化水平进一步提升，2017 年按照人均 50 元的标准落实全区基本公共卫生服务项目。完善卫生信息化建设，积极推进"互联网＋健康医疗"服务，全区统一搭建区域医疗卫生信息一体化平台，卫生院实现电子病历、电子处方规范化、标准化管理。

（3）抓好了就业保障。全面落实就业政策。全区共转移就业

12.01 万人，培训农村劳动力 1.89 万人；城镇登记失业率控制在
3.5% 以内；镇级人力资源社会保障服务所基层服务平台建设全部
改造完成；创建充分就业村 42 个，其中六都社区被省评为"省级
充分就业星级社区"。全区贫困劳动力共 6355 人，已有 2778 人实
现转移就业，年务工工资收入 7590 万元。

（4）抓好了社会保障。全面落实城乡居民养老保险和城乡居
民基本医疗保险制度，实现城乡居民医疗保险全覆盖。全区共参
加城乡居民基本养老保险 78.72 万人次，参加城乡居民基本医疗
保险 174.85 万人次；5.12 万被征地农民落实养老保障政策；发
放社会保障卡 30.5 万张。城乡居民基本养老待遇不断提高，从
2011 年 7 月起每人每月 55 元增加到 2015 年 7 月起每人每月 120
元。劳动者的合法权益得到进一步保障。区劳动人事争议仲裁委
员会立案受理劳动争议案件 76 宗，涉及劳动者 982 人，涉及金额
1481.45 万元，结案率为 100%。

（5）开展了脱贫攻坚工作。开展产业扶贫、就业扶贫、教育
扶贫、社会保障扶贫和基础设施扶贫等精准帮扶措施，组织实施
到户项目 13914 个，到村项目 155 个，有劳动能力贫困户人均增
收 4070 元。全区贫困户 60 岁以上符合领取待遇的老人 100% 享受
城乡居民社会养老保险待遇；符合条件的无劳动能力贫困户
100% 纳入农村低保或特困人员救助供养；落实贫困户 100% 参加
城乡居民养老保险和城乡基本医疗保险，并将贫困人口全部纳入
重特大疾病救助范围，对重病户落实不低于 70% 比例的补助。
2016—2017 学年，各阶段建档立卡家庭经济困难学生免学费和生
活费补助共 2209 人，发放困难学生免学费和生活费补助资金共
714.9 万元。

6. 聚焦"创和谐"，社会大局保持稳定

十八大以来，全区上下充分发挥思想引领、舆论推动、精神

激励、文化支撑作用，有力推进精神文明、依法治区、综治维稳、公共安全等各项工作，营造和谐稳定的社会环境和公平正义的法治环境，全力维持社会大局稳定。

（1）抓好了精神文明建设。一是树立典型模范。近年来，云安区向上报送并获评的广东好人、云浮好人、道德模范的数量在全市各县（市、区）均排第一或第二，并经过媒体和网络宣传，引领全区公民道德建设，使全区"好人"群体不断扩大，正能量日益汇聚。二是弘扬优秀传统文化。大力推动优秀传统文化"六进"（进学校、进机关、进社区、进农村、进企业、进家庭）活动，举办了优秀传统文化演讲比赛、"仁孝礼信在云安"知识竞赛、道德讲堂、"西江风情"主题群众文化活动等。其中，"陈璘文化大讲坛"暨大型图片展在各中学进行巡回宣讲，大力宣传陈璘英雄事迹以及爱国情怀。三是抓实文明镇创建。2017 年，第一批创建的 4 个镇已按要求开展设置宣传牌、环境治理、提升群众文明素质等多项工作；区文明办已在城区建设了社会主义核心价值观主题公园、开展一系列精神文明宣传活动。四是打好省文明城市复检攻坚战。全方位宣传创文、核心价值观、中国梦、未成年人教育、学雷锋等内容，广泛推进"六进"宣传活动和编排创文文艺节目，大力开展志愿者服务、市容环境综合整治、集贸市场综合环境整治、未成年人思想道德建设等活动，进一步加强创建全国文明城市的宣传，营造浓厚的社会氛围。

（2）抓好了依法治区。一是推进司法体制改革试点。区法院已完成 14 名法官的遴选入额工作，实行随机分案为主、指定分案为辅的案件分配制度，建立专业法官会议制度，已完成第二批两名法官的入额工作；区检察院已完成 12 名检察官的遴选入额工作，初步组建了 12 个办案组，已制定检察官职权清单和各类人员职责。二是加强法治宣传教育。广泛开展"法律六进"（法律进学校、进机关、进乡村、进社区、进企业、进单位）活动，以抓好"三头"（龙头：领导干部；源头：学生，大头：群众）教育作为法治云安建设的重头戏，坚持用法治文化引导群众，每年为镇村干部和全区中小学生开展相关的法律法规教育培训。三是加快公共法律服务体系建设。全区7个镇114个村（社区）聘请了15名律师担任挂村法律顾问，实现区镇村公共法律服务实体平台全覆盖，并着力提升"12348"公共法律热线服务功能和水平。2012年以来，全区挂村律师服务群众共5000余人次，其中法律咨询2823次，法治宣传950次，参与人民调解206次，出具法律意见295次。四是推进法治建设"四级同创"活动。全面部署推开法治区、法治镇、民主法治村（社区）创建活动和依法治校创建活动，六都、高村、富林3个镇已于2016年4月27日被省委政法委通报为2016年度全省法治乡镇（街道）创建活动的达标镇；云安区有60个村（社区）达到云浮市级"民主法治村（社区）"创建标准，2016年又确定了2个法治创建活动示范镇，4个示范村（社区）。

（3）抓好了综治维稳。一是深入开展"社会矛盾化解年"活动。云安区深入开展12个矛盾化解专项行动，认真抓好重大节日、重大会议和敏感时期信访维稳工作，先后圆满完成了元旦、春节、全国两会、春分、清明、五一劳动节和省第十二次党代会等重大节日、重大会议和敏感时期的信访维稳工作，确保了全区社会和政治大局和谐稳定。二是全面开展"中心＋网格化＋信息化"建设。全区"中心＋网格化＋信息化"建设工作已全面铺开，共构筑1123个网格，网格员1154名，已举行了多期综治信息系统操作应用培训班；区综治中心建设基本完成，综治视联网已于2017年8月29日建成开通。三是抓好信访维稳处理工作。据统计，2012年以来，云安区信访综治部门共受理各类矛盾纠纷

5363 宗，成功调处 5220 宗，调处成功率 97.3%，全区连续 3 年没有发生群众到市以上集体非正常上访事件，连续 5 年没有重大违法上访事件；2012—2017 年，区公安机关共立刑事案件 1982 起，破获 1022 起，受理各类治安案件 3620 起，查处 2892 起，全区刑事治安警情同比下降 6%，刑事案件立案同比下降 11.3%；区人民法院共受理各类案件 7114 件，同比增长 19.60%，审（执）结 6797 件，同比增长 21.94%，法定审限内结案率达 100%；区检察院受理提请批捕案件 729 件 1033 人，受理审查起诉 819 件 1148 人；全区司法行政机关共受理各类矛盾纠纷 1533 件，成功调处 1501 件，村（居）级调解组织共受理各类矛盾纠纷 4154 件，成功调处 4091 件。2012 年，全省群众安全感调查结果显示，云安区群众安全感在全市最高；2013 年，云安区政法工作群众满意度和"平安创建"满意度均居全市第一；2014 年，在五个县（市、区）的排名中，云安区群众安全感第一、群众知晓率第一、平安创建满意度第一、政法工作满意度第二；2015 年创平考核中，全区政法工作满意度排全市第一；2015—2016 年，云安区连续两届被评为"全国社会治理创新优秀地区"。

（4）抓好了公共安全。一是大力压减刑事治安警情。云安区 2014 年重点开展"六大专项"行动，2015 年重点开展"3＋2"专项打击整治，2016 年重点开展"飓风2016"专项行动，对各类突出违法犯罪发起强大攻势，有效提升了打击违法犯罪活动的整体成效。二是大力推进视频监控工程建设。至 2017 年年底，全区已建成一类视频监控点 375 个，二类视频监控摄像头 1500 个，三类治安视频监控摄像头 2745 个；已有 104 所中小学安装了视频监控系统，共安装视频摄像头 662 个，完成安装率 82%；130 多个自然村还安装了平安大喇叭，4708 户农户加入电信治安联防网，基本实现全区重点路段和重点部位全覆盖。三是大力推动治安联防工程建设。至 2016 年年底，全区已拥有治安联防队 21 支 469 人，治安执勤点 42 个，区综合应急大队 1 支 70 多人，平安志愿者服务队员 13410 人，农村专（兼）职群防群治队伍人数 2475 人，镇村综治信息员 3000 多人，初步构成区、镇、村、组（自然村）、户、人"六位一体"的群防群治防控格局。四是深入推进社区矫正工作。云安区在全市率先按省的标准高规格建成了 580 多平方米的社区矫正中心，累计接收社区服刑人员 455 人，解除矫正 381 人，无一人收监执行，无一人非正常死亡，无一人重新犯罪，并对首批云安区试点的社区服刑人员进行"电子手环"佩戴，实现全方位定位实时监管，确保社区矫正安全稳定。

7. 聚焦"抓党建"

全区持续推进思想政治、党内政治生活、干部队伍、基层组织和党风廉政建设，把全面从严治党贯穿党的建设的全过程，提供了强有力的组织保证和人才支撑。

（1）加强了思想政治建设。一是深入开展理论学习。十八大以来，云安区以区委党校为主阵地，通过中心组学习、教育培训、专题研讨等多种方式开展对中国特色社会主义理论体系和习近平总书记系列重要讲话的深入学习，积极引导广大党员践行社会主义核心价值观，全社会的道德风尚进一步改善。二是开展"三严三实"专题教育。全区认真开展"三严三实"专题教育活动，抓好了教育实践活动中 25 项专项整治和班子整改台账落实；处级领导干部查找"不严不实"问题 29 项，排查处理基层干部不作为乱作为等损害群众利益问题 9 宗，处理基层干部 9 人。三是开展"两学一做"学习教育。全区 435 个党支部都召开了"两学一做"学习教育常态化制度化工作会议，并举办专题党课 500 余次，积极开展"三树三争"（树立不甘人后的精神、树立钉钉子的精神、树立担当勇为的精神，争做学习进取的表率、争做攻坚克难的表率、争做敬业奉献的表率）主题实践活动，近万名基层党员受到教育。

（2）加强了党内政治生活。一是开展党的群众路线教育实践活动。全区共有区直机关、乡镇、村（社区）以及"两新"（新经济组织与新社会组织）组织等 343 个基层党组织 10815 名党员通过集中学习、个人自学、交流体会等多种方式参与党的群众路线教育实践活动。二是严格规范发展党员程序。严格贯彻执行《中国共产党发展党员工作细则》，十八大以来，共发展党员 968名。到截稿时，有 35 岁及以下党员 1755 名，占党员总数的 18%，大专及以上学历党员 3008 名，占党员总数的 30%。三是开展慰问和评优活动。党的十八大以来，元旦、春节、七一和中秋节等节日，共慰问老党员、困难党员和群众 9600 多人次；2016 年，共有 24 个党组织、67 名党员受到表彰，在 2017 年 "两学一做" 学习教育先进典型评选活动中，共有 9 个党组织、27 名先进个人受到表彰，另 3 个基层党组织，5 名先进个人受市通报表扬。

（3）加强了干部队伍建设。一是做好干部选拔工作。2012 年12 月以来，圆满完成了 2014、2017 两次全区村（社区）"两委"换届工作和区第六次党代会代表选举工作，调整配备干部 51 批次共 798 人次，其中提拔任职 179 人次。二是提升干部监督水平。严格抓好落实谈话提醒机制和组织部长谈心谈话制度，扎实抓好超职数配备问题审核，严格落实区管干部因私出国（境）管理工作，规范干部的工作作风和生活作风，提升干部士气。三是加强干部锻炼培养。全区共选送干部 11 人次参加省、市开办的 "中青班""处级班" 等专题培训班，选派 20 名较为优秀的年轻干部挂职 "苗子工程" 锻炼；落实领导干部交流制度，2017 年调整在同一职位任职超过 8 年的科级干部 13 人次；选拔培养了 200 多名后备干部，建立培养考察制度，充分调动干部的积极性和创造性。

（4）加强了基层组织建设。一是深入开展基层党建工作述职评议考核。各镇党委书记及 114 个村（社区）和部分圩镇单位的党组织书记通过登台述职汇报、考核人员打分测评和区委组织部点评等方式，认真梳理党组织（党组）书记述职报告中查找的问题，针对问题制定整改责任清单，将述职评议工作的效果最大化。二是扎实推进基层治理工作。将基层党建工作融入基层治理工作之中，把党建与"创平"、扶贫、生态文明村建设等具体工作有机结合，共处理 79 宗农村土地"三乱"（乱占、乱卖、乱租）问题；预存保障资金 9483.01 万元，落实 6445 名被征地农民养老保障；清理核实农村集体经济组织 2046 个，登记土地资源 85324.6 公顷、物业资产所占地 275.44 万平方米，固定资产原值 50541.51 万元。三是强化党建项目实施。党的十八大以来，云安区着力强化"书记项目"的实施，把"两代表一委员"工作作为区委抓基层党建创新的"书记项目"，共接待党员群众 73 人次，收集意见建议 73 件。全区各党委也结合各自实际，扎实开展基层党建创新"书记项目"，重点打造了富林庙山村网格化党员教育管理、白石镇党员首议制、高村镇"两新"组织御华茧丝绸有限公司党支部、区司法局党支部等一批具特色的基层党建亮点项目。四是强化"两新"组织建设。建立了区党政领导挂钩联系非公有制企业的制度，选派了 41 名素质较高的党员干部担任全区 41 家"两新"组织的党建指导员，创建了 2 个"两新"组织党建工作市级示范培育点，先后完善了云浮市富林米兰石料有限公司党支部和创工化工党支部党建园地建设。

（5）加强了党风廉政建设。一是坚决落实中央八项规定精神。党的十八大以来，共开展暗访活动 210 多次，拍摄作风暗访片 26 期，曝光问题 23 个，查处违反中央八项规定精神问题 29 个，先后查处了 6 个镇 18 名村干部违规发放津补贴系列案等一批典型案件，通报曝光了 6 个单位不按有关规定停放公务用车问题。二是坚持监督执纪问责。全区纪检监察机关共受理信访举报 372 件，处置线索 456 件，立案 247 件，结案 217 件。其中科级干部 12 人，给予党纪政纪处分 214 人，组织处理 3 人。三是坚持发挥巡察作用。区委巡察办首轮巡察启动以来，共召开动员会 6 次、专题汇报会 22 次；发放《领导班子及成员测评表》482 份，谈话 166 人次；调阅相关资料共 1080 卷册，查看各党支部会议记录、班子会议记录及党风廉政建设、组织人事等相关资料 60 本；发现问题 166 个，提出意见建议 40 条；区委巡察办已向区纪委移交 7 条线索，区纪委已立案 3 宗 3 人。

到 2017 年年底，云安已从全市经济基础最薄弱的县（区）一跃成为云浮经济增长最迅猛的支撑极、云浮建设"两区四城一纽带"的主阵地、云浮"百亿产业集群"的主战场、云浮中心崛起的主载体，从全省最年轻的县（区）一跃成为国家可持续发展实验区、全国法治县（市、区）创建活动先进单位、广东省农村综合改革示范县、广东省依法治省先进单位、广东省林业生态县、广东省计生优质服务先进单位，并被评为"中国改革（2010）年度十大县市"。2017 年，云安区打造"互联网＋社区矫正"的监管新模式，建成区社区矫正中心，是全省唯一一个代表广东通过系统向司法部领导实时报告社区矫正工作开展情况的县（区），也是全国首批接入司法部社区矫正远程督察系统的县（区）。云安跟上时代的步伐，汇入世纪发展潮流。一个欣欣向荣、充满活力、和谐安定的云安正在西江中游南岸崛起，云安人用勤劳与智慧铸就了一个新的历史丰碑。

三、生态文明镇村建设

为深入实施乡村振兴战略，加快改善农村人居环境建设生态宜居美丽乡村，云安区按照"贯通路网、打造中心、治理污水、美化环境、发展产业、树立新风"的整体思路，全面实施，有序推进，深入实施乡村振兴战略。按照产业兴旺、生态宜居、乡风文明、治理有效、生活富裕的总要求，以建设生态宜居美丽乡村为导向，以农村垃圾、污水治理和村容村貌提升为主攻方向，着力改善农村人居环境、补齐农村基础设施短板、提高基本公共服务水平、促进农村社会文明进步，全面提升基层组织领导能力、基础设施配套、公共服务完善、村容整洁有序、生态环境良好、农民持续增收、社会和谐稳定、岭南特色鲜明的生态宜居美丽乡村，力争用3年的时间完成全区人居环境的整治，用20年时间将全区农村建设成为生态宜居美丽乡村，为高质量全面建成小康社会、加快实现农业农村现代化、走中国特色社会主义乡村振兴道路奠定坚实基础。

要实现全面建成小康社会的目标，关键在农村，重点在农村，难点也在农村，说到底就是全面推进农村环境综合整治放在第一位。云安区要抓住机遇，把握全省统一部署、全省共谋共建的浓厚氛围和发展村级集体经济的契机，全面推进农村环境综合整治，补齐农村短板，推动农村加快发展，确保与全省全国同步建成小康社会。为了实现这个目标，主要抓了以下几项工作：

第一，抓住重点，明晰全面推进农村环境综合整治的整体思路。这个思路概括出来就是24个字："贯通路网、打造中心、治理污水、美化环境、发展产业、树立新风"。一是要"贯通路网"。要实现"村村通、村内通、网格化、硬底化"，把"泥水路""扬尘路""断头路"，变成"硬化路""畅通路""富民路"，全面提升农村公路和村内道路通达能力和水平。二是要"打造中心"。要在村内选择一个或多个群众户数较多、人口相对集中的地方作为村的中心来打造，重点建设一些文化活动室、农家书屋、小公园等群众休闲活动场地,以及一些提供公共服务的场所。三是要"治理污水"。要对当前农村生活污水的随意排放、房前屋后污水横流、恶臭难闻的状况等进行整治,同时加快推进农村生活污水处理设施建设,确保农村污水得到有效处理。四是要"美化环境"。要认真组织人员清理好房前屋后和村巷道的杂草,多种乡土树和果木林,保持乡村生态特色、田园风光和乡土气息,深入推进村道、庭院及房前屋后绿化美化。五是要"发展产业"。要立足村内资源优势,结合农村种植和养殖等,加强与对口帮扶单位的对接,明确产业主攻方向,谋划产业发展出路,增加农民收入。农村要发展,产业支撑是关键。结合云安实际,可适当培育发展蔬菜、水果、农产品加工、休闲旅游等特色产业。六是要"树立新风"。充分利用各类资源,通过法治讲座、道德讲堂等各种宣传平台,组织村民学习党的方针政策、道德礼仪、社会主义核心价值观,不断提升村民文明素质。让全体村民深刻地认识到农村环境综合整治既是政府的责任,也是自己的事情。建设靠大家、发展靠大家,管理更离不开大家。要组织开展丰富多彩的精神文明创建活动,让村民在参与中接受教育,在参与中提高认识,在参与中转变观念,在参与中树立意识,变"要我管"为"我要管",使农村环境综合整治的后续管理成为农民群众的自觉行动。

第二,抓住关键,着力推进"三清三拆三整治"工作。"三清三拆三整治"工作是全区全面推进农村环境综合整治的首位任务,重点抓好清垃圾、除杂草、搬杂物、拆破房、圈禽畜、治污水、疏沟渠七个方面的工作。

第三,全区选取了22个省定贫困村229个自然村作为农村人居环境整治示范村先行先试,在全面推进农村环境综合整治工作中取得了阶段性成效。全区新农村建设完成村内主要道路硬底化的20户以上自然村基本全覆盖,完成村庄标准垃圾屋、收集点配置的自然村有 187 个；完成比例为 81%，完成保洁员配置的自然村有 140 个，完成比例为 61%，基本完成一村一点、一镇一站、一县一场（与云城区共用卫生填埋场）建设，各自然村制定了村规民约，建立完善农村垃圾处理的打扫、收集、清运、处理等规章制度，已委托侨银公司进行市场化运营，建立了专业化收运机制，印发了《关于采取"村民一事一议、财政奖补"方式筹集农村保洁费的通知》，按照财政补助，社会捐资，村民自筹原则，通过奖补机制建立全区农村生活垃圾处理服务收费制度，确保农村保洁员工资，完善云安区农村生活垃圾治理长效机制。全区省定贫困村创建新农村示范村项目中，20 户以上自然村已建行政村至自然村、自然村与自然村之间村道 66.68 千米，已建道路拓宽 7.3 千米；已建村内道路硬底化 32.4 千米；已建垃圾屋 96 间；已建的公共厕所 12 间；在建的污水站 94 个；已铺设污水管网 136.19 千米；已铺设污水暗渠 13.35 千米；已铺设雨水沟渠 9.59 千米，已建的安全饮水设施 1 个；已建成村口标识 6 个；已建或在建文化室 26 间，合 3725.3 平方米；已建篮球场 17 个，合 11277 平方米；已建空坪硬底化 52 处，合 25554 平方米；已建包括在建的文体活动中心 21 个，合 8238 平方米；已建的园区 51 个，合 21977 平方米；已完成的禽畜圈养舍 80 间，已完成的外墙立面改造房屋 938 间，合 343777.9 平方米；已种绿化树 6737 棵，已建绿地面积 52624.5 平方米。已投入建设资金 1.9 亿元。

另外，云安区通过与社会资本方合作，采取整区推进村镇生活污水处理设施及 35 个新农村捆绑 PPP 的模式，总投资 7.2 亿元。已完成全部前期工作，并于 2017 年 7 月 2 日正式启动。六都镇、富林镇、石城镇的建设，其他镇 8 月全面动工。

第四，生态文明示范村——大坪一村。富林镇马塘村委大坪一村是一个有 52 户 380 多人、总面积约 6 万平方米的自然村。该村积极响应市委、区委推进生态文明建设的号召，高标准推进生态文明村建设，村庄面貌发生了翻天覆地的变化，成为全区乃至全市知名的生态文明村建设"样板村"。

开展生态文明村建设之前，大坪一村村边有一块闲置土地，长期以来形成了一个垃圾堆放场，不仅影响了村容村貌、污染了环境，而且滋生蚊虫，成为村民的一块心病。为改变落后面貌，为村民提供一个良好的生活环境，该村乡贤理事会决定整治垃圾场，建设一个公园。2010年中秋节，该村着手规划建设"亲水公园"，并在自愿的基础上，号召村民尤其是外出乡贤慷慨解囊。乡贤黄计石捐资11万元，黄炳森捐资7万元并无偿让出土地0.02公顷，全村很快筹集资金150多万元。外出乡贤还捐出石材、护栏、绿化树等，价值约为60万元。经过18个月的努力，终于建成了占地3000平方米，体现了现代感的"农民公园"。

为打造生态文明建设"样板村"，该村描绘了"美丽大坪"建设蓝图，主要包括继续推进基础设施建设和建设"农民大厦"，在更高起点上建设生态文明村。

2013年春节期间，大坪一村先后3次召开村民代表大会，村乡贤理事会与村民一起讨论研究了高层洋房、环村道、人工湖、文体广场、果蔬林基地等规划建设内容，以及筹资献劳、洋房认购、建设监管等办法；邀请镇国土规划部门对整个村庄进行了重新规划，公示了规划建设图，提出了"三年变样、五年新村"的建设目标。全村规划建设3幢"农民大厦"共54套的电梯洋房，以及宽7米（路心4米）、1.2千米长的水泥硬底化环村道（路旁绿道）、占地1500多平方米的休闲人工小湖、0.47公顷的蔬菜基地、4公顷多的仁面果树林、1个综合文体广场和园林花卉苗木基地，着力破解农村"有新屋无新村"的难题。

大坪一村村民建设生态文明村的热情高涨，群众积极参与、踊跃捐款、拆除旧屋、让出土地，大力支持村庄建设。共募集了143.7万元生态文明村建设资金，村民共捐出土地1.3万平方米，其中有一户捐出了6间旧屋舍。2013年春节期间，该村就开始清拆旧屋舍，动用2台挖土机、钩机，仅用了12天时间就拆除了占地1.3万平方米的泥砖屋舍、猪舍，加上村集体闲置的1万多平方米土地，全村共整理出土地2.3万平方米。至2013年9月，该村已建成环村道，一个占地2000平方米的蓄水池，铺设管道1800米，建好52卡1380平方米的禽畜圈养区，建成一个五级沉淀池，并铺设了1000米连接各农户的排污管；篮球场、羽毛球场已完工；楼高三层、建筑面积256平方米的文化楼兼理事会办公楼已动工。

在推进生态文明村建设的过程中，大坪一村始终坚持以人为本、服务村民作为加强生态文明的一个重要内容来抓。该村成立了老人基金会，每月农历初三，村里60岁以上守纪老人都可以领到60～110元不等的老人津贴；村乡贤理事会出资购买了一辆应急救援车，为外出就诊的老人儿童免费接送服务，切实为群众排忧解难，减少外出经商务工人员的后顾之忧。该村还组建了村治安巡防队，维护村内治安秩序；成立了教育基金会，村里凡是有学生考上大学的，一次性奖励3800元，经济困难的家庭孩子考上大学可增加奖励。村里哪家有困难，村民们都会积极伸出援手。2013年1月中旬，一贫困村民出生不久的孙子患先天性心脏病，急需用钱做手术。村理事会知道情况后，立即通过电话联系外出乡贤理事，在短短3个小时内就筹集到3.6万元，使其顺利完成了手术。

四、工业园区的发展

云安县是山区县，自1996年设县以来，由于云安县是云城区

农民公园和大坪一村外景

分设出来的，工业基础薄弱，质弱量少，工业布局不尽合理。2001年，为创造良好投资环境，吸引更多优质企业投资云安，按照县委、县政府的部署，因地制宜抓好工业园区的规划、建设。在县城初步形成了"三区"，一是以华都陶瓷厂、云浮兴塑实业有限公司为基础的轻工工业区；二是以县松香厂、羚浩光电子材料有限公司、骏华制革有限公司为基础的化工工业区；三是以原鹰山化工厂的厂房为基础的综合工业区。

2003年，围绕县新一届领导班子提出的大石材、大水泥、大化工、大港口、大电力的"五大"经济发展目标，以发展壮大县域工业经济为重点，利用好省给予六都经济开发试验区的各项政策，抓好园区建设，以园区为载体，做好招商引资工作。重点抓好原化工工业区、综合工业区和轻工区3个工业园区的规划建设，进一步完善工业园区配套设施，建设通用厂房和制定、兑现租赁厂房、用地等方面的优惠政策，成功在化工工业区、综合工业区、轻工业区先后引进晟达松香厂、羚浩光电子材料有限公司、兴塑实业有限公司、云燕墙面材料厂和精英有机玻璃厂等多家民营企业，工业区民营企业总产值2003年增加值3000多万元，增长52.5%，使民营企业成为云安县新的经济增长点。

云安县紧紧围绕"发展五种经济，打造一县四基地"的发展战略，制订和完善鼓励投资办法，加大招商引资力度，大力发展园区经济。2007年，主要规划开发了六都（包括循环经济化工示范工业园）、黄湾、镇安等3个工业园，开发土地面积共571公顷。至2008年，全县共有5个在建工业园：分别是省市共建先进制造业（硫化工产业）基地、六都工业园、黄湾工业园、中材工业园和镇安工业园，开发土地共1014.3公顷。

省市共建先进制造业（硫化工产业）基地位于云安县城，毗邻广梧高速公路大庆出口和国家级口岸六都港及正在建设的云浮港四围塘港区，规划开发面积333.3公顷。

六都工业园位于云安县城，毗邻广梧高速公路大庆出口和国家级口岸六都港及正在建设的云浮港四围塘港区，规划开发面积371公顷，主要规划发展石材产业。

黄湾工业园位于六都黄湾洞村，紧靠六都至大湾公路（云安路段），毗邻广梧高速公路大庆出口和国家级口岸六都港及正在建设的云浮港四围塘港区，占地面积66.7公顷。

中材工业园位于六都南乡，交通便捷，规划开发面积200公顷，主要规划发展水泥产业。

镇安工业园位于镇安镇，紧靠国道324线和即将建设的江罗高速公路出口处，规划开发面积43.3公顷，主要规划发展机械行业。

2009年，围绕云浮集聚优势战略的实施，以云浮新港为依托，以循环经济为动力，以特色产业为支撑，以"一园三区、园城融合、循环发展"模式，确定规划建设云浮循环经济工业园，并经省经贸委审定，9月29日，正式挂牌成立云浮循环经济工业园管委会。云浮循环经济工业园规划面积13.15平方千米，分设硫化工业区、石材工业区、水泥工业区，以"一园三区"模式探索循环经济发展之路。

为加快云浮循环经济工业园建设，强化工业园的管理和服务，增强工业园招商引资的集聚力和吸引力，根据《关于成立云浮循环经济工业园管理委员会的通知》文件精神，成立了云浮循环经济工业园管理委员会，负责云浮循环经济工业园的规划、开发建设、企业管理、招商引资和其他社会公共事务等日常管理工作。

2010 年，按照全市千亿工业大会战的部署，稳步推进以云浮新港为龙头的云浮循环经济工业园建设。通过以云浮循环经济工业园为云浮市千亿工业大会战的重要载体，分设先进石材工业区、硫化工业区、水泥工业区和物流产业园区。以特色产业为支撑，以循环经济为动力，大力发展水泥、硫化工和石材三大产业，致力将云安打造成为粤西地区最大的水泥生产基地、广东省最大的硫酸和钛白粉生产基地和亚洲地区最大的新型石材基地，实现云浮市百亿水泥云安占大半，百亿硫化工云安超其半，百亿石材云安占其半的目标。至 2011 年年底，已建成投产企业 29 家 43 个项目，总投资 59.01 亿元。同年 6 月，云浮循环经济工业园成为广东省第一批循环经济工业园。

2013 年，按照市委、市政府的统一部署，积极做好《云浮市中心城区六都组团分区规划》及控制性详细规划的编制。按照规划，云安组团用地规模调整为 20 平方千米，计划将云浮循环经济工业园规划面积从 13.37 平方千米扩大到 20 平方千米，东与西江新城对接，南与云浮硫铁矿矿区对接。结合园区产业分布特点，将循环经济工业园按照"一园七区"的标准划分为水泥产业区、化工产业区、石材产业区、新型建材区、电力产业区、港口物流区和生活配套区。

按照《中共广东省委办公厅广东省人民政府办公厅关于调整珠三角地区与粤东西北地区对口帮扶关系的通知》和《中共广东

省委办公厅广东省人民政府办公厅关于印发〈促进粤东西北地区产业园区扩能增效工作方案〉的通知》精神，为进一步加强与珠三角地区产业协作，按照市委、市政府的统一部署，以云浮循环经济工业园为基础作为佛山（云浮）产业转移工业园（六都分园）申报认定省产业转移工业园。在申报认定省产业转移工业园的基础上，积极加强与对口帮扶地区的对接，完善合作共建和利益分享机制，着力承接对口帮扶地区相关产业和产业链转移，积极引进优质项目。

是年，云浮循环经济工业园园区拥有省级著名商标 2 个、省级专利产品 3 个、行业知名品牌 3 个、省级企业技术中心 2 家、省级工程技术研究开发中心 3 个。至 2015 年年底，园区已形成新型环保建材、精细化工、现代港口物流为三大支柱产业的产业集聚区域，已有中材天山、中材亨达、香港英坭青洲、惠云钛业、珠海港集团等一批上市公司和大型企业入驻，已形成年产水泥1000 万吨、硫酸 157 万吨、钛白粉 7 万吨、各类石材板材 2000 万平方米的生产能力，年余热发电量达 5.1 亿千瓦时，港口年吞吐能力达 1900 万吨。入园企业 53 个，建成骨干企业 30 家（按纳入省产业集聚地项目统计），总投资 67.57 亿元。

2016 年 5 月，云浮循环经济工业园成功申报为依托佛山（云浮）产业转移工业园辐射带动云安产业集聚地。园区企业已纳入省产业园区统计，并享受省级产业园政策。园区紧紧抓住南海对口帮扶的契机，着力延伸化工产业链，充分考虑资源环境的承载力和循环经济发展的需要，协调三大产业与绿色日化产业的联系，在现有云浮循环经济工业园区布局基础上，构建包含"一园、八区、六院、三体系"的绿色日化产业集聚区，并于 11 月 26 日举行了签约动工仪式，当天签约落户项目 8 个。

集聚区远期规划面积 333.4 公顷。首期建设面积约 66.7 公顷，计划投资 12 亿元，拟引进高端精细化工产业，可进驻 30 家以上日化企业，全部建成后年产值可达 50 亿元以上，带动 1000人以上就业，创税 2 亿元以上。集聚区的建成，将为进一步延伸产业链，促进现有产业就地转型升级，培育云安经济的新增长极起积极的作用。

2016 年，为加大招商引资力度，推动绿色日化产业聚集区加快发展。绿色日化集聚区"以硫资源和生物资源为基础的绿色日化产业集聚区"为定位，围绕日化产业的上下游延伸配套，引入上游基础原料、表面活性剂等中间体和终端产品生产商，按照产业园的集聚化、专业化、高端化、市场化的思路，建设日化原料园区和日化终端产品（日用品）工业城，打造完善的日化产业链。同时，云安区与华南理工大学共建云浮循环经济工业园协同创新研究院，促进产学研合作成果在本地转化，强化日化产业集群发展的科技创新支撑。

附　　录

附录一 大事记

1922 年

4—6 月 梁桂华在佛山加入中国共产党，成为云浮籍最早加入中国共产党的人士。

1924 年

7 月 5 日 梁桂华参加由共产党人彭湃为主任的广州农民运动讲习所（简称"农讲所"）第一期学习班学习，并参加黄埔军校举办的农民运动军事训练班。

8 月 21 日 广州农讲所第二期开班，云浮进步青年陈世聪、吴金祥、廖月进参加学习。

1925 年

7 月 邓发以省港大罢工工人代表和省港大罢工委员会宣传队小队长的身份，带领宣传队回到家乡云浮，以街头演说、演话剧等形式，开展反帝爱国宣传。

1926 年

2 月 西江宣传养成所学员陈凤诰结业回乡与李邦荣等在都骑、杨柳、方平开展农民运动。

5月1日　省农民协会召开第二次代表大会。这时，云浮农民运动已初步兴起，全县建立乡农会9个，发展农会会员950多人。并铸制了"广东省云浮县农民协会"铜质会员证章。各乡村农会成立时，悬挂"犁头"旗。

1927 年

8月7日　曾担任中共广东区委监委副书记的梁桂华为筹备广州武装起义做准备，回到家乡云浮，一面筹集起义经费，一面向家乡农民宣传革命道理，动员大家参加革命斗争。

9—11月　省委派谭咏华、李庭、吴镇南、伍桂等回云浮开展工作，并指定曾参加过工人训练班学习的伍桂任云浮县委书记。

12月13日　在广州起义中身负重伤的梁桂华，在送到韬美医院救治时被人逮捕并杀害，时年34岁。

1928 年

2月3日　中共广东区委根据云浮的情况，再次派李庭、吴镇南、李新、黄金和黄钊来云浮整顿和发展党的组织，开展党的活动。

5月1日　中共广东区委巡视员、中共西江上游特委书记黄钊到腰古城头村，与李庭、吴镇南、李新、黄金及吸收入党的陈日林、陈士心、黎耀堂、姚荣耀、徐土、李志德和以前参加过省港工人运动已在广州加入了中国共产党的陈剑夫等人召开了会议，选举产生了中共云浮县委。选举吴镇南（书记）、李庭（秘书）、陈剑夫（宣传）、黎耀堂（交通）、陈士心5人为常委，并由黄金负责组织工作。发展党、团组织，秘密组织农会，建立赤卫队。

5月9日　陈剑夫、黄钊向省委报告关于中共云浮县委成立的经过及工作计划。

5月16日　县委书记陈剑夫向省委报告关于云浮县委扩大会议的执行情况及社会状况。

6月5日　县委召开执委会议，决定成立云浮县军事委员会，统领赤卫队，指挥农民开展革命武装暴动。并要求各支部、农会集中自己的武装，开展各种形式的暴动。此时，党支部发展到15个，有党员131人。

8月31日，中共云浮县委书记陈剑夫在腰古被国民党云浮县政府杀害，牺牲时年仅37岁。

是年冬　中共广东省委派黄金任云浮县委书记。

1929 年

夏秋间　县委书记黄金被敌跟踪，在云城遭国民党当局逮捕后下落不明。

1930 年

2月　中共广东省委派出谭涤宇任中共云浮县委书记。至8月谭涤宇也被迫潜离云浮，中共云浮县委完全被破坏，县委成员有的被杀害，有的潜离云浮，白色恐怖笼罩着整个云浮。

1937 年

7月　云浮县成立民众抗日后援会，动员全县军民团结一致抗日。

1938 年

4月　在杨柳、都骑，青年进步教师李冲组织陈凤堃等青少年，上街开展抗日宣传，组织抗日救国少年先锋队。

下半年　余渭泉等一批青年教师以学校为阵地，以校友、教师为基本队伍，以消灭汉奸、卖国贼和反对顽固派为宗旨，在都骑组织抗日御侮救亡宣传工作团。

7月　共产党员周明、林媛带领省抗先队派出的西江十七分队，通过云浮开明绅士潘维尧的关系，先后在都骑中心小学和云浮中学建立抗先队组织，宣传中国共产党的抗日主张，开展抗日救亡宣传活动。

8月　在省抗先队的党员中建立以周明为支部书记的中共云浮县党支部，使中断活动近8年的云浮党组织重新恢复。

10月　广东青年抗日政治工作队15人，在杨文晃、唐章带领下来到云浮西部的云雾山区，开展抗日宣传活动，并成立以唐章为书记的党支部。

12月　周明、林琳在都骑发展了抗先队员中的先进青年麦裕滔、李青、潘泽元、陈锦卿（后脱党）加入中国共产党。同时，省抗先队西江十七分队和广东青年抗日政工队分别全部撤走。

1939 年

1—2月　共产党员余渭泉、徐枫、李君怡等返回云浮，健全和发展党组织，公开建立广东省青年抗日先锋队云浮独立支队，队长是余渭泉，副队长是徐枫、麦长龙。不久，在云城建立中共云浮县特别支部，书记是余渭泉。

7月　在都骑麦州建立中共都骑党支部，书记为区德民。同时在都骑建立由30多人组成（后发展到80多人）的都骑乡妇女抗敌同志会，主任为李青，副主任为李君怡。

9月　建立中共云浮中学支部，书记为麦长龙。

10月　余渭泉离开云浮，县特支书记由陈孔嘉担任，特支委员是徐枫、麦长龙。

12月下旬　中共西江特委书记刘田夫来云浮传达中共中央关

于"坚持抗战，反对投降；坚持团结，反对分裂；坚持进步，反对倒退"的指示精神，陈孔嘉、麦长龙、麦冬生等听取传达。

12 月　中共都骑党支部书记改由麦冬生担任。

1940 年

3—4 月　中共云浮党组织不断发展壮大，已有党员近 40 人，党员遍及六都、都骑、杨柳、泽源、安塘、云城等地。这时，中共云浮县特别支部改为中共云浮县工作委员会，书记是陈孔嘉，委员是麦长龙。

7 月　为加强党的建设，适应新形势的需要，县工委举办了一期有 10 多人参加的、为期一个月的党员骨干训练班。学习内容主要是区德民传达省委在南雄召开的扩大会议关于要放手发动群众开展独立自主的敌后游击战争，建立敌后游击根据地的精神和有关党的建设、群众运动及统一战线工作、秘密工作等。开班初期在德庆县悦城旧院村，后来发现有可疑人跟踪盯梢，训练班中途转到都骑古洲村继续举办。

9 月　中共三罗特派员唐章来云浮指导工作。

10 月　根据中共三罗特派员的指示，陈孔嘉转往外地工作，中共云浮县工委书记由区德民接任，但具体工作则由唐章负责。同时，恢复广州起义失败后失去联系的邓沛霖、曾七的组织关系。

1941 年

2 月　一些已经暴露的党员转移到外地隐蔽，其中有麦长龙、陈家志、徐枫、李青等。

1942 年

5 月　中共粤北省委遭国民党顽固派破坏，中共云浮县工委根据中共三罗特派员的布置，党员实行单线联系。

7 月　中共云浮县党组织的委员制改为特派员制，麦长龙从外地调回云浮任中共云浮县特派员。

1943 年

年初　唐章传达上级确定的"隐蔽精干，长期埋伏，积蓄力量，以待时机"的指示和关于除沦陷区党组织照常活动外，国民党统治区的党组织一律暂时停止活动，已暴露的干部立即撤往游击区。

4 月、5 月间　中共云浮县特派员麦长龙任都骑乡自卫中队中队长，公开掌握都骑乡抗日民主武装力量。

6 月　云浮县抗日民众武装指挥部成立，下设 3 个大队，其中云武突击大队队部设于杨柳，徐鸣登任大队长。

9 月　麦冬生任都骑乡副乡长兼文书。正乡长在选举大会上当众宣布，都骑乡的事情全部委托副乡长麦冬生负责。

9 月 17 日，日军侵入云浮县，其越境西犯后，在杨柳猫山，鸡公顶设置据点，企图控制西江。

1945 年

1 月　中共三罗特派员唐章传达上级指示，宣布恢复云浮党组织的活动，并传达关于组织抗日武装的指示。

2 月　在云浮北部组建人民抗日组织——四乡联防委员会办事处，办事处主任由开明绅士徐鸣登担任，共产党员麦长龙、余渭泉分别任副主任、总干事。同时，建立一支 26 人的抗日民主统一战线队伍——四乡联防常备队。

5 月 13 日　云浮县民众抗日武装力量和四乡联防常备队联合向驻在杨柳、都骑乡的日本侵略军出击，与敌 30 余人遭遇于大播山边，激战一夜，驻杨柳乡日军曹方田几乎被生擒，有力地打击了日本侵略军的嚣张气焰。

8月15日 日本宣布无条件投降，抗日战争胜利结束。中共云浮党组织通过民选，安排共产党员麦长龙、潘善廷、陈明华在国民党基层政权任职，分别担任都骑、杨柳、泽源乡乡长，还把部分共产党员安排在乡公所当所丁，进一步开展隐蔽斗争。

10月 中共中区特委负责人罗范群来云浮了解有关三罗工作开展情况，并布置工作。同时，广东人民抗日解放军在恩平朗底遭国民党军队袭击受挫后，代司令员谢立全和唐章、周天行带领工作人员来云北都骑建立中共中区特委办事处和广东人民抗日解放军司令部分指挥部，继续指挥分散活动在各地的人民武装部队。

10月 中共三罗党组织根据上级的布置和经济上的支持，把缴获春湾银行的部分款项，拨在泽源乡大元市开设宏兴豉油膏铺，既作为掩护党组织开展革命活动的秘密联络交通站，也为党组织和武装部队解决部分给养。

1946 年

4月8日 国际工人运动著名领袖之一、坚定的共产主义战士和无产阶级革命家邓发与王若飞、秦邦宪、叶挺、黄齐生等由重庆乘飞机返回延安，因天气恶劣，飞机不幸在山西县黑茶山失事，邓发及同机人员不幸遇难。

6月 中共三罗中心县委书记潘祖岳转移到香港，中共三罗党组织的委员制改为特派员制，由谭丕桓任中共三罗特派员。

6月、7月间 共产党员李保康在云北古洲发展一批先进分子入党，建立了中共古洲党支部。

8月 中共云浮党组织继续安排一批党员到国民党乡保政权及学校，进行秘密活动。同时，中共三罗特派员派出黄浩波到云浮协助麦长龙开展党的工作，再安排一批党员到学校任教，打入国民党基层乡保政权，掌握人民自卫武装。

1947 年

2 月　在都骑建立中共云北区委，书记黄浩波、副书记麦冬生，负责领导和联系都骑、杨柳、泽源、洞心、初城、安塘等地下党组织工作。

4、5 月　中共三罗特派员谭丕桓向云浮党组织传达中共中央1946 年 11 月 6 日的指示精神和广东区委员会关于恢复武装斗争的方针。麦长龙、陈云等前往大绀山老党员曾七家乡建立交通联络站。

6 月底　粤中区军分委派出一支部队挺进三罗云雾山区，建立游击根据地，发展中区武装斗争。

7 月　中共三罗特派员谭丕桓指派云浮特派员麦长龙和陈云、陈尧宽 3 人，到鹤山与粤中准备挺进云雾山区开展武装斗争的部队取得联系，之后，麦长龙回云浮为挺进部队积极做好筹备工作，其余 2 人随部队活动。这时，粤中区党组织调李东江任中共云浮县特派员。

同月　中共三罗党组织决定在都骑洞坑举办为期一个月的党员干部训练班，培训罗定、云浮、郁南三县党组织选派来的支委以上骨干 20 多人。主要内容是整顿作风，以适应开展武装斗争的形势，进行形势教育，为开展武装斗争做好思想准备。

10 月下旬　粤中挺进三罗部队在云雾山区开展活动遇到困难，后转移到群众基础较好的云浮北部暂时隐蔽。到云北后，又抽调骨干 9 人组成武工组折回云雾山区，继续开展武装游击活动。部队在当地群众的大力支持下，在云雾山区站稳了脚跟，并得到了迅速的发展。

12月24日　国民党云浮县政府派出县警察局局长麦询尧和民政科科长林如威率县保警第一中队驻扎富林，纠集双富乡警察所警察，以铲鸦片烟苗为名，对群众进行敲诈勒索。

1948 年

1月7日　吴桐率领分散隐蔽在云北的部队返回富林，与先期已返回云雾山区开展活动的武工队会合，并组织当地一批民兵，于7日深夜突袭国民党云浮县驻富林关帝庙的保警一中队和双富乡警察所，俘县保警中队长陈祥、双富乡警察所所长卢尚武等58人，打响三罗武装斗争第一枪。并立即以"云浮人民自卫队"名义发表《告云浮父老兄弟姐妹同胞书》，公开号召人民起来推翻国民党反动统治。

2月中旬　三罗人民武装王震队由戴卫民带领，从富林挺进云北，加强云北人民武装力量反抗国民党"三征"。

3月底　上级决定派唐章等回三罗传达中共香港分局关于大搞武装斗争的方针。同时，建立中共三罗总工委，总工委书记是唐章，委员是李镇靖、吴桐、谭丕桓、龙世雄。这时候，粤中挺进云雾山区和原驻云浮北部的两支部队，统一归三罗总工委领导。

4月上旬　中共云浮党组织改为中共云浮县工委，县工委书记麦长龙、副书记李东江，实行"地武合一"，由县工委统一领导地方工作和开展武装斗争。

4月18日　在中共三罗总工委组织和领导下，郁南、云浮地下党组织密切配合和大力支持，决定将队伍集中桂圩，由吴桐指挥，举行武装起义。次日，起义队伍宣布成立中国人民解放军粤桂边区三罗总队，总队长李镇靖。

6月11日　广南分委和军分委决定，三罗总队易名为广东人民解放军三罗支队，司令员李镇靖、副司令员吴桐、政委唐章、政治部主任谭丕桓。从此，三罗总队和云浮人民自卫队整编为三罗支队的建制。

7 月底　都骑乡、杨柳乡、方平乡相继成立乡人民政府。

10 月　中共云浮地下党组织在云北建立都骑税站，向航行在西江的过往轮船征收护航费。都骑税站建立后，负责泽水至水口航段的安全通航。同时，三罗总工委决定在双富乡和郁南河口分别建立中共云罗阳边区办事处，主任罗杰、叶永禄、副主任冯月庭。

12 月 19 日　国民党高云新"联剿"处主任骆季明率队搜查都骑麦州共产党员余渭泉、麦长龙、麦冬生等家，搜去枪支及宣传品一批。

12 月下旬　活动在云浮县境内的游击队进行整编，在云浮南部的编为第一大队，大队长朱开，政委周钊。在云北的编为第二大队，大队长戴卫民，政委李东江。在云罗边区还建立了罗南区队 34 人，队长陈云，富林区队 25 人。

是年冬，云浮人民游击队在富林河邦建立"河邦税站"，为游击队开展活动提供部分给养，税站延续到 1949 年夏季。同时，中共香港分局调派罗钊、何玉珍等女青年到三罗工作。

1949 年

1 月中旬　粤中军分委领导冯燊、吴有恒等率领粤中主力团向三罗地区挺进。24 日，挺进部队到达富林与三罗支队会师。在此之前，李东江、戴卫民率领云北先念队（连）开赴富林。粤中大部队到达富林后，李东江根据粤中纵队第四支队领导的布置返回云北，继续发展武装队伍，开展武装斗争。这时，三罗支队改编为中国人民解放军粤中纵队第四支队，司令员李镇靖，副司令员吴桐，政委唐章，政治部主任谭丕桓。活动在云浮的第一、二大队编为中国人民解放军粤中纵队第四支队第三团，团长兼政委麦长龙，副团长戴卫民、郑毅（后），副政委李东江，政治处主任叶永禄，副主任罗杰、黄浩波。

3月　在三团会师云北声威的影响下，云浮人民武装力量得到迅速发展。不久，建立黑龙江连，连长兼指导员李行，副连长张力，副指导员张基，成为三团的主力连。同时，粤中纵队第四支队决定在双富乡设立云罗阳郁边区工委，书记韦敬文，副书记陈云、黄平、冯月庭，统管原云罗阳和罗云郁两个边区。

4月20日　云浮县人民政府在双富乡莲塘村成立，县长麦长龙。

5月5日　驻杨柳国民党自卫中队19人，在中队长徐颂辉带领下宣布起义，开到云浮南部编入粤中第四支队第三团。

5月中旬　陈云带领云西武工组突袭镇安自卫队。自卫队10余人全部被俘，缴获步手枪10余支。

6月下旬　三团主力部队和民兵第三大队，决定攻打镇安驻敌，云西武工组开抵镇安后，对敌自卫队驻地包围攻击，当敌中队长兼县保警排长李巨波被游击队击毙后，敌人龟缩在镇安圩炮楼内闭门负隅顽抗。

8月30日　三团主力队在广阳支队六团和云罗阳边区民兵配合下，围剿富林南浦自卫队。经过两天多的激烈战斗，终于迫敌投降，全俘敌据点自卫队70多人，毙敌3人，缴获长、短枪及土炮等70余支，弹药一批。战斗中，张土、李东林英勇牺牲。

9月12日晚　反动军警袭击桃坪游击根据地。三团驻桃坪黑龙江连闻讯即撤往后山抢先控制有利地势，阻击敌人，战斗坚持到13日下午两三点钟，敌人未敢贸然进村。这时，洞坑等村民兵奉命前来增援，敌见势不妙，只好退回夏洞。

9月中旬　国民党地方反动当局武装集结在云罗阳边，向粤中纵队第四支队司令部及三团主力进行"围剿"，司令部闻讯立即主动撤离。三团主力队转往云北，做好迎接南下解放军的准备。

9月26日　在都骑建立东北区人民政府，区长麦冬生。同时，成立东北区总农会，总农会会长麦裕滔。

10月1日　云浮县各界群众热烈庆祝伟大的中华人民共和国成立。

10月25日　三团整编后，团长兼政委麦长龙，副团长郑毅，副政委李东江，政治处主任叶永禄，副主任罗杰。黄浩波。同时，成立云浮县军事管制委员会，主任麦长龙。

10月27日上午　三团大部队及民兵800余人，高举着红旗，雄赳赳，气昂昂，整齐的队伍从河口开进云浮县城，至此，云浮县城解放。

11月8日晚　县军管会在南下解放军的大力协助下，南下解放军1个加强连和三团组织力量开赴料洞，把李少白残部团团包围，次日拂晓，南下解放军向李部政治喊话，李少白等众匪知道已被解放军包围，没有反抗，全部人员放下武器，举手投降，被押回县城。同时，李少白部分散在各地的爪牙也陆续被抓获。至此，云浮县全境解放。

11月中旬　中共云浮县委员会成立，麦长龙任县委书记。县委下设组织部、宣传部和秘书室。

附录二 **历史文献**

一、云浮人民自卫队旗开得胜

游击队以《云浮人民自卫队旗开得胜》发表战报

——云浮人民自卫队旗开得胜

——五分钟内解决战斗

——云浮县保警第一、二中队及富林分驻所同时就歼

云浮保警第一、二中队自进驻富林圩后，即勾结该圩分驻所，藉铲烟苗为名，到处敲榨［诈］勒索，当地民众苦不堪言。不料近日更为猖獗，竟诈称搜索烟苗，将该圩附近之东冲大湖、六家冲等村民屋内之镬头、衣服、什物、农具等抢劫一空。当地民众忍无可忍，遂于一月七日（即农历十一月廿七日）夜，联合本队反抗进击。甫一接触，未及五分钟，即解决战斗。计是役生俘陈中队长及所长以下五十余名，缴获新式白朗宁轻机枪及日本油机枪各一挺、手枪一支，步枪三十五支，子弹数千发，物资无数。清理战场后，即对该保警队全体官兵政治讲话，并每人发遣散费二万元，中队长及所长五万元，并对其伤兵一名代为敷药裹伤，另交医药费十万元，着回家料理。查云浮人民自卫队乃为云浮人民在蒋介石统治下起来自卫之子弟兵。此次战斗是为人民求生存求和平民主之第一炮。保警被歼，4万民众如释绳缧，无不拍手称庆云。

二、告全县父老兄弟姐妹同胞书

以胜利庆祝云浮人民自卫队的成立发表
《告全县父老兄弟姐妹同胞书》

亲爱的父老兄弟姐妹们：

我们终于以胜利的出击来告慰你们和庆祝我队——云浮人民自卫队的成立诞生。这是我云浮有史以来的一件大事情，也是我们云浮人民大众自救和永久解放的第一声。

我队——云浮人民的子弟队伍，得全县父老兄弟姐妹衷心的关怀爱护，无数的同情与支援。我们正衷心的感到无以为答的时候，频接双富乡一带居民的举报，云浮保警一、二中队勾结当地分驻所，藉铲烟苗为名，在周围乡村大肆抢劫，百般强迫鱼肉。人民不堪其凌虐，在忍无可忍下要求本队为民除害。本队为感地方安宁急需安定，望人民痛苦至应消除，当然责无旁贷，遂于本月七日晚（即农历十一月廿七晚）毅然与当地民众联合进击该保警队。未经任何接触，五分钟内即解决战斗，缴获甚丰。（详情请看战报）远近居民闻说无不额手称庆。此为本队成立后之第一次行动，亦为云浮人民之第一次胜利。

父老兄弟姐妹们：溯在胜利复员以来，我们所想望的安乐生活，早已给国民党政府搅到烟消云散，民不聊生了。看看事实吧，国民党政府的腐败已成为无官不贪的现象了，层层黑暗，处处敲榨［诈］，上下勾结，藉着兵权在握，派下各乡横行拉兵抢粮，一不如意便扣留保甲长和家属，恐吓无知民众，而遂其"讲价"、"忍性"之目的、并四出勒索。同时物价飞涨，谷价竟涨至五十万元一担、累到正当商人大多亏本，甚至倒闭关门、也连续增税，税的多已到所谓"中体捐国"的地步了，而十万元大钞又发行，

277

治安无保，盗匪纵横造成行旅为艰，货物转运困难等、都必然造成物价继续狂涨。大家想想、明年三四月青黄不接时、我们怎样过活?! 打日本鬼时我们已出了无数的钱和力，而国民党政府有没有真正替人民打算过? 其实是没有、一丝一毫都没有。他只有摊开手，张开口，要粮要钱要命。这一切，他是要与人民打仗呀! 而且连国土都出卖与美国了，还顾得人民不人民呢? 同胞们! 每个人都有求生的希望，不能长此下去，也不能让我们后代子孙做牛马。因此，我们唯有坚决起来自救，用我们自己的力量来保卫自己!

亲爱的父老兄弟姐妹们：我们就是在这正义和纯洁的动机下来组织我们云浮人民的力量，以期竭尽棉［绵］薄、首倡义举，进行形成全县各界人士之大团结，为乡邦之福利而奋斗。

亲爱的父老兄弟姐妹们：今后有了我们自己的力量，我们就可以说以前不敢说的话，做我们不敢做的事了。我们的主张是：凡属有利于乡邦福利者、决全力以赴；凡属有害于乡邦福利者，誓死坚决反对。现在启陈于后：

第一，坚决反对三征——征兵、征粮、征税。三征政策是国民党政府搜括［刮］民脂、民膏民命进行对人民打仗的最后办法，亦是对人民最残酷的办法。希望全县人士坚决起来逃征抗征，我们竭尽全力支持。第二，维持地方安宁，保护人民利益与商人利益，保护行旅安全。我们愿与地方人士合作，保卫地方治安。第三，肃清贪官污史［吏］、地方土劣。各地民众均可随时举报、如经大多数人之要求与同意，照协助给予适当之惩办或处理。第四，各地地方纠纷、我们愿从中周旋开解。无论团体个人大小事情、在我们能力范围内者、均愿适当协助地方人士共同解决。第五，我们还竭诚希望与文明士绅、进步的各界人士和现任的地方保甲长共同合作，处理乡村间的福利事业，减轻人民痛苦、与民除害，改善民生等。

亲爱的父老兄弟姐妹们：我们对各界人士（的）态度是：第一，对各地开明绅耆及公正人士，我们诚恳尊重其地位与权益，决不损害和侵害，愿意接受善意批评和友好指导，并愿取得公开或秘密之联系、尤盼热烈爱护支持与各方面之帮助。第二，对有正义感，愿尽力为乡邦谋福利之国民党政府各级机关职员，希望站在人民立场反对和不执行反人民之法令，及对我们不采取歧视与不危害我们生存者，我们愿与之团结合作建设乡邦，并尊重其地位及权益。凡危害人民及我们之生存权利者，我们必采取行动以自卫。第三，对政警和集结队官兵们，请为人民着想，起来反对国民党政府的军令政令不要抢人民的东西和欺凌民众，不进攻我们，如迫于命令遇到战斗时，坚决放下枪，我们一定优待、不加杀害，或者与我们建立秘密联络，供给情报，最好带齐枪支反正过来参加人民军队，一定受到奖励。只有为人民服务的军队，才受人民爱护；当国民党军队，一定受到人民唾弃。第四，对地方之联防队自卫队等，国民党因兵力不足，强迫人民负担，拉你们补缺，将你们作为巩固独裁江山，屠杀人民、对付我们的替死鬼，你们的成立是增加地方人力物力财力的负担，应自动解散。假如确为保护地方的话，那必须真正为地方治安去尽力；不可进攻本队，不要听国民党政府的调动，我们大家都是从人民中来，那更不可有反人民利益的事。总之一句话说：我们对各界人士的态度，无论什么人，只要不违反人民利益，并不危害本队的，我们均愿团结合作，采取友好态度。

同胞们：我们有正确的主张，有坚定的立场，有不屈不挠的战斗意志，有云浮人民为后盾、我们一定能够胜利而毫无疑问。

同胞们：时势一日比一日好转，我们自卫斗争一日比一日有利。看吧！中国人民解放军大反攻胜利的消息，雪片一样传来。东北长春、沈阳几个狐（孤）城已处于危殆，占领只在时间上的事。华北国民党亦已无力进攻，平、津、保三要城亦在紧张的战争包围下。刘伯承将军大军以雷霆之势，驰骋长江流域，南京戒严，武汉告急，而两广纵队快要南下，反攻解放华南了。远的不说，本省就有无数强大的人民游击队活跃在几十个县份的广大土地上。在城市，学生罢课，工人罢工，商人罢市，甚至连国民党政府靠他统治人民的警察也罢岗了。各阶层的人民都亲密的团结起来，勇敢的进行各种各样斗争，为保卫自己利益而战了。这是一股无可阻挡的洪流，无法战胜的力量。识时务者为俊杰。父老兄弟姐妹们：是时候了，让我们亲密的团结起来，建设新云浮！

云浮人民自卫队

一九四八年一月九日

红色歌谣、歌曲

抗日宣传歌（一）

梁幄垣遗作

民国戊寅①八月初，将其情景作篇歌。

中日战争事未妥，有年多，

无停枪炮火，德捷又起乱风波②。

搅乱风波日本人，想把全球世界吞。

凡我同胞要发奋，老农民，

种植兼开垦，增多粮草做后盾。

增多粮食勤耕种，储存谷米唔虚空

不俾（比）汉奸来搅弄，民志同，

工商与士农，合力开发做军用。

军用粮食能接济，另外开厂设工艺，

工友仍需结团体，订条例，

抵抗日本仔，保家保国并肩齐。

齐众合力同计办，寸土不让攞到番（返），

耕田农夫勤莫懒，在乡间，

粮食至紧关，抗日唔忧无米饭。

米饭粮食须（虽）唔忧，现时又把壮丁抽，

临别起行敬杯酒，好朋友，

得胜早回头，热心报国雪冤仇。

为国为民争志气，中华唔俾奴倭欺，

叮嘱女人要紧记，养育儿，

夫荣妻贵气，翁姑年老要服侍。

服侍翁姑行孝道，女人应要理家务，

田地功夫勤力做，上下造，

收割个时徒③，首先唔好怨劬④劳。

劬劳几年快出身，莫话好仔唔参军。

得胜返来步步进，行好运，

个调断穷根，两闲⑤恭喜做夫人，

做到夫人称太太，荣华富贵乐开怀。

丈夫出入精神带，挂金牌，

穿着极角鞋⑥，孝感动天天托赖。

天地托赖众弟兄，莫话好仔唔当兵。

小儿碧光系何姓，在阜宁⑦，

贴出大话亭⑧，等人妻孝听翁命。

注：①民国戊寅，即1938年。　②指德国纳粹党侵占捷克苏台德区的事件。　③犹言时候。　④劬，音渠，过分的劳累。　⑤等着。　⑥即皮鞋。"极角"为象声词，表示穿皮鞋走路的声音。　⑦阜宁，今云城镇循常管理区的旧名。　⑧大话亭，吹牛皮讲大话的地方，即茶亭一类的公共场所。

（本文择自国家档案资料）

抗日宣传歌（二）

梁幄垣遗作

特作篇歌解心烦，唔讲别宗讲国难

日本兽兵来作反，不遵约法恃刁蛮。

恃佢刁蛮来侵占，收伏日本在今年。

奸险狼毒亲眼见，杀人放火不堪言。

言之不尽讲咁多，乘胜①托他人讲和。

诸葛重生计谂过，退守南京奈乜何？

奈何军师计谂定，缩翻重庆扎大营。

佢有飞机难取胜，长期抗战佢极命。

致佢极命日本鬼，残酷惨杀在山西。

捉到女人来炮制，形如禽兽敢行为。

为我同胞雪冤仇，事到其间出计谋。

快马加鞭去灭寇，若无枪炮有拳头。

两个拳头一张刀，消灭日本免残暴。

山东济南成焦土，杭州惨杀有画图②。

睇到画图确心伤，去归磨利刀一张。

有力出力去打仗，有钱出钱③做军粮。

有钱出钱解④前方，胜利中国有希望。

万众一心如铜钢，速速联军保国防。

速速联成国防军，出入尚武有精神，

三讲三操勤练训，光复中国赖诸君。

全赖青年军奋勇，即系猛虎与蛟龙。

中国四万万民众，号令一下就冲锋。

冲锋仍须听号令，长驱直进到东京，

三岛平民来反正，铲草除根一扫平。

铲草一定要除根，生捉日皇把气伸，

即刻开堂来审讯，再除几个汉奸臣。

几个汉奸应要除，恕开九族不用诛，

要佢遵翻国民主，屈膝求和敢正输。

屈膝求依⑤中国和，凯旋正唱此篇歌，

外国咸钦佩服我，派定代表来恭贺。

恭贺旗开仗得胜，回转北平返南京，

各界欢迎真高兴，个调⑥饮马庆同庭。

注：①乘胜，指1937年9月的平型关大捷和1938年4月的台儿庄大捷。　②画图，指抗战初期出版的一份刊物《战区日报》上刊出的图画、照片等。　③第二个"钱"字读变调，读如"浅"。　④解，音介，押送财物。　⑤侬，读"能"阴平声。方言，我也。　⑥个调，到那时候。

（本文择自国家档案资料）

御侮救亡歌

梁幄垣遗作

御侮救亡作此歌，日人侵占动干戈

飞机炸弹来放火，毁坏锦绣个山河。

锦绣山河炮火烧，国仇要报在今朝。

杀我同胞人唔少，又来轰炸卢沟桥。

将我卢沟桥来炸，难民无处好归家。

当初义军同佢打，为争志气佐中华。

为我民族争志气，堂堂中国被他欺。

佢有战舰不怕死，我有大刀磨到利。

磨利大刀去出队，将佢日奴打到衰。

上海北平贼未退，欺我后方未到来。

后方未来生力军，繁荣市镇变灰尘。

报纸传闻心不忍，青年奋勇去出阵。

奋勇青年人后生，收伏（服）日本免横行。

佢有飞机唔够迳，高射坎炮有调横。

又俾（比）高射炮打中，敌人机底就穿窿。

特向国民请缨（英）勇，杀敌等我去冲锋。

等我冲锋打头阵，生捉日皇抽佢筋。

少者上前步步进，中年老者做后盾。

老者后方去运粮，派定边个做边样。

同佢决铺生死仗，敢正知佢①中国强。

中国眼前俾（比）佢虾，联合起来抵抗他。

飞机又同飞机打，胜败未分心不暇。

空军未分败共胜，无论男女应征兵。

讲下宋朝的世景，十二寡妇听命令。

听候命令正出发，纪律遵守要清白。

女界若然够资格，救护队编未满额。

编入救护队救国，莫嫌薪水太微薄。

打胜返来大有作，太平坐享食安乐。

人民安乐你得功，阵阵出仗打冲锋。

男有男人心奋勇，女人亦有女英雄。

男女英雄同出征，定能攻打入东京。

三岛②平民齐响应，凯歌旋唱转羊城。

转回羊城返家乡，退伍归农工学商。

若然得升大官长，耀祖荣宗烧炮仗。

光宗耀祖做官员，热心救国去定乱。

男儿出身趁今转，有　　着　　数，

军、师、旅、营、团③，无论边个老共嫩。

　　注：①佢读"能"阴平声，方言，我也。　②三岛，代日本国。
③按军队建制序列为"军师旅团营"，此处为了押韵而反序。

　　（本文择自国家档案资料）

　　以上三首山歌，均为抗日战争初期云城西街均和商店梁二
（即梁幄垣）所作，当时传播甚广，妇孺皆诵唱，至今尚有人
记得。

附录四　重要革命人物

余渭泉

余渭泉（1915—2005），又名余宝鸿，云浮市云安区都杨镇替寺村人，家中兄弟姐妹众多，他排行第十，乡间百姓均称他"十叔"。

1934 年 2 月，余渭泉从广州回到都骑，进入都骑第一小学任教员，不久升任校长。

1937 年 7 月 7 日，抗日战争全面爆发，抗日救亡运动在全国蓬勃开展。余渭泉领导全校师生大力开展抗日救亡宣传活动。

1938 年 7 月，中共党员周明带领广东省青年抗日先锋队西江十七分队 12 人来到云浮。不久，周明、林琳等 4 人去了都骑，余渭泉安排他们到都骑小学任教师，这样既利于他们开展抗日宣传，又解决了他们的生活给养。其余的队员留在云城。暑假结束后，他们返回广州，云城的抗先队活动也就停止了。后来，余渭泉与麦长龙等一批进步青年学生一起，很快便建立了云浮县抗先独立支队，余渭泉任队长。

1938 年 10 月，周明介绍余渭泉加入中国共产党。

1939 年 2 月，中共党员余渭泉、徐枫、李君怡根据西江特委的指示，从新兴返回云城，一方面公开建立起云浮抗先队独立支队，另一方面秘密筹备建立党的组织。4 月至 6 月初，西江特委派领导来云浮，帮助建立起中共云浮县特别支部，余渭泉为首任特支书记。

1939 年三四月间，余渭泉向西江特委汇报工作，西江特委作了全面的指示，其中特别着重指示，云浮有个云雾大山，可以到那里建立游击根据地，但要先派几个抗先队同志深入调查了解，同那里的农民取得联系。并指示，云浮要成立广东省青年抗日先锋队云浮独立支队。按照西江特委的指示，他们在云城烈士公园内两层白色洋房作队部，挂起了"广东省青年抗日先锋队云浮独立支队"的牌子。成立了云浮独立支队，队长为余渭泉。

1941 年，按中共党组织的指示，余渭泉打入国民党新兴县政府教育科任督学。他秘密保管着党组织送来的各种文件及《联共（布）党史简明教程》等。他多次阅读中共地下党组织送来的毛泽东写的《中国工人》等著作，其间，余渭泉还认真学习党的建设、武装斗争、工人运动等革命理论，为日后从事党的工会工作，为工人利益服务，奠定了牢固的基础。余渭泉在新兴县活动的时间虽然不长，但他在新兴县党组织的统一领导下，与新兴县的地下党员团结一致，艰苦深入开展党的活动及发动依靠群众开展抗日救亡运动。

1946 年 6 月。由于广东形势的急剧变化，党组织决定将余渭泉调离西江，赴香港工作。

余渭泉按照中共中央香港分局"兴办群众福利事业"的指示筹建劳工子弟学校，在缺钱、缺运输工具、缺人手、工作非常艰难的情况下，经过大家的努力，逐步建成 20 多所劳工子弟学校，解决了香港工人子弟入学读书的困难。其间，余渭泉为指导工人运动，发动工人进行斗争，凭着他深厚的理论修养和出众的写作才能，经常为进步刊物《华商报》等写社论。

解放战争期间，余谓泉一直在香港秘密开展地下党的工作。

他除在香港艰苦深入、忘我做好党的工作、出色地完成党交给的任务之外，还念念不忘家乡都骑的革命工作。他根据当时人才需要的实际情况，做好相关工作，从香港先后输送韦敬文、黄平、汪清、邓谦等一批党员干部以及黄秉超、陈茵等一批进步工人到三罗地区参加革命工作。余渭泉将余氏家族的 10 多支长、短枪和 3000 多发子弹全部送给共产党组织，支持云浮县的武装斗争，同时，还为革命活动提供了粮食，解决党组织和游击队生活补给的困难。侄儿余家相按照余渭泉的吩咐毫无保留地将分别在德庆县悦城圩和在都骑圩的 2 间"同泰"号商铺贡献出来，用作粤中部分地区主要是广宁、四会、怀集三县和三罗地区的通信联络地点。还将余氏家族的书房"荣昌堂"小炮楼等房舍用作中共云北区委的驻地。中共云北区委书记黄浩波、陈文英夫妇长期在"同泰号"居住，领导云浮县北部的革命斗争。

1949 年 10 月 14 日，余渭泉率领各界代表参加广州解放军入城仪式。此后，在广州市各界人民代表会议协商委员会的领导下，以筹备组领导的身份，从事组建广州市总工会的工作，先后任中共广州市职工委书记、广州市总工会副主席兼秘书长等职务，1991 年离休。

党的十一届三中全会后，余渭泉为平反冤假错案做了大量工作，为撰写中共云浮党史不遗余力，为家乡各项建设殚精竭虑。

2005 年 5 月 15 日，余渭泉在广州逝世，享年 90 岁。

麦长龙

麦长龙（1922—1972 年），原名昌隆，云安县都骑乡（今云安区都杨镇）麦州村人。出生在一个比较殷实的农家。在云浮中学读书时，正值抗日战争全面爆发。1939 年年初，他参加广东青年抗日先锋队云浮独立支队，任副队长。是年，发动 10

多名同学加入抗日先锋队，创办《云浮青年》墙报，在校内外进行抗日救亡宣传活动。1939 年 6 月，由徐文华、余渭泉介绍加入共产党。后任中共云浮中学党支部书记、云浮特别支部委员等职。

1941 年 3 月，麦长龙受中共西江特委委派，任中共三水县委委员。他自筹资金，在沦陷区三水县小杭圩开设福昌茶楼作掩护，开展秘密工作。1942 年 10 月，任中共云浮县特派员。1943 年年初，中共云浮县党组织暂停活动，党员隐蔽下来。他与麦冬生等筹集资金，给共产党员区德民营商，为中共党组织筹集经费，还将母亲 300 元白银"私蓄"全部献出，又经常瞒着伯父从其安记商店取钱和大米，以解决党员隐蔽后的经济困难。1945 年年初，根据中共上级组织的指示，恢复中共云浮县党组织的活动，麦长龙仍任中共云浮县特派员，并出任都骑乡抗日自卫中队队长。他还对地方实力派四乡联防委员会办事处主任徐鸣登做统战工作，自荐任四乡联防委员会办事处副主任，使四乡联防常备队实际成为共产党领导的人民抗日武装力量。

抗日战争胜利后，麦长龙先后担任中共三罗临时工作委员会委员等职，1945 年 10 月，当广东人民抗日解放军纵队代司令员谢立全等主要领导人及司令部办事处 40 余人从恩平朗底转移到云浮都骑乡麦州村隐蔽时，他和余渭泉、麦冬生等组织力量做好保卫工作和交通情报工作，同时，与陈云等筹划在河口开设宏兴豉油膏铺，一方面作为中区特委的秘密联络站，一方面筹款支持特委和办事处。1946 年，他执行中共上级组织关于"隐蔽精干，长期埋伏，积蓄力量，以待时机"的指示，通过民选任国民党都骑乡乡长，还安排一批共产党员分别任泽源、杨柳乡乡长、保甲长和乡保学校校长，以便开展秘密工作。1946 年年底以后，执行上级关于恢复武装斗争的决定，在云浮北区组建武装工作组，建立云城、大绀山等地下交通情报站，建立都骑粮仓，征收粮食2.5万千克，有力地支持武装斗争。1947年秋，他秘密前往台山县参加由吴桐率领的游击小分队挺进云浮富林，开展武装斗争。1948年4月，他任中共云浮县工委书记，密切配合粤中派来云浮的两个游击小分队的武装斗争，1949年1月，云浮人民武装组织改编为中国人民解放军粤中纵队第四支队第三团，麦长龙任团长兼政委。1949年春夏间，他和李东江等一起争取到云浮县自卫大队方杨自卫中队长徐颂辉率部起义，1949年4月20日，云浮县人民政府在双富乡成立，麦长龙任县长，10月24日，云浮县军事管制委员会在河口成立，麦长龙任主任，11月任中共云浮县委书记。

1950年3月，麦长龙调离云浮，先后任中共西江地委研究室研究员，西江土地改革委员会秘书长，中共郁南县委第二书记，粤中行署财委会副科长，省供销社高要专区办事处副主任，马安煤矿工区主任、副矿长、矿长，肇庆地区化肥厂革委会副主任等职。1958年"反地方主义"时他被错定为"地方主义分子"，受到错误的处分，"文化大革命"中又受到极大冲击，但仍任劳任怨、兢兢业业地为党工作。他到马安煤矿工作的7年时间，密切联系群众，研究技改，创造高效能的深孔爆破先进施工技术，改变了马安煤矿的落后状况，1972年12月，麦长龙因积劳成疾病逝，时年50岁。1979年6月16日，中共肇庆地委纪律检查委员会为麦长龙作出撤销处分、恢复名誉的平反决定。

麦冬生

麦冬生（1917—2002年），都杨镇麦州人，1939年4月参加工作，10月加入中国共产党。

1939年6月，麦冬生等在云北区（都骑、杨柳）组织成立

"都骑乡妇女抗敌同志会"，成为当时云浮地方抗日救国团体之一。1939 年秋，妇抗会发起劳军运动，编织军鞋、军袜 1000 多双及发动群众捐钱献物支援前线，送子女参军，妇抗会公开活动坚持到 1941 年年底被迫停止，部分骨干加入抗先队组织继续秘密活动。

1939 年上半年，麦冬生任省抗先队云浮独立支队都骑分队分队长，队员 30 人，开展抗日宣传活动，通过夜校联系和发展青年、农民参加抗日先锋队，到 1939 年下半年，都骑分队队员已发展到 100 多人。同年 10 月，麦冬生等人转移到郁南桂圩、通门一带暂时隐蔽。1940 年 7 月，麦冬生等 10 人参加了中共云浮县工委在德庆悦城秘密举办的党员干部训练班。

1942 年 7 月，麦冬生从郁南回到云浮，与麦长龙一起创办初级小学，到 1943 年后都骑全乡都办起了"保校"，并先后安排了一批共产党员到各校去任教，继续开展抗日救国运动。

1943 年夏，麦冬生被选为乡公所文书。他利用合法的身份开展秘密的革命斗争，团结了一大批开明人士，扩大了对敌斗争的阵线。

1944 年年初，云浮地下党组织恢复活动，并成立"武装联防队"。麦冬生等筹组四乡联防队，公开的名义是维持地方治安，实际上是共产党武装牵制西江沿岸敌军据点及交通线，维持人民武装给养和活动范围的一个组织。1945 年 2 月举行了"云北四乡联防委员会办事处"成立大会。大会一致推举云浮民众武力指挥部属下的都骑、杨柳突击大队大队长徐鸣登担任联防委员会主任，并设立联防常备队，有队员 26 人。同年 9 月 17 日，日军从东北方向水陆并进，入侵云浮县，占领西江沿岸。所到之处，烧、杀、抢、掠，无恶不作。云浮党组织把都骑、杨柳、方平、泽源四乡划为沦陷区。中共云浮县委领导决定，执行广东省委关于"在沦陷区组织发展抗日武装和建立民主政权"的指示，在都骑乡建立抗日民主新政权，推举麦冬生为都骑乡副乡长兼文书，并建立自卫武装力量联防委员会，麦冬生任联防委员会财务干事。

1947 年 7 月，麦冬生以乡长名义，在都骑秘密筹集资金、粮食和枪支弹药，支援三罗游击武装部队。同年 10 月中旬，吴桐率领粤中挺进部队 20 多人开进富林。麦冬生通过党组织的联系，决定将挺进部队从云雾山越过大绀山分别转移到云北区双上、古洲、斩田等村暂时隐蔽，摆脱敌自卫队的"追剿"，保护了小分队的安全。同年，麦冬生还以其父的当铺作担保，向当地粮仓借谷 5000 千克供给部队，使部队渡过难关。

1949 年 4 月 20 日，在富林双富乡成立云浮县人民政府，并成立部分区人民政府。9 月 26 日，麦冬生任东北区人民政府区长，并兼任都骑乡乡长。

1949 年 10 月 27 日，云城解放。11 月，麦冬生等带领武装民兵协助粤中部队围歼国民党叶肇残部 200 多人，打开粮仓，借粮给群众度荒，同时发动群众对地主开展减租减息的清债、废债运动。

1950 年 1 月，麦冬生任云浮县公安局局长。他带领部队清匪反霸，清剿各地残匪，平息几起土匪武装暴乱。1950 年 3 月，任云浮县人民政府副县长，同年 9 月主持县政府日常工作。1953 年 5 月至 1955 年 4 月，任云浮县人民政府县长。1950 年 12 月任云浮县第三届各界人民代表会议常务委员会副主席，1951 年 3 月至 10 月，任云浮县第四届、第五届人民代表会议常务委员会主席。

1950 年至 1984 年 6 月期间，历任云浮县委委员、常委、副书记、县长、财税局局长、财贸革委会主任、财贸办公室副主任、云浮县第七届人民代表大会常务委员会副主任等领导职务。1984

年 6 月离休，享受副厅级待遇。

区德民

区德民（1909—1975 年），都杨镇桔坡村委替邦村人，1928年在云浮中学初中毕业后积极参加革命活动，因表现突出，1938年年底，被任命为都骑抗日先锋队队长。

1939 年，区德民由云浮党工委、都骑党支部书记李青介绍加入中国共产党。李青调往云浮县工委工作后，区德民被任命为都骑党支部书记。

1940 年年底，区德民被任命为云浮县工委书记，1942 年 6 月因身份暴露，党组织决定将其调离云浮，安排其到广州开设"永源安"运输行，为游击队筹集活动经费和设立云浮党组织在广州的联络站。

1943—1949 年间，区德民通过"永源安"运输行，多次为游击队购买药物。他利用做过药店生意的人脉关系，在香港买进一些奇缺的药品，再从广州转运回云浮，解决游击队用药之急。

在区德民的影响和动员下，替邦村一批青年积极参加革命，如区德龙（中华人民共和国成立后在广州芳村供销社当干部）、区才（中华人民共和国成立后在云浮县公安局当干部）、朱铭俊（中华人民共和国成立后在肇庆市石油公司工作并任经理）、区德森则在本地做地下通信工作（中华人民共和国成立后在卫生战线工作）。

1948 年，区德民在广州购买到卡宾枪、左轮手枪各一支及子弹数十发，他安排麦浩寰、区德森两人从广州乘船秘密带回云浮，交与游击队"黑龙江连"排长冯中接收，给游击队使用。

区德民在广州开设了"永源安"运输行后，很多革命人士，从香港到广州再到云浮或从云浮调往其他地区工作的，大部分都由区德民组织接送。每次均能安全到达，从未出过任何意外。

替邦村是一个只有 200 多人的小山村，四面环山，当时在区德民的影响下，替邦村群众思想觉悟较高。革命时期，在云浮地区开展革命工作的领导干部经常到替邦村区德民家隐蔽或开会，研究开展对敌斗争策略。游击队"黑龙江连"也经常到替邦村驻营及进行休整和训练。

解放战争时期，游击队经济十分困难，区德民动员其父区颂及村中较富裕的村民区君杰、区国英等人捐粮捐钱支持游击队，同时又说服本村族长从"太公谷"中捐出 5000 多千克稻谷给游击队。

中华人民共和国成立后，区德民被安排在广州市工作，在梁湘为总经理的广州信托公司任经理。后受到不公平待遇，1970 年回乡务农。1975 年病逝于替邦，享年 66 岁。

陈凤堃

陈凤堃，1921 年生，杨柳石巷村人，云浮县立中学毕业。1938 年在云浮县立中学读书时加入中国共产党，同年 4—12 月，在云浮县抗日救亡少年先锋队任队长；1945 年 3 月，中共云浮地下党组织通过抗日爱国民主进步人士徐鸣登的关系，在云浮北部的麦州建立民主抗日组织"四乡联防委员会办事处"和"云浮人民抗日武装常备队""四乡联防队"，陈凤堃任常备队队长和四乡联防队队长。1949 年 1—10 月，任中国人民解放军粤中纵队第四支队第三团江苏连连长；1949 年 10 月 25 日，四支三团集中河口整编，为解放云城作准备，三团下辖连改为营建制，改为 3 个营 9 个连，陈凤堃任一营营长。中华人民共和国成立后，1950 年 1 月至 1951 年 12 月，任云浮县武装大队大队长；1951 年 12 月至 1952 年 10 月，任云浮县人民武装部副部长（主持全面工作）；

1952 年 11 月后，他先后在西江军分区和韶关军分区工作，"文革"中受到不公正的处理，后转业到阳山县国营农场任场长、阳山县农科所所长、阳山县农业局副局长。

陈凤堃的哥哥陈凤诰是农民运动时期的共产党员，参与农民运动，后遭国民党当局杀害。哥哥的牺牲让年幼的陈凤堃从此埋下了革命的种子。

1938 年春天，广东省委派出抗日救亡先锋队，来云浮开始宣传抗日救亡，陈凤堃积极参加抗日救亡少年先锋队的工作，任抗日救亡少年先锋队队长。

1945 年年初，中共广东省委指示，云浮恢复党组织活动，陈凤堃、潘善廷等党员重新投入到组建党组织活动中，并参与组织抗日武装建设。

中共云浮县特派员麦长龙为了恢复党组织活动，利用合法名义为中共党组织掌控地区武装，抽调陈凤堃和其他党员骨干组建联防队。陈凤堃还带队活动到都骑、杨柳、泽源、方平各地，与 4 个乡的自卫队合力打击侵害群众生命财产安全的土匪和抗击日军。

抗战期间，陈凤堃在方平乡云棚村参与对日军发起袭击，阻断日军用动力船拖运载有军用物资的船只沿西江上广西。当时民兵配合战斗，部分民兵和乡民上船搬运物资，敌人抵御不了民兵的强大火力攻击而弃船逃走。四乡联防武装常备队和其他友军从日军船只缴获了白糖、云纱布、药品之类的一批物资，缴获的物资分给部分乡民，也补给联防队。

四乡联防武装常备队还与日军打过遭遇战。1945 年 5 月 13 日天刚亮，陈凤堃与云武第一突击队大队长徐鸣登撤离石巷前往麦州，从杨柳石巷村行至大播山边附近的井坳时，遇见一队持长枪的穿绿衣的日军，并目睹一名日军开枪射杀了一名村民，于是联防队埋伏在山沟和日军进行远距离交火，打击了日军的嚣张气焰。

陈凤堃在新中国成立前的戎马生涯有着许多故事，包括早期参加抗日活动和参加解放战争。他说在云浮武装部队时，参与的行军打仗很多。从云浮打到郁南、从郁南打到罗定，从未曾受伤。1949年1月22日，解放军在罗定市连州与国民党反动派进行决战，开创了三罗武装斗争新局面。罗定连州战斗是粤中地区恢复武装斗争以来规模最大的一次战斗。连州战斗的胜利，震动了整个西江地区，既从军事上打出了军威，又从政治上扩大了影响。连州战斗是粤中三罗大进军部队在粤中分委、军分委的正确领导和指挥下，与敌人展开的一场震动西江、粤中地区规模最大的战斗，为迎接三罗全境解放奠定了基础。陈凤堃说："那场著名的连州战斗，国民党保二师1个营对我们一个连80多人，他们冲一次我们打一次，足足打了一个上午，我们连没有一个人员伤亡。"在连州战斗中，陈凤堃指挥部队与敌人展开了激烈的战斗，他们不怕牺牲、英勇作战，打退了国民党反动武装的进攻和地方顽固势力的骚扰。他说："上级下了死命令，要守住山头。我们合理布置，白天打晚上走，打得敌人防不胜防。"

陈凤堃在"文革"中受到不公平待遇，在20世纪80年代年代平反。但他表现得豁达大度，他曾说过，不留恩怨在人间。作为一名曾经出生入死的老兵，经历过枪林弹雨，他淡泊名利，一生相信党、热爱党。

陈凤堃享受县处级待遇离休，并荣获中华人民共和国颁发的抗战胜利60周年金质纪念勋章。

范桂霞

范桂霞（1905—1994年），女，1905年农历三月三十一生于广东省佛冈县烟岭楼下村。1928 年 2 月与云浮县六都南乡人潘耀芳结婚。

范桂霞自幼家贫，长大后逃往广州。在广州当过纺织女工，曾读夜校求学。

1923—1924 年就读国立广东大学附属师范学校，开始接受马列主义思想教育，加入了新学生社组织。

1925 年加入妇女解放协会，同年由龙锦雯介绍加入共青团。她在团内任学习组组长，兼任妇女解放协会宣传干事。这一年，她参加了五卅运动声援活动，参加了"六二三"沙基惨案大游行、省港大罢工运动，负责宣传教育和组织家属工作，并当过交通员。

1926 年，转为中共党员，北伐前参加了战士救护班。

1927 年，蒋介石叛变，广州发生"四一五"大屠杀，二妹范桂笺被捕，父亲范信被活活打死，为逃避敌人的追捕，范桂霞被迫逃往香港，在省委秘书处工作。接受秘书长沈宝同的委派，掩护来港治病的周恩来，当周恩来的特别护士，周恩来扮成上海姓李的富商，她改姓黄，扮富商的"少奶奶"。同年12 月10 日，她回穗参加广州起义。担任沈宝同、恽代英的秘书，兼做交通员。广州起义失败后回港，继续担任秘书，直至 1928 年。

1928 年春，李立三派她和潘耀芳到肇庆沙街重组西江农民军（潘耀芳原是广宁农民军教练，后两人结婚）。当时党的领导机关在香港，经常直接联系。几个月后，省委派中共党员李义来协助她。

1929 年 8 月，陈殿帮（肇庆人）到肇庆任县中学校长，与她联系工作，她负责工运，他负责学运。陈殿帮只担任了一个学期的校长，就不幸被捕。为了营救他，党组织想尽一切办法，但还是被敌人杀害了，解放后被追认为革命烈士。

1930年，她设法与省委负责工运的陈信才联系，由于省委没有继续派人接替陈殿帮的工作，工运工作由于失去上级领导而无法开展，她也因校长的变更导致失业，与党组织失去联系。

1931年，她回到云浮县，在潘耀芳的家乡南乡端化小学任教师，利用教师身份宣传抗日救国。

1932年，她任云浮县立女子小学校长，继续坚持宣传抗日救国工作。

1937年，陈信才到云浮工作，安排她负责宣传抗日救国工作，组织宣传队下乡，发动群众捐款和组织救护工作。

1938年，日本轰炸云浮，她担任救护班班长，积极抢救伤员。大轰炸后陈信才调离云浮，她回到南乡，仍与陈信才有通信联系。同年省委派周明到云浮筹备建立地方小组，周明住在她家，与她商量有关建党事宜，由她物色入党对象，将云浮都骑余渭泉介绍给周明认识。之后余渭泉成为云浮县第一个中共党员，接着又发展了麦冬生、麦长龙等人加入中国共产党。发展了多名党员后，终于成立了云浮县的党小组。

1940—1945年，她一直在云浮地区任教，主要负责县城与北区的妇运、学运工作。

1946年，在广州丛桂路一小任教，一直与陈信才、余渭泉保持联系，由她负责西江一带军政人员的策反工作，持续到1949年中华人民共和国成立。

1994年3月6日，范桂霞于广州病逝，享年89岁，安葬于广州银河革命公墓。

雷荣秋

雷荣秋，富林镇界石村委细围村人，1930年3月出生，1948年6月参加革命，成为一名游击队员，新中国成立后被安排到县独立大队，1950 年被调到广州警备司令部，1956 年转业到广东省坪石监狱工作，1990 年 3 月离休。

雷荣秋的祖籍为阳春市河塱镇新阳村，新中国成立前，他爷爷受雇在界石村从事田地收租业务，便在界石细围村定居。1947年冬，阳春市三乡人（今河塱镇）雷之楠（与雷荣秋父亲同祖同辈）受命在界石、新阳、罗定金鸡一带开展游击工作。雷之楠借着与雷荣秋家庭这种亲情关系，经常到雷荣秋家中食宿，雷荣秋也开始接受了革命教育。1948 年 2 月，界石组建游击队，黄善初大屋成为后方驻地和联络站，并在界石自然村开展革命根据地建设，细围村很快成为游击根据地。时任三罗游击队队长的雷之楠，经常带领游击队员到雷荣秋家中吃饭、收集情报，雷荣秋家成为游击队的"堡垒户"。因为这种关系，雷荣秋与游击队结下了不解之缘。1948 年 6 月，年仅 18 岁的雷荣秋主动加入了游击队，开始了艰苦的游击生涯："食无定时，居无定所，随时有生命危险。"当时由于国民党特务比较多，而且比较隐蔽，游击队经常一天跑三县（云浮、阳春、罗定），既要剿匪，又要提防国民党的攻击，需经常变换驻地。有时一天只能食一顿饭。有时晚上冒着生命危险去剿匪，即使没有剿匪任务，还要轮流站岗放哨，也不能安睡，天未亮又要转移。由于游击队经费有限，没有衣服和鞋发，衣服是自带的，补了又补，穿的是草鞋，破了也舍不得丢。1948 年 11 月 20 日，雷荣秋所在营受命到罗定蔡廷锴家乡罗镜镇运送枪弹，16 时从罗定金鸡出发，途中在老百姓家借宿一晚，第二天一早赶路。由于游击队行踪被泄露，他们前往目的地途中遇到了敌军伏击，被迫往山上躲避，过了半天敌军假装撤退，游击队欲下山赶路，当他们行至半山时，发现仍有大批敌军埋伏，他们一边与敌军对峙一边安装土制的地雷，然后退往山上。敌军追打他们时，遭遇地雷阵。他们退到另一山头时，又遇到另一队追

兵，被前后夹击，游击队杀敌突围。在这场战斗中，敌军死亡30
多人，游击队受伤3人，其中雷荣秋杀死敌人5人。

雷荣秋参加过很多大大小小的剿匪战斗，其中规模比较大的
有罗定反包围战斗、三罗大进军攻打金鸡、苹塘战斗、攻打托洞
自卫队、攻打南浦战斗、清剿南区暴动等。雷荣秋自豪地说，在
每一次战斗中，只要杀了敌人、取得了胜利，都有一种成就感。
在南区战斗中，有一次，他所在连与南下解放军受命前往高村开
展清匪行动，为了麻痹土匪，南下解放军与独立大队对换衣服，
并安排雷荣秋装扮成普通老百姓在高村街刺探敌情，掌握准确情
报后，打扮成独立大队的南下解放军先上战场，敌军错误认为正
规军还未到，最终被南下解放军和独立大队团团包围，不费一枪
一弹，活捉了20多名暴徒。

新民主主义革命时期在云浮从事革命而牺牲的云安籍革命烈士英名录

姓名	性别	出生年月	籍贯	参加革命时间	牺牲时间、地点和原因
陈凤诰	男	1900 年	杨柳镇陈家村	1924 年	1928 年 8 月 14 日在云城被国民党当局杀害
李 泉	男	1923 年	都骑镇洞坑村	1948 年	1949 年 3 月在罗定县船步战斗中牺牲
吴 友	男	1914 年	都骑镇洞坑村	1946 年	1949 年 3 月在阳春县圭岗三洞战斗中牺牲
刘 石	男	1903 年	高村镇高村圩	1947 年 9 月	1949 年农历三月初七在云浮大降岭被敌人杀害
麦月才	男	1921 年	都骑镇桃坪村	1948 年	1949 年桃坪战斗被敌人捉走后在夏洞被杀害

（续表）

姓名	性别	出生年月	籍贯	参加革命时间	牺牲时间、地点和原因
陈安	男	1910 年	白石镇沙塱村	1948 年 5 月	1949 年农历七月在宋桂被捕后被敌人杀害
江金水	男	1925 年	富林镇江尾村	1948 年	1949 年农历九月初一在郁南县都城战斗中牺牲
高炳芳	男	1928 年	都骑镇古洲村	1948 年 3 月	1949 年在德庆县悦城战斗中牺牲
钟二妹	男	1913 年	白石镇田心围	1950 年 2 月	1950 年 3 月送信途经高村石梅被土匪杀害
张汝郁	男	1924 年	白石镇天窝村	1951 年	1951 年在罗定县泗纶镇牺牲
刘飞	男	1913 年	镇安镇明镜村	1949 年 11 月	1953 年 9 月 21 日在云雾山剿匪时牺牲

附录五 革命遗址、文物、纪念场馆

一、总体概况

经普查核实,云安区有较大影响的革命遗址 2 个,革命旧址 16 处,纪念场馆 3 个,共 21 个。现存 19 个,全毁 2 个。革命烈士纪念碑 4 座。

详见附表:

云安区革命遗址、革命旧址、纪念场馆、革命烈士纪念碑一览表

序号	名称	地址
1	三罗武装斗争打响第一枪遗址(富林关帝庙)	云安区富林镇民主村委城内村
2	桃坪阻击战遗址	云安区都杨镇洞坑村委桃坪村
3	云浮县党员培训班旧址(高家祠)	云安区都杨镇古洲村
4	中共三罗党组织革命活动旧址(荣昌堂)	云安区都杨镇六合村
5	中共中区特委办事处旧址	云安区都杨镇六合村委木化山村
6	石九交通联络站旧址	云安区高村镇金山村委石九村
7	中共三罗党组织领导人隐蔽旧址	云安区都杨镇麦州村
8	中共三罗党员骨干培训班旧址	云安区都杨镇洞坑村
9	中共云罗阳边区工委旧址	云安区富林镇马塘村

（续表）

序号	名称	地址
10	思怀交通联络站旧址	云安区六都镇富强村委刘屋村
11	云峰书院——红色革命堡垒旧址	云安区富林镇云利村虎山
12	五·五起义旧址（徐氏祠堂）	云安区都杨镇蟠咀村
13	云北区党组织交通联络站旧址（替寺更楼）	云安区都杨镇六合村委替寺村
14	云北会师旧址（黄氏宗祠）	云安区都杨镇仙菊村委大塘尾村
15	中共罗云郁边区工委旧址	云安区白石镇东圳村委连塘墩村
16	粤中纵队独一团和粤中纵队第四支队成立旧址	云安区富林镇民主村委下围村
17	云浮县人民政府成立旧址	云安区富林镇界石村委莲塘村
18	云浮县党组织交通情报站旧址（李家祠）	云安区都杨镇六合村委教村
19	云安区革命纪念公园	云安区富林镇高一村
20	富林战斗纪念亭	云安区富林镇高一村
21	富强革命老区纪念亭	云安区六都镇富强村委
22	都杨革命烈士纪念碑	云安区都杨镇六合村委新围村
23	云安革命烈士纪念碑	云安区富林镇高一村牛肚湾
24	白石革命烈士纪念碑	云安区白石镇东一村
25	高村革命烈士纪念碑	云安区高村镇高村村委迳口高陂头

除属于市级保护的由区民政和各地镇委、镇政府作维修、保护和有专人看管外，其余的纪念场馆都由所属镇和村委负责管护。

从纪念场馆的保护和利用情况来看，属市、县级的爱国主义教育基地，每年都有团体、学校、社会人士前往参观、拜祭和悼念革命烈士，发挥缅怀和教育作用，成为中共党史教育基地和爱国主义教育基地。

从革命遗址和旧址、纪念场馆的保存状况来看，现存 19 个，全毁 2 个。存在的 19 个中，维护现状好的有 12 个，较好的有 3 个，较完善的有 4 个。4 座纪念碑保存较好。

从遗址和旧址的损毁原因来看，有人为因素和自然因素两种。如农村的建设或拆迁、改造及自然灾害造成的崩塌等。有些因无及时维修、缺乏管理，杂草丛生，造成环境状况差。

二、革命遗址

（一）富林关帝庙——三罗武装斗争打响第一枪遗址

富林关帝庙——三罗武装斗争打响第一枪遗址位于云安区富林镇民主村委会城内自然村。

1947 年 5 月，粤中区各地武装部队负责人会议决定，将三罗云雾山区作为粤中开展武装斗争的重点区。会后，粤中军事负责人吴桐从滨海、恩平、两阳和新高鹤部队中抽调 23 名武装骨干，加上吴桐共 24 人，组成挺进三罗分队——德怀队，总领导吴桐，队长朱开，指导员叶永禄、罗杰，配备机枪 1 挺、短枪 15 支。10 月，德怀队挺进云浮南部的富林地区，创建以云雾山区为中心的三罗游击根据地。

1948 年 1 月 7 日夜，吴桐带领德怀队、云浮县中共党员、云浮县民兵群众共 40 多人，袭击驻扎富林关帝庙的国民党县保警一个中队和双富乡警察所。战斗开始，民兵在外围警戒，德怀队摸清了敌人哨位，冲进关帝庙，用机枪火力封锁庙门，敌人梦中惊醒，乱作一团，举手投降，这次战斗不到 10 分钟就取得了胜利，共俘国民党官兵 58 人，缴获机枪 2 挺，长、短枪 36 支，子弹数千发。富林战斗打响了三罗武装斗争的第一枪。

富林关帝庙——三罗武装斗争打响第一枪遗址（已毁）

（二）桃坪阻击战遗址

桃坪阻击战遗址位于云安区都杨镇洞坑村委会桃坪村。

1949 年 9 月，国民党云浮县当局组织对云北游击区进行大"扫荡"。9 月 11—12 日，国民党县警到达河口一带活动，敌县自卫大队大队长带领 200 多名反动军警开到夏洞。云浮县党组织和粤中纵队四支三团根据敌情分析，反动军警很可能从夏洞经桃坪对云北游击区进行大"扫荡"。为保护云北人民的生命财产安全，决定在桃坪阻击敌人。

9 月 12 日晚，黑龙江连、西湖连、云北区中队、都骑各村民兵共 500 多人，先后到达桃坪集结待命。9 月 12 日深夜，战地总指挥李东江命令黑龙江连副连长张力带领机枪排，到乌泥岭顶监视敌人。凌晨 3 时，反动军警一路从乌泥岭迎面而来，一路从乌泥村边东北面登山向桃坪进犯。这时，机枪排立即用火力截击来犯之敌。激战两个多小时后，反动军警占领了近桃坪村背后的山头。我方部队和 200 多名民兵全部登上了桃坪村背后的其他几个山头，用火力截击。战斗持续到 13 日下午 3 时，部队发起猛烈反击，反动军警败退到夏洞，战斗胜利结束。这次战斗，打死打伤反动军警4人，我民兵麦才（麦月才）同志在战斗中光荣牺牲。

遗址范围约98万平方米。

桃坪阻击战遗址

三、革命旧址

（一）高家祠——云浮县党员培训班旧址

高家祠——云浮县党员培训班旧址位于云安区都杨镇洞坑村委会古洲村。

1940年7月，中共云浮县工委秘密举办党员培训班，地点开始设于德庆县悦城乡旧院村李俊杰家，举办三天后，被国民党当局发现，即转到古洲村继续办，培训班由中共云浮县特别支部书记余渭泉主持，参加人员有：余渭泉，区德民，麦长龙、麦冬生等15人。培训班上，区德民传达了中共广东省委南雄会议精神，并学习了党的建设、统一战线、群众运动、秘密工作等有关内容。经培训后，党员们认清了形势，转变了斗争方式，分别以经商，教学等职业作掩护，开展革命活动和统战工作。1947年5—6月，中共党员邓可中发动古洲村青年高森、高国联、高全生、高三友、钟才、冼三妹（女）加入中国共产党，并在高家祠建立起云浮县解放战争时期第一个农村党支部，邓可中任党支部书记。接着，建立古洲交通联络站。常驻古洲高家祠的有三罗总队飞行组武工队队长叶永禄和队员 8 人。

高家祠——中共云浮县党员培训班旧址

（二）荣昌堂——中共三罗党组织革命活动旧址

荣昌堂——中共三罗党组织革命活动旧址位于云安区都杨镇六合村委会替寺村余氏大屋。

1944 年，云浮县党组织派麦长龙、麦冬生筹组四乡联防队。1945 年 2 月，在都骑成立云北四乡抗日联防委员会办事处，办公地址设在荣昌堂。

1945 年 10 月，广东人民抗日解放军司令部的部分人员撤到都骑隐蔽。当时在荣昌堂隐蔽的有：中共中区特委委员、广东人民抗日解放军代司令员谢立全，中共中区特委委员唐章、周天行，中共中区特委书记、粤东人民抗日解放军政委罗范群，中共中区特委副书记谢创等。

1946 年 8 月，三罗特派员谭丕桓到云浮。党组织把郁南区委原书记黄浩波调到云浮。1947 年 2 月在都骑麦州成立中共云北区委，区委书记黄浩波，副书记麦冬生。中共云北区委负责领导联系都骑、杨柳、方平、泽源等地党组织和六都、云城、河口、初城、夏洞等地个别党员，办公地点设在荣昌堂替寺同泰号，隶属中共云浮县工委。区委书记黄浩波在荣昌堂居住长达 3 年。

荣昌堂建于清朝末期，有书房 1 间、小炮楼 1 间、房屋 5 间、商铺 2 间（替寺同泰号、德庆悦城同泰号）。书房三层青砖木瓦结构，长 15.96 米，宽 6.75 米，占地面积 107.73 平方米。荣昌堂也是曾任中共云浮县特别支部书记、中共广州市职工委员会书记、广州市总工会副主席余渭泉的故居。

荣昌堂——中共三罗党组织革命活动旧址于 2011 年 4 月被云城区人民政府公布为云城区文物保护单位。2011 年 11 月被中共云浮市委党史研究室公布为云浮市中共党史教育基地。

荣昌堂——中共三罗党组织革命活动旧址

（三）中共中区特委办事处旧址

中共中区特委办事处旧址位于云安区都杨镇六合村委会木化山村。此旧址也是麦冬生故居。

1945 年 10 月，广东人民抗日解放军由谢立全、唐章，周天行等带领原司政的部分人员转移到云浮都骑隐蔽，并在都骑建立中共中区特委办事处和广东人民抗日解放军司令部分指挥部。由云浮县党组织麦长龙，麦冬生安排，中区特委办事处和广东人民抗日解放军司令部分指挥部设在麦州木化山麦冬生家。不久，广东人民抗日解放军司令部的领导陆续到达都骑。曾在该处工作的有：中区特委书记兼政委罗范群、副书记兼组织部部长谢创、特委委员冯扬武。同谢立全等常驻的有：李超、卢德耀、郭大同、苏凝、余平、肖敏、戴卫民、唐守径和电台工作人员伦永谦（台长）、王瑛、余绿波，罗子芬、岑河、小汤以及一些工作人员、保卫人员。1946 年春节后，驻此地人员陆续转移到三埠，1946 年

中共中区特委办事处旧址

4 月中共中区特委委员、三罗特派员唐章调香港工作,同时离开的还有戴卫民。至此,中区特委领导和工作人员全部撤离。

旧址建于民国初期,长 11 米,宽 8.6 米,占地面积 94.6 平方米,前面青砖泥砖结构,其余三侧瓦木结构。

(四)高村镇石九村交通联络站旧址

高村镇石九村交通联络站旧址位于云安区高村镇金山村委会石九村。

1947 年秋,中共三罗特派员谭丕桓派麦长龙、陈云到石九村与中共党员曾七取得联系,共同研究在云西片开展游击活动,建立云北通向云南、云西的地下交通站,开展情报工作,发展武装队伍等。麦长龙决定在石九村曾七家建立交通联络站,并任命曾七为联络站负责人。该交通情报站保障了罗云郁边区交通员、武工队通往云北区的行动畅通,为三罗游击队提供了一个辗转回旋的安全联络站点。

高村镇石九村交通联络站旧址

（五）中共三罗党组织领导人隐蔽处旧址

中共三罗党组织领导人隐蔽处旧址位于云安区都杨镇六合村委会麦州村麦耀年书房（守纪堂）。

1947 年开始，三罗党组织和粤中纵队三罗武装部队领导唐章、谭丕桓、李镇靖、吴桐、龙世雄以及外地转来都骑人员等在守纪堂隐蔽。1948 年秋，云浮县委领导李东江多次在交通联络员董超扬陪同下，从都骑洞坑村前往守纪堂，向唐章、谭丕桓汇报请示革命工作，使云浮县的革命工作得到了准确、及时的指导。

旧址建于民国初期，长 6 米，宽 4.25 米，占地面 25.5 平方米，为青砖瓦木结构。

中共三罗党组织领导人隐蔽处旧址

（六）中共三罗党员骨干培训班旧址

中共三罗党员骨干培训班旧址位于云安区都杨镇洞坑村委会洞坑村德和店铺及董氏书房。

1947 年 7 月，中共三罗党组织在云浮都骑洞坑村德和店铺和董氏书房举办党员骨干培训班。为期一个月。由谭丕桓主持，李东江协助。参加人员有罗定、郁南、云浮的骨干谭基佳、徐国栋、陈文英、刘坚、黄珍、黄浩波、麦裕滔、余家相、卢平等20多人。培训内容是贯彻落实中共广东区委、中区特委关于恢复公开武装斗争的决定。洞坑村青少年董超扬、梁挽、高伙元，李章林等负责生活安排和站岗放哨。8月，国民党云浮县当局陈志良等带领一批军警到都骑"围剿"。中共三罗党组织在闻讯的当天傍晚撤走培训班，晚上敌军警"围剿""扫荡"洞坑村。培训班结束后，各县党组织中心工作转到搞武装斗争，秘密筹集资金、粮食和枪支弹药，并派军事骨干到广宁游击区学习武装斗争经验。

1947年至1949年春，中共云浮县党组织领导人李东江以洞坑小学教师身份作掩蔽，并以董氏书房为联络点，经常秘密召集中共党员黄浩波、麦裕滔、李行、邓可中、卢平等研究部署工作，领导云浮县的革命斗争。

董氏书房建于清朝，占地面积110平方米，前面青砖，左、

中共三罗党员骨干培训班旧址（董氏书房）

右、后三侧面为泥砖，瓦木结构。

1964 年，德和店铺已改建为洞坑大队办公楼。

（七）中共云罗阳边区工委旧址

中共云罗阳边区工委旧址位于云安区富林镇马塘村马塘庙边。

1947 年 10 月，中共三罗总工委在此成立云罗阳边区工委和边区办事处。书记陈家志、主任罗杰、副主任黄平。此处是边区工委、边区办事处的机关驻地。

1949 年 3 月，中共云罗阳边区工委与中共罗云郁边区工委合并为中共云罗阳郁边区工委。

旧址占地面积 250 平方米，土坯瓦房。

中共云罗阳边区工委旧址

（八）思怀交通联络站旧址

思怀交通联络站旧址位于云安区六都镇富强村委会思怀山寮坳下的刘屋村，是刘三荣的祖屋。该屋是两座横五的泥砖、瓦结构。1947 年秋，中共云北区委先后派共产党员李光、邓可忠到思怀开展革命活动，首先在该处建立交通联络站，之后在思怀大围村、扶卓村各发展一个交通联络点。

思怀交通联络站旧址

（九）云峰书院——红色革命堡垒旧址

云峰书院——红色革命堡垒旧址位于云安区富林镇云利村虎山山麓，是一座三间两边朝廊，木刻灰雕，画栋斗门，书卷镬耳，美轮美奂的清朝建筑，与界石培儒书院、廖氏耀德书院、孔家书塾并称清末民初富林四大古书院。

1948 年 1 月 7 日晚，三罗武装斗争第一枪在富林关帝庙打响，标志着粤中游击队挺进云雾山开展三罗人民武装斗争拉开了序幕，吴桐按计划冒雨率领部队，连夜秘密转移到云利云峰书院休整。云利各村群众在堡垒户的带领下，纷纷给部队送粮、送菜、送柴草，为部队战士庆功洗尘。云峰书院是革命红色堡垒，是粤中游击队的落脚点，也是吴桐率领粤中游击队挺进云雾山开展三罗武装斗争的出发地。

云峰书院——红色革命堡垒旧址

（十）徐氏祠堂——"五·五"起义旧址

徐氏祠堂——"五·五"起义旧址位于云安区都杨镇蟠咀村委会大围村。

1948 年 2 月，国民党云浮县县长阮君慈为镇压云北地区的革命活动，在杨柳乡建立数十人枪的云浮县自卫总队方杨中队，任命徐颂辉为中队长（不久兼任方杨乡乡长）。1949 年 3 月，粤中纵队四支三团回师云北，麦长龙找徐颂辉谈话，主持在石巷村召开的徐潘两姓和解会，饮和解酒后，徐潘两姓父老共同表示支持革命。1949 年 5 月 5 日天亮前，徐颂辉率领起义人员徐世恩、徐和生、徐锦新、徐泽其等 19 人在蟠咀大围村徐氏祠堂举行起义，携轻机枪 1 挺、步枪 10 余支、子弹数千发，开赴云浮县南区，编入三团。随后，徐颂辉任粤中纵队四支司令部参谋处处长，随司令部转战三罗各地。

旧址建于清嘉庆年间，青砖瓦木结构，建筑面积 751.95 平方米。

徐氏祠堂——"五·五"起义旧址

（十一）替寺更楼——云北区党组织交通联络站旧址

替寺更楼——云北区党组织交通联络站旧址位于云安区都杨镇六合村委会替寺村。

1948 年春至秋，粤港两地党组织经常经过都骑向三罗地区派地下党员，中共云浮县党组织也不断经都骑向上级或外地党组织报送情报。云浮县党组织领导人麦长龙、李东江，云北区委书记黄浩波、副书记麦冬生研究决定，成立云北区党组织交通联络站，设在替寺更楼，联络站负责人余家相、梁峰（女），交通员：邓南、麦炳金、董超扬、钟才等。并由他们负责外来人员的接送工作；陈五等负责在更楼附近钟德屋（家）做好伙食生活服务工作；陈日安、陈苏、李松庆，麦尤、麦章庆等负责安置居留掩蔽工作。

旧址建于清朝，长 11 米，宽 6.5 米，占地面积 71.5 平方米，青砖瓦木结构。

旧寺更楼——云北区党组织交通联络站旧址

（十二）黄氏宗祠——云北会师旧址

黄氏宗祠——云北会师旧址位于云安区都杨镇仙菊村委会大塘尾村。

1948 年冬，大塘尾村黄沛辉在黄氏宗祠设立秘密交通联络点，接送交通联络和武工队人员。同年冬，三罗总队飞行组武工队负责人叶永禄带领飞行组武工队员到大塘尾村驻扎在黄氏宗祠开展活动。1949 年 2 月，武工队发动该村黄超华、黄新泉、黄振球、黄风（女）等加入游击队。

1949 年 3 月，云浮县党组织和三团领导人麦长龙、李东江、郑毅、叶永禄、罗杰、黄浩波等带领云浮县地下党组织人员和三团部队江苏连、辽宁连、热河连数百人在大塘尾村会师（称云北会师）。会师总部设在黄氏宗祠，党政军领导人在黄氏宗祠驻扎，其他武装人员分散在大塘尾村附近各个村庄驻扎。云北会师持续 10 多天，向云北地区展示了革命力量，推动了武装斗争的发展。

同年夏秋期间，云浮县北部游击队医疗站负责人潘赞英曾经多次带领医疗站人员在黄氏宗祠设立临时医疗站，为游击队伤病员治病养伤。同时，三团部队黑龙江连、西湖连、民主连，云北区中队也到该宗祠驻扎。

旧址建于清朝，占地面积 150 平方米，青砖瓦木结构。

黄氏宗祠——云北会师旧址

（十三）中共罗云郁边区工委旧址

中共罗云郁边区工委旧址，位于云安区白石镇东圳村委会连塘墩村董旭芳旧居。

1948 年 10 月，中共三罗总工委在郁南县河口乡成立罗云郁边区工委和边区办事处。同年 11 月 22 日，河口边区工委和办事处被国民党反动派破坏，被迫转移到白石镇连塘墩村董旭芳家。边区工委书记韦敬文，边区办事处主任叶永禄、副主任冯月庭。

边区工委和办事处成立后，积极领导罗云郁边区人民进行武装斗争，为部队筹集给养，扩大民兵组织向部队输送兵员，开展减租减息运动，对加强边区建设起到了重要作用。旧址占地面积 250 平方米，是土坯瓦房。

中共罗云郁边区工委旧址

（十四）粤中纵队独一团和粤中纵队第四支队成立处旧址

粤中纵队独一团和粤中纵队第四支队成立旧址位于云安区富林镇民主村委会下围村。

粤中纵队独一团和粤中纵队四支队成立处旧址

1949 年 1 月 24 日，由粤中军分委主席冯燊，副主席吴有恒率领粤中主力部队挺进到富林与三罗部队会师。在此地召开大会，冯燊主席宣布成立粤中纵队独一团，吴有恒向部队授予军旗。随后，冯燊和吴有恒代表中共粤中军分委宣布将三罗支队改编为中国人民解放军粤中纵队第四支队，并任命李镇靖为司令员，唐章为政治委员，吴桐为副司令员，谭丕桓为政治部主任。

（十五）云浮县人民政府成立处旧址

云浮县人民政府成立处旧址位于云安区富林镇界石村委莲塘村。

1949 年 4 月 20 日，经中共粤中分委批准，云浮县人民政府在富林界石的莲塘村宣布成立，县长麦长龙。县政府设在黄善初故居，县政府辖三罗阳郁边区办事处，云浮东北区人民政府。旧址占地面积 350 平方米，土坯砖瓦房，墙体坚固。1949 年 10 月 27 日，云城解放。云浮县人民政府机关从富林进驻云城办公。

云浮县人民政府成立处旧址

（十六）云浮县党组织交通情报站旧址（李家祠）

中共云浮县党组织交通情报站旧址位于云安区都杨镇六合村委会教村李家祠。

1948 年年初，该村李松庆等人积极参加革命活动，经常在此处接应云北地区交通情报人员，同时，接应地下党组织工作人员，接应广东省内各地前来都骑再转移三罗地区参加革命工作的人员掩蔽居留食宿等。随后该村李波、李二、李耀、李北水、李金妹等先后参加武装斗争。1949 年开始，粤中纵队四支三团所属部队黑龙江连、西湖连、民主连、云北区中队以及云浮县北部地区武工队在此处驻扎。云浮县党组织领导人李东江，党组织主要工作人员张基（女）、梁峰（女），都骑党组织领导人余家相等举办农干培训班。1949 年 8 月，云北区委领导黄浩波、麦冬生以及云浮党组织主要工作人员余家相、张基（女）等曾在李氏宗祠开办建党学习班，其间，吸收区德星、赵木等 20 多人加入中国共产党。

李家祠建于清朝年间，占地面积 120 平方米，青砖瓦木结构。

中共云浮县党组织交通情报站旧址（李家祠）

四、纪念场馆

(一) 云安区革命纪念公园

云安区革命纪念公园，即原富林战斗纪念亭，位于云安区富林镇高一村委会旧所岗。

1947年7月，由粤中军事负责人吴桐率领朱开为队长，共24人的德怀队进入云浮富林地区，与当地武工队民兵会合。1948年1月7日深夜，突袭驻富林圩关帝庙的国民党云浮县保警第一中队和双富乡（今富林镇）警察所。战斗仅用10分钟，便取得完全胜利。

为缅怀革命先烈，云浮县人民政府曾建立了富林战斗纪念场地，1997年1月，云安县政府扩建富林战斗纪念亭。纪念亭内有纪念亭、纪念碑、碑林、烈士墓等。2012年10月，县政府重新修缮，将全县103名革命烈士（云安县籍烈士88名、云安县内牺牲的外籍烈士15名）集中到该纪念亭刻碑纪念，为每一位革命烈士修建1个小墓碑。2013年5月，县政府修建纪念亭围墙、牌

云安区革命纪念公园

坊，并将富林战斗纪念亭更名为云安县革命纪念公园。纪念公园
占地面积0.28公顷。

云安县革命纪念公园于1995年9月被中共云浮市委、云浮市
人民政府公布为云浮市爱国主义教育基地。2011年9月被中共云
浮市委党史研究室公布为云浮市中共党史教育基地。

（二）富林战斗纪念亭

富林战斗纪念亭位于云安区富林镇高一村委会旧所岗，地名
为石狗山。

1996年，云安县人民政府为纪念解放战争时期在富林关帝庙
打响三罗武装斗争第一枪而兴建富林战斗纪念亭。该纪念亭耸立
在石狗山上，周围有碧绿的群山环抱。纪念亭正面檐下匾额由原
粤中纵队副司令员兼参谋长欧初题书"富林战斗纪念亭"。亭后
有一幅照壁，正面由广东省原省长刘田夫题书"云雾山头野火
红"几个苍劲楷书。亭后两侧竖起的15座花岗岩石碑，石碑上刻

富林战斗纪念亭

着的是原粤中纵队领导人的墨宝。纪念亭后面与之相对的是庄严耸立的富林革命烈士纪念碑。

（三）富强革命老区纪念亭

富强革命老区纪念亭位于云安区六都镇富强村委。

富强（又名思怀）共有 15 个自然村，全部是革命老区村，是解放战争时期的游击根据地之一。1997 年，为纪念、缅怀老区人民作出的贡献，云安县六都镇人民政府特建此亭。广东省原副省长匡吉为富强革命老区纪念亭题字。

富强革命老区纪念亭

五、革命烈士纪念碑

（一）都杨革命烈士纪念碑

都骑革命烈士纪念碑位于云安区都杨镇六合村委会新围自然村。

该纪念碑兴建于 1996 年 10 月，占地面积 220 平方米。碑座 3.2 米×3.2 米，碑高 10.5 米，大理石结砌，石米批荡，碑上雕有"革命烈士纪念碑"字样。纪念在大革命时期、抗日战争和解放战争时期以及抗美援朝，对越自卫反击战中牺牲的 17 名革命烈士。都骑革命烈士纪念碑前面是台阶，台阶两边种有柏树，前是一颗大红花树，一条长约 20 米的楼梯，楼梯两边长满花草树木，周边是长满树木的小山坡。

由于云浮市区域的调整，都骑镇和杨柳镇于 2003 年 9 月合并为都杨镇，都杨镇政府于 2013 年 12 月投资 13 万多元，对都骑革命烈士纪念碑进行重修翻新，并更名为都杨革命烈士纪念碑，是云浮市、云安区的爱国主义教育、党史教育基地之一。

都骑革命烈士纪念碑

（二）云安革命烈士纪念碑

云安革命烈士纪念碑位于云安县富林镇高一村委会旧所岗。1996 年，云安县人民政府为纪念在三罗武装斗争、抗美援朝、对越自卫反击战和和平建设时期牺牲的烈士而兴建。现为云浮市、云安区爱国主义教育基地和中共党史教育基地。

云安革命烈士纪念碑

（三）白石革命烈士纪念碑

白石革命烈士纪念碑位于云安区白石镇白石河旁。

白石革命烈士纪念碑

该纪念碑 1996 年 9 月 29 日兴建，纪念在解放战争时期和抗美援朝，对越自卫反击战中为革命而牺牲的 16 位烈士。碑体高约 8 米，分三级砖混结构，底层高 2 米，中层高 1.5 米，为碑文和烈士芳名；上层高 3.5 米，雕刻有"革命烈士纪念碑"字样，云浮大理石雕刻镶嵌，石米批荡。在碑体东南方，有一个用于瞻仰纪念碑的平台，长 20 米，宽约 10 米。

（四）高村革命烈士纪念碑

高村革命烈士纪念碑位于云安区高村镇高村村委会迳口高陂头。

该纪念碑建于 1998 年，纪念解放战争时期在高村牺牲的革命烈士以及在抗美援朝、对越自卫反击战中牺牲的烈士等。

　　纪念碑坐北向南，高 6 米，占地面积 680 平方米，建筑面积 47.6 平方米。

高村革命烈士纪念碑

附录六 题词

原中共三罗地委委员、粤中纵队第
四支队司令员李镇靖题词

原粤中区军事负责人、粤中纵队第
六支队司令员吴桐题词

原中共粤桂湘边工委书记、粤桂湘边
纵队司令员兼政治委员梁嘉题词

原中共粤中区临时委员会委员、粤
中纵队第二支队司令员兼政委郑锦波
题词

原中共三罗地委委员、粤中纵队第
四支队第三团团长兼政委、中共云浮县
工委书记兼县长麦长龙题词

原中共云罗阳郁边区工委书记、粤
中纵队第四支队第三团三营营长兼教导
员韦敬文题词

原中共粤中区临时委员会委员、粤中
纵队滨海总队政治委员谢永宽题词

原三罗支队第一大队大队长、粤中
纵队第四支队第十一团副团长朱开题词

原中共粤中区临时委员会委员、三罗地委书记、粤中纵队第四支队政治委员唐章题词

原中共三罗地委委员、粤中纵队第四支队政治部主任谭丕桓题词

原云罗阳郁边区办事处主任、粤中纵队第四支队第三团政治处副主任罗杰题词

原中共云北区委副书记、云浮县东北区人民政府区长麦冬生题词

在中共云安区委、云安区人民政府的正确领导下，经过全区各镇、区直各单位以及云安区革命老区发展史编纂委员会全体人员的共同努力，《云浮市云安区革命老区发展史》一书终于面世了，这是云安区人民政治文化生活中一件大喜事。本书本着实事求是的原则，充分再现了云安人民在中国共产党的领导下，对反动势力勇于抗争的大无畏精神，以及在中华人民共和国成立后，人民群众当家做主建设美好家园，过上美满幸福生活的主人翁面貌，从而突出了没有共产党就没有新中国，没有改革开放就没有中华民族各项事业的腾飞、就没有人民美满幸福生活的主线。在这里，让我们对此致以热烈的祝贺，对参与编纂工作的全体人员表示殷切的问候。

在 2018 年 5—12 月的短短 7 个月里，编委会的全体人员以老区一员的主人翁精神，走访了全区各镇特别是都杨、富林两个老区镇及多个老区村，并多次到各个单位收集有关资料，搜集到有关革命斗争史料及新中国成立后老区建设发展的重要素材，并认真、细心地研读了《中共云浮地方史》《云浮县志》《云安县志》等多方面史料，按照广东省《革命老区县发展史丛书》编纂指导小组的编写大纲，结合云安革命老区实际，紧扣云安革命老区斗争史及中华人民共和国成立后老区建设发展这一红线，紧扣云安人民有着悠久的革命历史和光荣的革命传统以及在社会主义革命和建设中，充分发挥老区人民的智慧及伟大的创造力，发扬自力更生、艰苦奋斗的精神，过上幸福生活取得的成效而实事求是地组织编写。这本书，既让人们重温革命战争年代的烽火岁月，又使人们焕发革命斗志和爱国热情，树立理想信念。是一本进行革命传统教育，传承红色基因的好教材。

在编纂过程中，编委会得到了市、区及史志专家、在革命斗争时期参加过战斗的离退休老同志、区直各有关部门以及革命老区镇、村的鼎力支持；在老促会会长易官保和常务副会长、扶贫办主任刘裕旺的指导和协调下，《云浮市云安区革命老区发展史》的第一章至第四章由叶生智、董超扬、陈镜波执笔，第五章至第八章由罗仲光、冯志开执笔，罗仲光、黄松飞负责整理图片和把握总编纂，再经数易其稿，认真审读，认真考研，反复打磨，严格把关，方成此书。在此一并致谢！

本书得到有关单位及区委区府有关领导审稿，再经过市老促会组织专家、学者的审稿，最终定稿，也得到了广东人民出版社的领导和工作人员的大力支持，再交付广东人民出版社出版。在此，对出版《云浮市云安区革命老区发展史》的有关单位及领导、各位热心支持者表示衷心的感谢！

因受编纂水平、时间和资料所限，书中难免有错漏之处，为此，敬请读者批评指正。

《云浮市云安区革命老区发展史》编纂委员会

2019 年 2 月